Dr. David Jeremiah

ENGEL

Wer sie sind und wie sie helfen

„*ENGEL*. Kleine goldene Anstecker am Revers. *Engel*. Trompetende Porzellanfiguren auf dem Kaffeetisch. *Engel*. Unverwechselbare Handlungen unbekannter Freunde. *Engel*. Sie begegnen uns überall - auf Kleidungsstücken, auf Möbeln, in Erzählungen.

Wie sollen wir dieses Phänomen interpretieren? Eine Flut himmlischer Güte? Eine dämonische Fälschung? Wie können wir uns des Guten sicher sein, ohne dem Bösen nachzugeben?

David Jeremiah gibt uns eine gute Hilfe an die Hand. Was für eine großartige Arbeit aus seiner Feder. David hat eine unheimliche Fähigkeit, tiefe Einsichten darzulegen, ohne dabei langweilig zu sein. Man liest die Details und schläft nicht ein!

Wie dankbar können wir Gott sein, dass er seine Gaben diesem wichtigen Thema ‚Engel' gewidmet hat. Seine Worte sollen unsere Dankbarkeit für Gottes Botschafter des Lichts vertiefen."

MAX LUCADO
Autor und Pastor,
San Antonio

„EINFACH GESAGT: Dies ist ein hervorragendes Buch! Wie man von David Jeremiah erwarten würde, spiegelt dieses Buch ein theologisches Anliegen, das auf dem Herzen eines Pastors liegt und biblische Genauigkeit wider.
Aber vor allem reflektiert dieses Buch die Kraft der Kanzel! Es predigt im besten und ehrenvollsten Sinne des Wortes, bringt den Leser Kapitel für Kapitel zu einem überzeugenden Schluss.
An einem Tag vieler Entscheidungen würde ich, wenn es um Bücher zum Thema ‚Engel' geht, dieses als Erstes empfehlen – und vielleicht zuletzt."

DR. BRUCE WILKINSON
New York Times Bestseller-Autor,
Atlanta

„BEI ALLER Neugier und Aufregung über Engel in diesen Tagen präsentiert David Jeremiah einen erfrischenden und ermutigenden Blick auf das, was die Bibel über Engel sagt. Danke dir, David, dass du mich durch dieses wunderbare Buch näher zu Gott gezogen hast."

DAVE DRAVECKY
Autor und Direktor von Outreach of Hope,
Colorado Springs

Dr. David Jeremiah

ENGEL

Wer sie sind und wie sie helfen

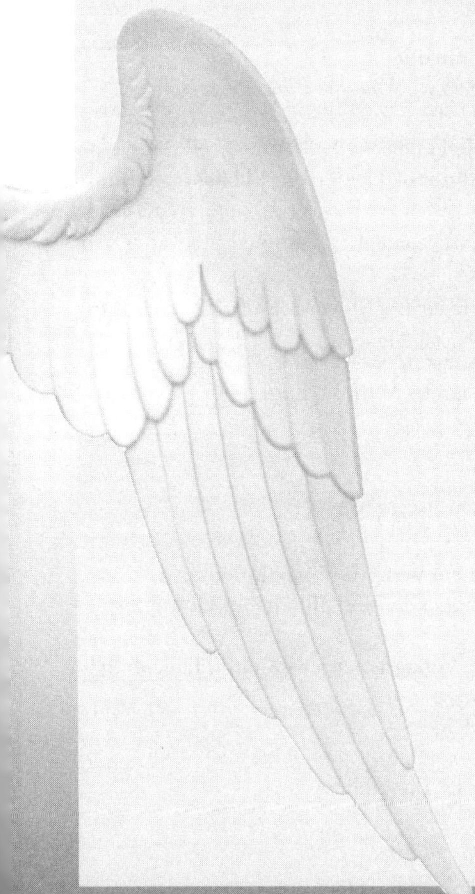

Bibelzitate: Wenn nicht anders erwähnt nach Elberfelder Bibel 1985 (RELB). Wuppertal/Dillenburg: R. Brockhaus / Christliche Verlagsgesellschaft mbH.
Weitere verwendete Übersetzungen:
UELB Elberfelder Bibel, unrevidiert 1905
LUO Lutherbibel 1912. Deutsche Bibelgesellschaft, Stuttgart.
LUT Lutherbibel. 1984. Deutsche Bibelgesellschaft, Stuttgart.
SCH Schlachterbibel 1951. (Franz Eugen Schlachter). Genfer Bibelgesellschaft.
SCHL 2000 Schlachterbibel. (Franz Eugen Schlachter). Revision 2000. Genfer Bibelgesellschaft.
ELBERFELDER 2003 Die Heilige Schrift. Aus dem Grundtext übersetzt. Hückeswagen: Christliche Schriftenverbreitung (CSV)

Impressum
Dr. David Jeremiah
ENGEL - Wer sie sind und wie sie helfen
ISBN 978-3-89436-968-2 / 1. Auflage

Originally published in English under the title:
Angels: Who They Are and How They Help … What the Bible Reveals
by Dr. David Jeremiah

Published by Multnomah Books an imprint of The Crown Publishing Group
a division of Random House, Inc.
12265 Oracle Boulevard, Suite 200
Colorado Springs, Colorado 80921 USA
Published in association with the literary agency of Yates & Yates, LLP,
Attorneys and Counselors, Orange, CA
Previously published as *What the Bible Says About Angels*
If you use the original cover: Cover design by Mark D. Ford

International rights contracted through:
Gospel Literature International
P.O. Box 4060, Ontario, California 91761-1003 USA

This translation published by arrangement with Multnomah Books, an imprint of The Crown Publishing Group, a division of Random House, Inc.

www.cv-dillenburg.de
Übersetzung: Martin Plohmann, Bielefeld
Satz: CV-Dillenburg
Druck und Bindung: CPI Moravia Books, Pohorelice
Printed in Czech Republic

Inhalt

1. Was tun Engel überhaupt? 7
2. In der Gegenwart von Engeln – Teil I 21
3. In der Gegenwart von Engeln – Teil II 33
4. Die Engel und Gott 53
5. Was Engel sind 67
6. Wann Engel erscheinen 89
7. Die Engel und wir: Wie ähnlich sind wir uns? 105
8. Engel, von denen Sie gehört haben (und andere) 123
9. Der größte Engel 157
10. Ein Vorbild für Anbetung 169
11. Ein Vorbild für Arbeitswillen 183
12. Sie kommen, um uns nach Hause zu holen 201
13. Gefallene Engel 207
14. Die Engel und Jesus 223

Literaturangaben 229

Bibelstellenindex 231

Themenindex 239

Buchempfehlungen 249

KAPITEL 1

Was tun Engel überhaupt?

An einem Herbsttag vor zehn Jahren teilte mir mein Arzt mit, dass ich Krebs hätte. Sicher verstehen Sie, wenn ich sage, dass ich Angst hatte. Es war einer jener Augenblicke, in denen ich gerne einen Engel an meiner Seite gehabt hätte, der mir versicherte, dass alles gut gehen würde.

Als ich mich in den folgenden Monaten auf zwei Operationen vorbereitete, hatte ich dieselbe Angst. Ein Engel, der meine Hand hielt, während ich in den Operationssaal gerollt wurde, wäre ein großer Trost gewesen.

Doch soweit mir bekannt ist, habe ich nie einen Engel gesehen. Nie! Hatte das zu bedeuten, dass mit mir etwas nicht stimmte? Warum bekamen nur andere Menschen das Privileg? War ich nicht geistlich genug?

Möglicherweise haben Sie sich dieselben Fragen auch schon gestellt. Und vielleicht haben Sie die Antworten, die Sie bekommen haben, nicht zufriedengestellt. Das weit verbreitete Interesse an Engeln hat zu einer Fülle von Informationen geführt – aber ebenso zu Verwirrung, Widersprüchen und zweifelhaften Spekulationen. Wo findet man verlässliche, fundierte Informationen? Wie können Sie eine ausgewogene und zutreffende Sicht bekommen, die auf der Realität und Gottes ewiger Wahrheit beruht?

Genau davon handelt dieses Buch.

Willkommene Wunder oder Zeitverschwendung?

Seit den 1990ern finden sich Engel überall – oder besser, überall wird über sie gesprochen, in bedeutenden Zeitschriften, Bestsellerbüchern und populären Fernsehsendungen bis hin zu Gesprächen in der Küche und Seminaren an der Universität. Viele Menschen sagen, sie hätten sogar einen Engel gesehen oder die Gegenwart eines Engels gespürt. Ich nehme an, diese himmlischen Wesen haben in der ganzen Menschheitsgeschichte noch nie eine solche Aufmerksamkeit bekommen wie heute.

Was hat das alles zu bedeuten? Freut sich der Herr über so viel Neugier und Glauben? Und will er, dass wir uns daran beteiligen – oder den Engeln zumindest etwas mehr Beachtung schenken, als frühere Generationen es taten? Sollten wir Ausschau halten nach diesen himmlischen Wesen? Sollten wir von der täglichen Fürsorge und vom Schutz der Engel überzeugt sein?

Oder ist das alles nur Zeitverschwendung? Vielleicht war die ganze Begeisterung für Engel in den 1990er Jahren bestenfalls nur eine weitere belanglose Modeerscheinung, und schlimmstenfalls eine irreführende Taktik des Teufels, um die Aufmerksamkeit der Leute von echter geistlicher Wahrheit wegzulenken. Wenn wir anfangen, unser Augenmerk auf Engel zu richten, könnte es sein, dass wir den majestätischen Anblick Gottes verpassen. Dann gleichen wir kleinen Kindern am Grand Canyon, die nur Augen haben für die verwöhnten Eichhörnchen, die auf der Jagd nach Futter, das die Touristen ihnen hinterlassen, hin und her flitzen.

Andererseits, könnte es sein, dass es Gottes Wunsch und Plan entspricht, den Blick seines Volkes zu diesem Zeitpunkt der Geschichte vermehrt auf die Engel zu richten? Ist es vielleicht ein Hinweis, ein Zeichen, dass wir an der Schwelle von etwas Größerem im Zeitplan Gottes für die Welt stehen? Neigt sich das jetzige Zeitalter seinem Ende zu? Hat Gottes Gnade und Liebe zu Sündern bewirkt, dass der Glaube an Engel respektabler geworden ist, damit die Menschen die Botschaft des Evangeliums besser annehmen können – bevor es zu spät ist?

Oder sind die Engel , wie einige höchst angesehene Bibellehrer sagen, in unserer heutigen Welt am Ende der biblischen Zeit nicht mehr tätig?

Fragen über Fragen. (Ich wüsste gerne, ob die Engel sie sich auch stellen.)

Wahrscheinlich hat kein bedeutendes theologisches Thema mehr säkulare Aufmerksamkeit in unserer heutigen Welt erhalten als die Lehre von den Engeln. Man möchte meinen, dass Christen sich darüber freuen und sich daran beteiligen, um diese neue Gelegenheit zu Gesprächen mit Nichtchristen über geistliche Dinge zu nutzen. Doch eine ganze Reihe von Christen wissen relativ wenig über Engel (wenn überhaupt etwas).

Als vor ein paar Jahrzehnten die „Gott ist tot"-Einstellung auf der Tagesordnung stand, waren sich Christen in ihrer Reaktion einig: „Nein", verkündeten sie, „Gott lebt!" Doch als die Schlagzeilen am Zeitungsstand vom weit verbreiteten Wirken von Engeln und dem Glauben an persönliche Engel sprachen, war die typische Reaktion darauf: Vielleicht – oder vielleicht auch nicht.

Die Gefahren

Der Rummel um Engel scheint das Denken in unserer Kultur deutlich verändert zu haben. Was einst im Wesentlichen als ein Ammenmärchen früherer Generationen angesehen wurde, hat in den Augen der Öffentlichkeit nun einen faszinierenden Realitätsbezug erhalten. So lasen beispielsweise mehr als eine Million Menschen weltweit die zweimonatlich erscheinende Zeitschrift *Angels on Earth* (Engel auf der Erde), in der es in jeder Ausgabe eine Handvoll Geschichten über Personen gab, die glaubten, einem Engel begegnet zu sein.

All das scheint zu einer größeren Offenheit für geistliche Dinge zu passen, die mit den Jahren herangereift ist. Nur wenige Menschen glauben noch, dass Wissenschaft, rationales Denken und Logik Antworten auf alle wichtigen Fragen des Lebens bereithalten. Sie wissen, dass die Realität aus einer weiteren Dimension besteht – einer geistlichen Ebene, die über die Wissenschaft und den Verstand hinausgeht. Und diese „andere" Seite der Realität gewinnt zunehmend mehr Raum im heutigen Denken.

Was hat das alles zu bedeuten? Ist es gut oder schlecht?

Die größte Gefahr mag in einer stärkeren Empfänglichkeit für die dunkle Seite der geistlichen Realität liegen. Die Menschen denken vielleicht mehr über Religion und Ewigkeit nach, aber sie sind wahrscheinlich auch offener für den Einfluss des Teufels.

Die Bibel warnt uns, dass *„der Satan selbst die Gestalt eines Engels des Lichts annimmt“* (2Kor 11,14). Diese Strategie der Täuschung mag in den Generationen, die uns direkt vorangegangen sind, nicht so effektiv gewesen sein. Damals waren die Menschen nicht so schnell bereit, an Engel zu glauben, und wenn man davon sprach, einen gesehen zu haben oder einen sehen zu wollen, wurde man leichtgläubig, töricht oder merkwürdig genannt.

Heute hat sich die Situation verändert. Es ist akzeptabel und sogar in Mode gekommen, an Engel zu glauben, und Millionen Menschen auf der ganzen Welt suchen nach dem Wirken von Engeln wie noch nie zuvor.

Aber ein zunehmender Glaube an Engel ist noch keine Garantie für ein besseres Verständnis der Wahrheit Gottes. Der Teufel kann uns durch den Glauben an Engel ebenso verführen wie durch Materialismus, sexuelle Begierde oder den Hunger nach Macht. Einige seiner größten Triumphe hat er in Gestalt eines Engels errungen. Im Jahr 610 n. Chr. wurde die unterdrückende Religion des Islams geboren, als Mohammed den Inhalt des Korans durch eine Reihe von Visionen von jemandem empfing, von dem er glaubte, es sei der Engel Gabriel. Zwölf Jahrhunderte später wurde die Sekte der Mormonen gegründet, als Joseph Smith das Buch Mormon angeblich von einem Engelwesen namens Moroni erhielt.

Macht der Teufel heute genau dasselbe? Oder tarnen er und seine Dämonen sich einfach als Engel – hier ein bisschen, dort ein bisschen –, statt eine neue antichristliche Religion oder Sekte einzuführen, um so mit der Faszination der Leute zu spielen und Neugierde und Sehnsucht nach der Gegenwart von Engeln zu wecken? Indem Satan die richtigen Leute mit den richtigen Verbindungen beeinflusst, bestimmte Bücher und Zeitungsartikel zu veröffentlichen und Fernsehsendungen auszustrahlen, kann er Millionen von Menschen eine falsche geistliche Erfahrung und Sicherheit vorgaukeln. Das zuckersüße, elektrisierende Gefühl, mit Engeln in Berührung gekommen zu sein, kann den Appetit der Menschen nach der guten, festen Nahrung des Wortes Gottes und seines Evangeliums der Gnade und Wahrheit für immer zunichtemachen.

Selbst säkulare Publikationen erkennen zumindest teilweise diesen Aspekt an, der mit dem ganzen Trubel um Engel verbunden ist. Sie bemerkten, dass Engel mehr an Reiz gewannen als Gott, und beschrieben, wie Engel eine Form von Geistlichkeit ohne Jesus und Gott boten. Da der Glaube an Gott in Amerika nicht mehr „populär" ist, ist es möglich, an alles zu glauben. Die Menschen suchen nach geistlichen Erfahrungen – aber ohne Gott. Das *Time* Magazin behauptete scharfsinnig: „Engel sind ein bequemer Kompromiss, flauschig und pflegleicht, freundlich, wertfrei. Sie sind für jeden verfügbar wie Aspirin."

Das *Life* Magazin verpasste der Engelbewegung das Etikett „Gott light". Der Reporter der Zeitschrift besuchte eine Konferenz von Menschen, die sich für Engel begeisterten. Anders als die mächtigen himmlischen Wesen, die wir in der Bibel finden, sagte der Reporter, waren die Engel, die ihm auf der Konferenz beschrieben wurden, eine eher sanfte und angenehme Spezies, knuddelig wie ein Schoßhündchen, pflichtbewusst wie ein Schülerlotse. Ich hörte, wie man Engel mit geistlichen Kuscheltieren, Blumenlieferanten verglich … mit einem schönen Gefühl der Wärme und Liebe, das einen vollständig umhüllt. Die Engel von heute scheinen wesentlich weniger Zeit damit zu verbringen, Gott zu loben, als vielmehr uns zu dienen. Obwohl sie noch immer damit beschäftigt sind, Menschen wie Superhelden in letzter Minute zu retten, tauchen sie auch in weniger dringenden Fällen auf, um verlorene Schlüssel aufzufinden oder einen Rollbraten schmackhafter zu machen. Fast alle an Engel glaubenden Menschen, die ich getroffen habe, erzählten mir von ihrem „Parkplatzengel", den sie anrufen, wenn sie durch die überfüllten Straßen der Stadt fahren.

Wären Sie in der Lage, Ihren Nachbarn, Freunden oder Familienangehörigen, die sich von einem leeren und belanglosen, aber potentiell gefährlichen Glauben an Engel angezogen fühlen, durch Gottes Wahrheit über Engel den richtigen Weg zu weisen? Ich bete dafür, dass dieses Buch Ihnen dabei helfen möge. Nichts kann Irrtum so wirksam beseitigen wie eine gute Dosis Wahrheit.

In der Zwischenzeit sollten wir uns daran erinnern, dass Gott souverän ist. Er hat in der Geschichte gezeigt, dass er sogar die Fehler, Tragödien und Dummheiten der Menschen benutzt, um seinen Willen auszuführen. Könnte es sein, dass er in unseren Tagen den ganzen Trubel um Engel gebraucht – auch wenn er oftmals übertrieben und exzentrisch ist –, um sein Volk ein bisschen anzustoßen? Möchte er unsere Sensibilität für geistliche Realitäten schärfen? Schließlich sieht alles danach aus, dass Engel einen großen Teil unserer ewigen Existenz ausmachen werden, was wesentlich wichtiger sein wird als unsere kurze und düstere Zeit auf der Erde. Da Engel selbst ewig sind, haben sie einen größeren Anspruch auf „Realität" als unsere Häuser, Berufe und Hobbys. Und im Gegensatz zu diesen Dingen weisen uns die heiligen Engel stets in die richtige Richtung: auf Gott hin.

Das Nachdenken über Engel kann uns ganz neu daran erinnern, dass eine andere Welt neben der unseren existiert, die uns von allen Seiten so nah umgibt. Engel erleben diese andere Welt bereits jetzt in ihrer ganzen Fülle – Gottes ewiges, himmlisches Reich –, wo Gott ungehindert und unangefochten herrscht. Eines Tages werden auch wir es mit ihnen erleben.

Jesus richtete unseren Blick auf diese andere, unsichtbare Welt, als er uns zu beten lehrte: *„Dein Wille geschehe, wie im Himmel so auch auf Erden!"* Wenn wir diese Worte hören, können wir davon ausgehen, dass die Engel im Himmel genau in diesem Augenblick Gottes Willen vollkommen und gerne tun. Deshalb erbitten wir dasselbe auch für uns, hier und jetzt. Und wenn wir zu unserem himmlischen Vater aufrichtig beten *„dein Reich komme"*, zeigen wir ihm, dass wir uns nach etwas Besserem sehnen als diese feindliche und von Sünde beherrschte Welt ist, in der Unzählige den Täuschungen des Teufels, dem gefallenen Engel, erliegen.

Das Wahre

Bevor ich über dieses Thema predigte und schrieb, las ich Hunderte von Geschichten, die davon handelten, wie Menschen Engeln begegneten.

Viele sind weit hergeholt und überschreiten die Grenzen dessen, was laut Bibel glaubwürdig ist. So liefert die Bibel beispielsweise keinen Hinweis, dass Engel darauf reagieren, wenn wir sie direkt um Hilfe bitten. Wir finden nicht einmal Fälle, in denen Menschen Gott um die Entsendung eines Schutzengels bitten. Und die einzige Person in der Bibel, die jemand anderen überzeugen wollte, die Hilfe eines Engels zu suchen, war der Teufel. Als er Jesus in der Wüste versuchte, zitierte er einen alttestamentlichen Vers, der vom Schutz der Engel handelte (Mt 4,6).

Noch wichtiger: Die Bibel liefert keine Grundlage für die Annahme, dass Engel Nichtchristen dienen und helfen. Die Bibel beschreibt Engel als *„dienstbare Geister, ausgesandt zum Dienst* ***um derer willen, die das Heil erben sollen***" (Hebr 1,14). Wer sind diese Menschen, *„die das Heil erben sollen*"? Die Bibel macht deutlich, dass sich dies nur auf jene Personen bezieht, die Christus als ihren Erlöser annehmen. Nur zu ihrem Dienst werden Engel gesandt. Wenn jemand behauptet, einen Engel gesehen zu haben, aber nicht Jesus Christus als seinen Herrn bekennt, ist es wahrscheinlich, dass er (wenn überhaupt) einen gefallenen Engel gesehen hat – einen Boten des Teufels, nicht des Herrn. Nicht jeder Engel kommt von Gott.

Ein weitaus umfangreicheres Buch als dieses wäre nötig, um alle kursierenden Meinungen und Ansichten über Engel zu besprechen, die in der Vergangenheit entweder höchst fragwürdig waren oder in klarem Widerspruch zur biblischen Wahrheit standen. Doch was ist mit Engelgeschichten, die dem biblischen Rahmen entsprechen und aus vertrauenswürdigen Quellen stammen, also von Leuten, bei denen wir nie annehmen würden, sie hätten sie erfunden? Sollten wir ihnen glauben?

In seinem grundlegenden Buch *Angels* von 1975 (von dem mehr als zweieinhalb Millionen Stück verkauft wurden und das auch weiterhin ein Bestseller ist) hat Billy Graham viele Erfahrungen mit Engeln gesammelt und wiedergegeben, einschließlich dieser Geschichte vom Tod seiner Großmutter mütterlicherseits:

> Der Raum schien mit einem himmlischen Licht erfüllt zu sein. Sie saß aufrecht im Bett und sagte fast lachend: „Ich sehe Jesus. Er streckt seine Arme nach mir aus. Ich sehe Ben [ihr Ehemann, der ein paar Jahre vor ihr gestorben war] und die Engel." Dann sank sie vornüber; sie hatte ihren Körper verlassen und war nun in der Gegenwart des Herrn.

Billy Graham bekannte, er glaube nicht nur aufgrund des biblischen Zeugnisses an Engel, sondern auch „weil ich ihre Gegenwart zu speziellen Anlässen in meinem Leben gespürt habe". Er schrieb:

> Als Evangelist habe ich mich häufig zu kraftlos gefühlt, um von der Kanzel Männern und Frauen zu dienen, die ganze Stadien füllten, um eine Botschaft vom Herrn zu hören. Doch jedes Mal verschwand meine Schwäche, und ich bekam wieder neue Kraft. Gott hat mir nicht nur seelische, sondern auch körperliche Kraft gegeben. Zu vielen Gelegenheiten wurde Gott mir besonders real, und er sandte seine unsichtbaren Engel, die meinen Körper anrührten und mich zu einem Boten des Himmels machten, der als sterblicher Mensch zu sterblichen Menschen sprach.

Er erzählte auch solch aufregende Geschichten wie diese vom Pioniermissionar John G. Paton auf den Neuen Hebriden im Südpazifik:

> Eines Nachts umlagerten feindselige Eingeborene seine Missionszentrale mit der Absicht, die Patons auszuräuchern und zu töten. John Paton und seine Frau beteten die ganze angsterfüllte Nacht hindurch zu Gott, dass er sie retten möge. Bei Tagesanbruch stellten sie erstaunt fest, dass die Angreifer unerklärlicherweise verschwunden waren. Sie dankten Gott für seine Rettung.
>
> Ein Jahr später bekehrte sich der Stammeshäuptling zu Jesus Christus, und Mr. Paton, der sich an den Vorfall erinnerte, fragte ihn, was ihn und seine Männer davon abgehalten hätte, das Haus niederzubrennen und sie zu töten. Überrascht erwiderte der

> Häuptling: „Wer waren all diese Männer bei Ihnen?" Der Missionar antwortete: „Es waren keine Männer da, nur meine Frau und ich." Der Häuptling meinte, er habe viele Männer gesehen, die Wache hielten – hunderte von großen Gestalten in leuchtenden Kleidern und mit gezückten Schwertern in ihren Händen. Sie schienen einen Kreis um die Missionsstation zu bilden, so dass sich die Eingeborenen fürchteten und nicht angriffen. Da erst erkannte Mr. Paton, dass Gott seine Engel gesandt hatte, um sie zu beschützen. Der Häuptling war ebenfalls der Ansicht, dass es keine andere Erklärung gäbe.

Eine der beliebtesten Geschichten über Engel aus dem 20. Jahrhundert stammt aus Corrie ten Booms Buch *A Prisoner – And Yet* (Eine Gefangene – Und dennoch) und berichtet von einer Begebenheit in einem Konzentrationslager der Nazis im Zweiten Weltkrieg. Sie und ihre Schwester Betsie waren gerade in Ravensbrück angekommen, wo neu ankommende Gefangene durchsucht wurden. Corrie versteckte eine Bibel unter ihrem Kleid.

> Die Bibel wölbte sich deutlich unter meinem Kleid hervor, aber ich betete: „Herr, sende mir jetzt deine Engel, dass sie mich umgeben, und lass sie heute nicht unsichtbar sein, da die Wachen mich nicht sehen dürfen." Mir war völlig wohl. Ruhig ging ich an den Wachen vorbei. Alle wurden durchsucht, von vorne, den Seiten und von hinten. Den Wachen entging keine Ausbeulung. Die Frau direkt vor mir hatte eine Wollweste unter ihrem Kleid versteckt, die ihr weggenommen wurde. Mich ließen sie durch, weil sie mich nicht sahen. Betsie, die direkt hinter mir kam, wurde durchsucht.
>
> Aber draußen wartete eine weitere Gefahr. Zu beiden Seiten der Tür standen Frauen, die jeden ein zweites Mal inspizierten. Sie strichen jeder vorbeigehenden Person über den Körper. Ich wusste, dass sie mich nicht sehen würden, weil die Engel mich noch immer umgaben. Ich war nicht einmal überrascht, als sie

> mich durchließen. In mir stieg der Jubelschrei auf: „O Herr, wenn du Gebete so erhörst, dann brauche ich selbst vor Ravensbrück keine Angst zu haben."

Christianity Today berichtete über das Eingreifen von Engeln mit einer Geschichte, die der Herausgeber von *Leadership*, einem Magazin für Gemeindeleiter, erzählte. Eines Nachts lag die junge Tochter des Herausgebers im Koma und war dem Tode nahe. Als eine Mitarbeiterin des Pflegepersonals in das Zimmer des Mädchens schaute, wurde sie Zeuge einer erstaunlichen Szene: Engel schwebten über dem Bett des Mädchens.

Am nächsten Morgen war das Mädchen wieder genesen. Ihr Vater, ein Mann, der nicht zu Sensationsmacherei neigte, zögerte nicht zu glauben, dass Engel bei seiner Tochter gewesen waren. Als Ergebnis dessen, was sie in der Nacht im Zimmer des Mädchens gesehen hatte, wurde das Vertrauen der Krankenhausmitarbeiterin in Gott gestärkt.

Eine zuverlässige Quelle

Geschichten wie diese stammen aus Quellen, denen wir vertrauen. Sehen Menschen heute also wirklich Engel? Wenn ja, wer sind diese Engel dann, und was tun sie?

Diese und viele andere Fragen werden wir uns in diesem Buch stellen. Und die Bibel wird unser Führer sein, da wir ansonsten nirgendwo seriöse Antworten finden. Wir würden nichts Zuverlässiges über Engel wissen, hätte Gott es uns nicht selbst mitgeteilt. Ohne die Offenbarung Gottes können uns weder die Wissenschaft noch die menschliche Weisheit Antworten zu diesem Thema liefern, und es würde zu nichts anderem als zu Spekulationen führen. „Die Bibel hingegen", erinnert uns Lewis Sperry Chafer,

> „gibt Gottes Wissen vom Universum wieder, nicht das des Menschen. Daher stellt die Schrift die Engel, von denen der Mensch von sich aus nichts wüsste, in völliger Freiheit vor."

Die Bibel ist unsere Quelle und unser Maßstab. Vieles, was Engeln in unserer Welt zugeschrieben wird, ist nicht biblisch; wir müssen vorsichtig sein, dass wir uns nicht von dem ganzen Trubel um Engel einfangen lassen. Was immer unsere bisherigen Erfahrungen, Überzeugungen und Ansichten über Engel gewesen sein mögen, sie müssen anhand der Grundsätze der Bibel überprüft werden. Sie müssen in der Bibel verwurzelt sein, nicht in dem, was wir *gerne* über Engel glauben würden.

Keine Sorge, dass dies ein eintöniges Thema werden könnte, nur weil wir uns auf die Autorität des Wortes Gottes beschränken. In dieser „völligen Freiheit" der Enthüllung, wie Chafer es nannte, ist das, was die Bibel über Engel sagt, aufregend und öffnet uns Augen und Herzen.

So können wir jederzeit alles über Engel nachlesen, was die Bibel uns über sie preisgibt. Gott hat uns in der Bibel wunderbare und inspirierte Informationen geschenkt, die uns in die Welt der Engel einführen. Dort finden wir all die aufregenden und zuverlässigen Einzelheiten, die wir über sie wissen sollen. Wir können sie sehen und hören und ihnen bei der Arbeit zusehen. Wir können alles herausfinden, was ihr Beispiel uns lehren kann. Ein sorgfältiges Studium zeigt diese Reichtümer jedem, der den Herrn mit gutem und ehrlichem Herzen sucht.

Und trotz all der Dinge, die uns die Bibel über Engel mitteilt, wird der ernsthaft die Bibel Studierende den Eindruck bekommen, dass Gott uns nicht alles offenbart hat. Alles, was die Bibel über Engel sagt, steht in Verbindung mit einem anderen Hauptthema. Es gibt keine biblischen Texte, deren vorrangige Absicht es ist, eine Lehre von den Engeln herauszuarbeiten. Daher können wir nicht so viel über sie aufdecken, wie wir vielleicht gerne würden. Leider haben jene, die die Weisheit und Autorität der Bibel nicht verstehen oder schätzen, schnell versucht, die Lücken mit unrealistischen Spekulationen zu füllen. Anhand der Offenbarung Gottes sollten wir versuchen, so viel wie möglich über Engel in Erfahrung zu bringen – und uns damit zufriedengeben. Eines Tages werden wir mehr verstehen. Sollten Sie aber jetzt schon versuchen, diese Linie zu überschreiten, so wird es zu Ihrem eigenen Schaden sein.

Es ist so wie mit unserer Kenntnis vom Himmel. Wir wissen nicht viel darüber. Entscheidend ist: Der Himmel ist der Ort, wo Gott ist, das ist alles, was uns wichtig sein sollte. Der Verfasser des 73. Psalms zeigt die richtige Herzenseinstellung, als er zu Gott sagt: „*Wen habe ich im Himmel? Und außer dir habe ich an nichts Gefallen auf der Erde*“ (Ps 73,25). Außer Gott gibt es niemanden auf der Erde oder im Himmel – nicht einmal Engel –, der Ihrer Seele wahre Erfüllung schenken kann.

Sorgen Sie also dafür, dass Gott oberste Priorität hat, was immer Sie auch wissen wollen. Zu Beginn seines Diskurses zum Thema Engel drückte es Johannes Calvin so aus:

> Lassen Sie uns hier daran denken, dass zum ganzen Thema Religion eine schlichte und bescheidene Regel befolgt werden muss: In Angelegenheiten, die Gott vor uns verborgen hat, sollten wir nicht mehr sagen oder denken oder wissen wollen als das, was das Wort Gottes uns zeigt.

Was zeigt uns das Wort Gottes also über Engel? Wie viel sollen wir nach dem Willen Gottes über dieses geheimnisvolle Thema wissen?
Lassen Sie uns die Antworten gemeinsam herausfinden.

Engel, Sie und ich

Zuerst möchte ich Sie aber noch einmal zu diesem Herbsttag mitnehmen, als bei mir Krebs festgestellt wurde. Ich sah oder hörte keinen Engel neben mir, so sehr es mir damals auch Mut gemacht hätte. Aber ich spürte die Gegenwart Gottes. Und wer würde sagen, es wäre besser gewesen, wenn ich einen Engel gesehen hätte?

Bei beiden Operationen hatte ich einen Frieden in meinem Herzen, der aus meiner Beziehung zu Gott kam. Rückblickend auf diese Monate frage ich mich, was ein Engel zu diesem Frieden noch hätte beitragen können – außer vielleicht einem weiteren Ausrufezeichen im Blick auf meine Überzeugung, dass Gott bei mir war und für mich sorgte.

Wenn ich darüber nachdenke, warum manche Menschen Engel sehen und andere nicht, frage ich mich, ob Gott den meisten von uns den Anblick eines Engels vielleicht deshalb vorenthält, damit wir begreifen, wem wir wirklich vertrauen und auf wen wir eigentlich blicken sollen. Womöglich brauchen wir gar nicht all diese Sensationen und die Aufregung, nach der so viele Leute verlangen. So wundervoll die Anwesenheit eines Engels auch sein mag, Gott hat uns etwas Besseres gegeben. Er hat uns das größte Geschenk von allen gemacht: seine Gegenwart durch seinen Heiligen Geist und in seinem Wort.

Es ist sogar möglich, dass meine fehlende Erfahrung mit Engelerscheinungen so etwas wie ein indirektes Kompliment ist. Vielleicht will Gott mir sagen: „Jeremiah, du brauchst keinen Engel. Du kommst auch so zurecht. Du weißt, wer du bist und wer bei dir ist – und das reicht für jetzt."

Wenn auch Sie noch nie einen Engel gesehen haben, können Sie das möglicherweise als Gottes Bestätigung begreifen, dass Sie ihm ausreichend vertrauen. Und wenn es Gott irgendwann einmal für weise und gut hält, Ihnen oder mir einen Engel zu senden, dann wird er das mit Sicherheit tun. Ich bin nicht auf Engel fixiert, sondern mehr denn je davon überzeugt, dass sie viel gegenwärtiger in unserer Welt sind, als den meisten von uns bewusst ist. Ich glaube, dass sie wirklich in das Leben auf der Erde eingreifen, sowohl sichtbar als auch unsichtbar.

Ob wir nun jemals einen Engel gesehen haben oder nicht, bevor wir nach Hause in den Himmel gebracht werden, so ist es doch die Untersuchung wert, was Gott über sie zu sagen hat. C. F. Dickason erinnert uns in seinem biblischen Handbuch *Angels: Elect and Evil* (Engel: Auserwählte und Böse):

> Obwohl die Lehre von den Engeln keine Hauptlehre ist, eröffnet uns ihre Akzeptanz doch ein besseres Verständnis von der Bibel, dem Plan Gottes in den Zeitaltern, dem christlichen Leben und Dienst so wie auch vom Zustand der Welt und dem Lauf des Weltgeschehens.

Wenn das Studium dieses Themas eine ebenso große Wirkung auf Sie hat, wie es das auf mich hatte, werden Sie schon bald jede Menge Dinge glauben, die Sie vorher gar nicht erkannt hatten. Es gibt viel mehr über dieses „seltsame“ Thema der Engel zu berichten, als wir meinen. Wenn wir erst einmal aufrichtig die erstaunlichen Aussagen der Bibel zu diesem Thema untersuchen, werden wir feststellen, wie sie uns näher zu Gott ziehen, statt uns von ihm abzulenken oder von ihm wegzuziehen. Wer das Studium der Engel mit einer hohen Meinung über Gott beginnt, wird anschließend eine noch höhere von ihm haben.

Das ist das wichtigste Ziel beim Studium der Engel: dass Sie näher zu Gott gezogen werden. Wenn Sie sich mit diesem Thema befassen und am Ende weniger dabei herauskommt – wenn Sie sich nur eine Menge Informationen über Engel beschaffen oder sich nur von ihnen faszinieren lassen oder sogar eine scheinbare Beziehung zu ihnen aufnehmen, aber vor dem allmächtigen Gott nicht ein Stück demütiger geworden sind … dann haben Sie nicht verstanden, wozu Engel überhaupt da sind.

KAPITEL 2

In der Gegenwart von Engeln (1)

Glauben Sie *wirklich* an Engel?

Walt Shepard tut es. Von den Hunderten von Geschichten über Engel, die ich gelesen habe, gehört seine zu meinen Favoriten.

Wegen einer zerbrochenen Beziehung wurde Walt depressiv und wollte seinem Leben ein Ende setzen. An einem Sonntag vor Sonnenaufgang beschleunigte er seinen Sportwagen auf dem Highway nördlich von New Orleans auf 190 Stundenkilometer.

Am Straßenrand vor ihm stand etwas, das aussah wie ein verlassenes Auto. Das war seine Chance, beschloss er.

Er raste in das Heck des geparkten Autos. Es gab eine Explosion und beide Fahrzeuge gingen in Flammen auf.

Der Manager eines nahegelegenen Hotels hörte den Lärm und rief den Rettungsdienst.

Walt wurde durch die Windschutzscheibe geschleudert und lag auf dem Motor, eingequetscht von der eingedrückten Motorhaube. Das Feuer umschloss ihn und er verlor das Bewusstsein.

Die Highway-Patrouille traf schnell ein, aber das Feuer war so stark, dass die Polizisten einen Abstand von ca. 15 Metern zu den Wrackteilen halten mussten. Erstaunt sahen sie und der Hotelmanager plötzlich zwei Gestalten, die sich dem Auto ohne Zögern näherten. Sie zogen Walt aus den Flammen und halfen dem Rettungsdienst, ihn in einen Unfallwagen zu bringen, der ihn schnellstens abtransportierte.

Die Beamten wollten die beiden unbekannten Helfer befragen, um mehr über den Unfall zu erfahren und den Hergang des Unfalls zu rekonstruieren. Obwohl keine weiteren Autos in der Nähe parkten, waren die beiden spurlos verschwunden.

Für Walt begannen schmerzhafte Monate, in denen er sich langsam erholte. Er hatte mit Bitterkeit und Zorn zu kämpfen. Und er fing an, über seine Erziehung als Sohn eines presbyterianischen Missionars nachzudenken.

Eines Tages entschloss er sich zu beten. Er lag in einem Gipskorsett und konnte sich nicht hinknien, aber er rollte sich in seinem Bett zur Wand hin. Er sagte zum Herrn: „Ich halte es nicht aus. Ich brauche deine Vergebung. ... Komm in mein Leben und reinige mich."

Am nächsten Morgen wachte er auf und stellte fest, dass er seit fünf Jahren nicht mehr so gut geschlafen hatte.

Sein Vater hatte mittlerweile mit den Personen gesprochen, die Zeuge der Rettung seines Sohnes gewesen waren. Sie stimmten darin überein, dass sich die beiden unbekannten Gestalten mutig dem Wagen näherten, so als hätte er überhaupt nicht gebrannt. Für die Polizei blieb die Rettung weiterhin ein Rätsel.

Kurz nach seinem Gebet sprach Walt mit seinem Vater über die ungewöhnlichen Umstände des Unfalls. Sein Vater glaubte an eine übernatürliche Erklärung.

„Mein Sohn, ich glaube, du wurdest von zwei Engeln gerettet", sagte er, „damit du das tun konntest, was du in dieser Woche getan hast – dein Leben mit Gott in Ordnung zu bringen."

Anfangs war Walt noch skeptisch. Doch jetzt, wo er im Glauben reifer geworden ist, sagt er: „Ich glaube, Engel gehören einfach zu Gottes natürlichem Umgang mit uns Menschen. Es ist erstaunlich, aber ich glaube, Engel haben mich an jenem Morgen aus dem Feuer gerettet. Und ich bin überzeugt, dass sie auch heute noch wirken."

Glauben Sie Walts Geschichte? Ich kann sie nicht nachprüfen, aber meiner Meinung nach passt sein Bericht zu allem, was uns die Bibel über das Wirken von Engeln erzählt. Es ist eine so starke Geschichte, weil sie unsere Aufmerksamkeit in die richtige Richtung lenkt. Sie verherrlicht Gott – so wie es auch die Engel tun – und gibt Gott die Ehre, der Engel gebraucht, um der Seele eines Menschen zur Errettung in Jesus Christus zu verhelfen.

Eine bereits beantwortete Frage

Einige Leute mögen Sie vielleicht kritisieren, weil Sie an Engel glauben oder auch nur Interesse an ihnen zeigen. Möglicherweise haben Sie schon von solchen Menschen gehört. Aber lassen Sie sich von ihnen nicht beunruhigen. Sie sind in besserer Gesellschaft als sie.

In der ganzen Bibel – von 1. Mose bis zur Offenbarung – wird die Existenz von Engeln einfach vorausgesetzt. Die Bibel enthält mehr als dreihundert direkte Hinweise auf sie.

Auch in unserer Kultur gab es immer wieder zahlreiche Anhaltspunkte für die Realität von Engeln. Der Glaube an Engel „hat nichts Unnormales oder Unvernünftiges an sich", schrieb J. M. Wilson zu einem früheren Zeitpunkt im vorigen Jahrhundert. „Dass der Mensch diesen Gedanken immer aufs Wärmste willkommen geheißen hat, ist ein Argument, das dafür spricht. Warum sollte es eine solche Art von Wesen nicht geben …?" 1952 nannten die Herausgeber der Klassikerreihe *Great Books of the Western World* „Engel" als eines der 102 wichtigsten Themen und Begriffe, die die berühmten Autoren dieser großartigen Bücher in all den Jahrhunderten behandelt haben. In der ganzen Geschichte war die Skepsis gegenüber Engeln der Standpunkt einer Minderheit, obwohl sie zunahm, als der Glaube an die Wissenschaft den Glauben an Gott ersetzte.

Zweifler stehen in der Gefahr, das Schicksal der Sadduzäer zu teilen, die einzige in der Bibel erwähnte religiöse Partei, die nicht an Engel glaubte (Apg 23,8). Eine solche „grobe Ignoranz", wie Johannes Calvin es nannte, stellte sogar die heuchlerischen Pharisäer über sie. Die Sadduzäer verschwanden noch vor Ende des 1. Jahrhunderts spurlos aus der Geschichte, obwohl sie zur Zeit Jesu die einflussreichtste jüdische Gruppe war. Sie kontrollierten das Amt des Hohenpriesters, den Sanhedrin und den jüdischen Hohen Rat. Sie waren aristokratisch, pragmatisch und arrogant – das genaue Gegenteil zum kindlichen Glauben, der so bereitwillig an Engel glaubt.

Mit großer Genugtuung kann man in Apostelgeschichte 5 sehen, wie Gott die gegen die Apostel gerichteten Pläne der Sadduzäer vereitelte.

Nachdem sie miterlebt hatten, dass die Apostel die Kranken heilten und mit Vollmacht das Evangelium verkündeten, lesen wir in Apostelgeschichte 5,17-18: *„Der Hohepriester aber trat auf und alle, die mit ihm waren, nämlich die Sekte der Sadduzäer, und wurden von Eifersucht erfüllt; und sie legten Hand an die Apostel und setzten sie in öffentlichen Gewahrsam."*

In den Versen 19-21 wird beschrieben, wie Gott dieser Ungerechtigkeit begegnete:

> ***Ein Engel des Herrn*** *aber öffnete während der Nacht die Türen des Gefängnisses und führte sie hinaus und sprach: Geht und stellt euch hin und redet im Tempel zu dem Volk alle Worte dieses Lebens! Als sie es aber gehört hatten, gingen sie frühmorgens in den Tempel und lehrten.*

Vielleicht mussten sich die Apostel kurz nach dieser Begebenheit das Lachen verkneifen, als sie ein weiteres Mal vor die Menschen treten mussten, die nicht an Engel glaubten. Die einflussreichen Sadduzäer lehnten Engel ab und sollten innerhalb einer Generation aus der Geschichte verschwinden. Die inhaftierten Apostel hingegen waren der Botschaft, die Gott ihnen durch einen Engel zukommen ließ, gehorsam und veränderten den Lauf der Geschichte für immer.

Ein ebenso ironisches, aber noch erschütternderes Bild der verhärteten Sadduzäer folgt später in der Apostelgeschichte, als Stephanus vor Sanhedrin gezerrt wurde, den die Sadduzäer kontrollierten. Stephanus, ein Mann *„voller Gnade und Kraft"* (Apg 6,8), wurde zu Unrecht der Gotteslästerung beschuldigt. Während seines Prozesses *„schauten alle, die im Hohen Rat saßen, gespannt auf ihn und sahen sein Angesicht wie* ***eines Engels*** *Angesicht"* (Apg 6,15). Aber selbst die Erscheinung eines Engels reichte nicht aus, um die Sadduzäer davon abzuhalten, Stephanus zu Tode zu steinigen.

Noch ein letztes Wort, bevor wir die grundlegende, aber leicht zu beantwortende Frage, ob Engel existieren, für immer ruhen lassen. J. M. Wilson hat es gut ausgedrückt:

> Für Christen ist die ganze Frage von den Worten unseres Herrn abhängig. Alle sind sich einig, dass er die Existenz, die Realität und das Wirken von Engelwesen lehrt. ... Das Wort Christi garantiert uns die Existenz von Engeln; für die meisten Christen ist die Frage damit beantwortet.

Ja. Für Sie und mich und unsere Brüder und Schwestern, die Christus nachfolgen – die wir Jesus als Herrn anerkennen und seinem Wort glauben –, ist die Frage bereits beantwortet. Für alle anderen werden sich die Zweifel in Luft auflösen an dem Tag, *„wenn aber der Sohn des Menschen kommen wird in seiner Herrlichkeit* ***und alle Engel mit ihm***" (Mt 25,31).

Keine andere Wahl

Okay, erwidern unsere Kritiker, es gibt also Engel. Aber warum sollte uns das interessieren?

Manche sagen zum Beispiel, dass Engel heutzutage nicht auf der Erde wirken, weil wir in der Zeit des Heiligen Geistes leben. Ein kurzer Blick auf Apostelgeschichte 8 sollte ihren Einwand jedoch entkräften. Achten Sie darauf, wer Philippus bei seiner lebensrettenden Mission hilft und ihn führt. Zunächst lesen wir: „***Ein Engel des Herrn*** *aber redete zu Philippus und sprach: Steh auf und geh nach Süden auf den Weg, der von Jerusalem nach Gaza hinabführt! ... Und er stand auf und ging hin*" (Apg 8,26-27).

Auf dieser einsamen Straße sah Philippus jemanden unterwegs in einem Wagen, der ein Buch las. Philippus war nun bereit, sich weiter von Gott führen zu lassen. Erschien der Engel noch einmal? Nein. Jetzt lesen wir: „***Der Geist*** *aber sprach zu Philippus: Tritt hinzu und schließe dich diesem Wagen an! Philippus aber lief hinzu ...*" (Apg 8,29-30).

Hier sehen wir, wie der Heilige Geist und ein Engel zusammenarbeiten, und Philippus ist gehorsam, so wie die inhaftierten Apostel vor ihm. Dadurch hatte Philippus das Privileg, den Mann auf dem Wagen – ein Würdenträger aus Äthiopien, der die Stadt Jerusalem besucht hatte – zur Errettung zu führen.

Möglicherweise gab der Heilige Geist bei dieser Begebenheit dem Engel die Anweisung. Wir wissen, dass Gott, der Vater, die Engel befehligt, und die Bibel sagt uns, dass es ebenso sein Sohn Jesus tun kann. Bei seiner Gefangennahme sagte Jesus, ein Wort von ihm würde ausreichen und sein Vater würde ihm *„jetzt mehr als zwölf Legionen Engel stellen“* (Mt 26,53). Vor seiner Himmelfahrt sagte Jesus zu seinen Jüngern: *„Mir ist alle Macht gegeben* ***im Himmel*** *und auf Erden“* (Mt 28,18) – seine Macht im Himmel beinhaltet ganz sicher auch die Befehlsgewalt über die Engel.

Wenn also Gott und Jesus den Engeln befehlen können, fällt es nicht schwer zu glauben, dass die dritte Person der Dreieinheit dies auch tun kann. Der Heilige Geist ist ewiger Gott, nicht nur ein moderner Ersatz für Engel. Und ich finde in der Bibel keinen deutlichen Hinweis, dass Engel in unserer Zeit, in der Jesus Christus seine Gemeinde durch den Heiligen Geist baut, weniger wirken oder gar damit aufhören.

Andere Kritiker hingegen akzeptieren zwar die Möglichkeit, dass Engel auch heute noch wirken, halten das Thema aber keiner eingehenden Betrachtung für wert. Klar, Engel sind irgendwo da draußen, sagen sie, und wir werden alle von ihnen beeindruckt sein, wenn wir im Himmel sind und sie sehen. Aber warum sollten wir *jetzt* genauer untersuchen, was die Bibel über sie sagt?

Warum? Weil Gott uns letzten Endes keine andere Wahl lässt. M. J. Erickson erklärt:

> Die Lehre der Schrift sagt, dass Gott diese Geistwesen geschaffen hat und viele seiner Taten durch sie ausführen lässt. Wenn wir also treue Schüler der Bibel sein wollen, haben wir keine andere Wahl und müssen über diese Wesen reden.

Wir laufen Gefahr, Gott zu beleidigen, wenn wir nicht offen dafür sind, alle von ihm geschaffenen Dinge zu schätzen – einschließlich der Engel – und von allem, was Gott geschaffen hat, etwas über ihn zu *lernen* – auch von den Engeln und möglicherweise *speziell* von ihnen. „Wenn wir den Wunsch haben, Gott durch seine Werke kennenzulernen“, schrieb

Calvin, „dürfen wir diese edlen und glanzvollen Wesen gewiss nicht außer Acht lassen."

Das großartige Loblied von Stuart K. Hines spiegelt die richtige Denkweise wider:

> O Herr, mein Gott, wenn ich mit ehrfurchtsvollem Staunen
> Betrachte *all* die Werke, die deine Hand gemacht …
> Dann jauchzt meine Seele meinem Gott und Erlöser zu:
> Wie groß bist du, wie groß bist du!

„Ehrfurchtsvolles Staunen" ist der richtige Ausdruck für die Haltung eines Menschen, nachdem er untersucht hat, was die Bibel über Engel sagt.

Aber genug von diesem Gerede über ehrfurchtsvolles Staunen, würden einige sagen. Hat es auch einen *unmittelbaren* Nutzen?

Das ist wahrscheinlich der tiefreichendste Einwand gegen ein Studium der Engel. Immer auf der Suche nach dem größten Nutzen fragen wir uns nüchtern: Was bringt es mir?

Eine ganze Menge, wie wir sehen werden. A. C. Gaebeleins Überzeugung in *The Angels of God* (Die Engel Gottes) weist uns den Weg:

> Wie jede Wahrheit hat auch die Wahrheit über die Engel Gottes – ihre Anwesenheit auf der Erde und ihr liebevoller Dienst – einen praktischen Wert. Wenn wir im Glauben erkennen – dass sie uns beobachten, bereit sind uns zu begleiten, wie wir auf seinen Wegen gehen, bereit uns dienen, wenn wir ihm dienen, bereit uns zu beschützen und uns auf hundertfache Weise helfen –, wird ein feierliches Gefühl in unser Leben hineinkommen. Bestimmt werden wir gütig in der Gegenwart des Herrn und seiner heiligen Engel voranschreiten. … So wird uns diese Wahrheit helfen, ein heiliges Leben zu führen.

Zum Schluss noch ein weiteres wichtiges Argument, *warum* wir uns mit den Engeln befassen sollten, bevor wir weiter die Reichtümer dieses

Themas genießen. Es ist ein Argument, das heute aktueller als gestern ist, und das morgen wird noch zutreffender sein wird als heute.

Die meisten Christen sind der Meinung, dass das Wirken der Dämonen immer weiter zunehmen wird, je näher wir der Endzeit kommen. Dieser Standpunkt gründet sich nicht nur auf die einfache Beobachtung, wohin die Welt sich entwickelt, sondern auch auf die Bibel. *„Der Geist aber sagt ausdrücklich"*, erinnert uns Paulus in 1. Timotheus 4,1, *„dass in späteren Zeiten manche vom Glauben abfallen werden, indem sie auf betrügerische Geister und Lehren von Dämonen achten."*

Auch im Seelsorgedienst unserer Gemeinde sind wir dem häufig begegnet. Nachdem wir einige starke und unerklärliche Störungen bei bestimmten Menschen überprüft haben, sahen wir uns einander an und sagten: „Hier geht etwas vor sich, das nicht menschlich ist." Das trifft auf den christlichen Dienst in der ganzen Welt zu: Wir haben Angriffe böser Geister erlebt und werden wahrscheinlich noch größere zu sehen bekommen.

Deshalb frage ich Sie: Können wir nicht mit Recht davon ausgehen, dass das Wirken der Engel ebenso zunehmen wird wie das der Dämonen, je näher wir der Wiederkunft unseres Herrn kommen? Das macht Sinn. Wie Billy Graham sagt: „Gott ist auch noch im Geschäft."

Krieger und Boten des Zorns

Bleiben Sie also dabei, wir begeben uns mit himmlischer Lichtgeschwindigkeit auf eine Reise durch die Zeitalter und die Seiten der Bibel.

Bei uns ist ein Führer, der unser unsichtbares Flugobjekt steuert und uns die Dinge unterwegs erklärt. Er ist ein Fremder, aber er scheint ein netter Zeitgenosse zu sein. Mit freundlicher Stimme teilt er uns mit, dass wir den Engeln bei der Arbeit zusehen werden. „Vergesst alles andere", sagt er. „Konzentriert euch gut, damit ihr ein klares Bild von dem bekommt, was Engel tun und wie sie es tun. Wir werden das Gebiet mehrfach überfliegen, und jedes Mal wird sich unsere Perspektive ein wenig verändern, so dass es jedes Mal etwas Neues zu lernen gibt." Das klingt nach einer interessanten Reise.

„Bereit?“, erkundigt er sich. Wir nicken.

„Na, dann los!“

Als Erstes machen wir Halt am Osttor des Garten Edens. Unser Führer teilt uns mit, dass wir hier erstmalig in der Bibel einen Blick auf Engelwesen werfen können. Es ist absolut keine friedliche, angenehme Szene. Zunächst bemerken wir ein flammendes Schwert, das ab und zu aufblitzt. Diese himmlischen Wesen sind bewaffnete Soldaten, die der heilige Gott dort positioniert hat, weil seine heilige Schöpfung gerade durch Adams und Evas Sünde beschmutzt wurde. Der Auftrag der Soldaten: *„Den Weg zum Baum des Lebens zu bewachen.“* Wir können versichern, dass sie es ernst meinen. Wir haben nicht die leiseste Absicht, auch nur einen einzigen Blick über ihre Schultern auf den Baum zu werfen (1Mo 3,24).

Nun rasen wir vorwärts durch die Jahrhunderte und blicken herab auf eine kleine Stadt, über der ein Hügel thront. Es ist Jerusalem, die Stadt Davids. Zwischen den größten Gebäuden der Stadt sehen wir eine Gestalt, die sich mitten auf der Straße hinkniet und zum Himmel schaut. Ja, sagt uns unser Führer, das ist David.

Wir blinzeln mit den Augen und erkennen, dass sich in den Wolken über uns etwas bewegt. Wir sehen, was David sieht. Uns stockt der Atem, überwältigt von dem, was wir spüren und erkennen, etwas, das mit Worten nicht annähernd zu beschreiben ist: Der Engel des Herr ist dort. Umgehend wird uns die Situation erklärt. In der Hand des Engels befindet sich ein gezücktes Schwert, das die Macht beinhaltet, eine Seuche auszulösen. An diesem Tag hat das Schwert bereits 70.000 Menschen in ganz Israel getötet.

Nun streckt der Engel seine Hand über Jerusalem aus. Das Schwert steht kurz davor zuzuschlagen.

Unten in den Straßen ruft eine Stimme. David bekennt voller Schmerz: *„Siehe, **ich** habe gesündigt.“*

Hoch über dem Engel ruft eine andere Stimme wie ein Donnergrollen: *„Genug! Ziehe jetzt deine Hand ab!“* Der Engel steckt das Schwert zurück in die Scheide (2Sam 24,15-17; 1Chr 21,14-17).

Wieder bewegen wir uns vorwärts durch die Zeit zu einer anderen Szene. Jetzt erkennen wir eine Armee von vielen tausend Soldaten – menschlichen Soldaten. Außerhalb der Tore Jerusalems reicht ihr Lager so weit wir im Abendlicht sehen können. Es sind die Assyrer, lebende Legenden, was ihre Fähigkeiten im Kampf und ihre Grausamkeit als Eroberer betrifft.

Die Nacht bricht herein. Allmählich verlöschen die Lagerfeuer und das prahlerische Gerede verstummt. In dem riesigen Lager wird es ruhig. Die Soldaten schlafen und ruhen sich aus für den morgigen Kampf gegen die belagerte Stadt.

Die Dunkelheit nimmt zu. Plötzlich sehen wir nach oben und zucken zusammen. Da ist er wieder – der Engel des Herrn ist gekommen, um zu vernichten.

In nur einem Augenblick ist seine Arbeit getan. Dann ist der Engel auch schon wieder verschwunden.

Wir beobachten die Szene. Das Lager ist noch tiefer als vorher in Dunkelheit gehüllt. Dann zeichnet sich das erste Morgengrauen am Horizont hinter der Stadt ab. Das Lager ist noch nicht erwacht. Das Licht wird stärker und offenbart nun in dem weitläufigen Lager der Assyrer nichts als tote Körper. Ihre Zahl übersteigt die der Menschen, die in Hiroshima und Nagasaki zusammengenommen ums Leben kamen. In einer einzigen Nacht hatte ein Engel 185.000 Assyrer getötet (2Kö 19,35; 2Chr 32,21; Jes 37,36).

Es geht weiter, 700 Jahre sind vergangen. Wir sehen einen weiteren König Israels. Er trägt prachtvolle Gewänder und sitzt auf einem Thron, während er zu einer Menschenmenge spricht, die ihm huldigt. Das Volk ruft: „Das ist die Stimme eines Gottes, nicht die eines Menschen! Lang lebe der Gottkönig Herodes!“

Herodes’ rundes Gesicht leuchtet. Er breitet seine fleischigen Hände aus, um die Anerkennung entgegenzunehmen. Er kann nicht sehen, was wir sehen: Hinter dem Thron steht plötzlich ein Engel des Herrn und berührt den Körper des Königs. Herodes’ Lächeln erstarrt. Schmerzerfüllt krümmt er sich nach vorn. Auch wenn er es nicht weiß, so spürt er doch, was mit ihm passiert: Würmer fressen ihn von innen her auf (Apg 12,21-23).

Immer weiter geht's, vorwärts, um uns erneut ein tobendes Schlachtfeld anzusehen. Zeit und Schauplatz sind verschwommen – wir befinden uns außerhalb der Erde und irdischer Zeit. Die hitzige, ohrenbetäubende Intensität des Kampfes übersteigt alles, was wir uns vorstellen oder jemals erklären können. Wir halten es nur einen Moment aus, bevor das Bild wieder verschwindet. Aber wir erinnern uns genau an das, was wir in diesem kurzen Moment erblickt haben: „*Und es entstand ein Kampf im Himmel: Michael und seine Engel kämpften mit dem Drachen. Und der Drache kämpfte und seine Engel*" (Offb 12,7).

Die nächsten Szenen auf unserer Reise sind wie flüchtige Blicke in die Zukunft. Sie tauchen nur ein oder zwei Sekunden vor uns auf. Nachdem sich das letzte Bild aufgelöst hat, fällt es uns schwer, das Gesehene in Worte zu fassen.

Zuerst standen vier Engel an einem Flussufer und „*waren gerüstet, den dritten Teil der Menschen zu töten.*"

Anschließend tauchten sieben Engel mit den „*sieben Schalen des Grimmes Gottes*" auf.

Unmittelbar darauf folgten sieben weitere Szenen. In jedem kurzen Bild goss einer der sieben Engel seine Schale über eine gegen Gott rebellierende Welt aus. Sofort brach das Unglück herein. Wir erzitterten, als wir die entfesselte Macht der Engel erkannten: „*Es entstand ein böses und schlimmes Geschwür an den Menschen.*" – „*Jede lebendige Seele starb, alles was im Meer war.*" – „*Die Ströme und die Wasserquellen, und es wurde zu Blut.*" – „*Die Sonne … es wurde ihr gegeben, die Menschen mit Feuer zu versengen.*" Eine Finsternis brach herein, eine Trockenheit kam und ein Erdbeben geschah, das stärker war als jedes zuvor in der Geschichte; und es fielen zentnerschwere Hagelkörner vom Himmel herab (Offb 9,14-15; 15,1.6; 16,1-21).

Und dann taucht eine andere Szene auf, die etwas länger vor unseren Blicken stand. Wir schauen nach oben. Aus dem goldenen Glanz des

Himmels kommt eilends ein Engel herab. In der einen Hand hält er einen großen Schlüssel und in der anderen eine schwere Kette. Obwohl sie aussieht, als würde sie Tonnen wiegen, trägt er sie mühelos.

Jetzt erkennen wir, wohin sich der Engel begibt. Unten schlägt ein schlangenförmiger Drache wild um sich und tobt vor Wut. Wäre da nicht der Engel, wir würden vor Angst schreien, denn der Drache ist Satan, der uns in seiner ganzen schrecklichen Macht gezeigt wird.

Der Engel kommt näher. Mit nur einer Hand wirft er ein Ende der Kette um den Drachen und fängt ihn ein. Der Teufel ist nun handlungsunfähig; er hat keine Macht gegenüber dem Engel. Noch immer mit einer Hand schlingt dieser die Kette weiter und weiter um den Drachen. Die gewaltige Kette scheint kein Ende zu nehmen; erst als der Engel ihn tausend Male umwickelt hat, ist auch das letzte Glied der Kette an seinem Ort.

Jetzt nimmt der Engel den Schlüssel zum Abgrund. Der Boden öffnet sich weit und ein gähnendes Loch entsteht. Mit seiner freien Hand greift der Engel den gefesselten Drachen und wirft ihn in die bodenlose Finsternis (Offb 20,1-3).

In völliger Stille verblasst dieses letzte Bild. Unser Führer teilt uns mit, dass die erste Etappe unserer Reise zu Ende ist. Nüchtern gestehen wir uns gegenseitig ein, dass dies unsere Sicht über Engel verändert hat. Rundliche, kleine Putten oder bleiche Frauengestalten mit durchsichtigen, glitzernden Flügeln auf Weihnachtskarten haben für immer ihre Glaubwürdigkeit für uns verloren.

Nein, echte Engel waren, sind und werden immer eindrucksvolle *Krieger* Gottes sein, Boten seines Zorns und seiner Macht. Wir wundern uns nicht im Geringsten, warum Menschen in der Bibel, die Engel sehen, bei ihrem Anblick oftmals in Angst und Schrecken geraten.

Und wir freuen uns auf das, was uns auf dem nächsten Abschnitt unserer Reise erwartet.

KAPITEL 3

In der Gegenwart von Engeln (2)

Unser Herz klopft noch immer wie wild, aber unser Führer meint, es sei an der Zeit weiterzureisen.

Wir rasen zu einer anderen Szene aus vergangenen Jahrhunderten. In nicht allzu großer Entfernung sehen wir eine von Mauern umgebene Stadt mit vielen Palmen – Jericho. Etwas außerhalb der Stadt duckt sich ein Mann hinter Felsen und Büschen. Er versteckt sich vor den Wächtern auf den Mauern, während er sich heranschleicht. Es ist Josua, der den Schauplatz auskundschaftet, denn er erwartet, dass es dort bald zum Kampf zwischen den Verteidigern Jerichos und der in der Nähe lagernden israelitischen Armee kommen wird.

Doch er ist nicht allein. Ein anderer Krieger war schon vor ihm da. Gerade als Josua ein paar Äste beiseiteschiebt, um sich durch das Gebüsch zu arbeiten, sieht er einen Mann und bleibt wie angewurzelt stehen. Es ist zu spät, um sich unentdeckt zurückzuziehen. Mit gezücktem Schwert in der Hand blickt ihm der Krieger direkt in die Augen.

Mutig geht Josua auf ihn zu. Fünf Schritte vor ihm bleibt er stehen. Josua legt seine Hand auf den Griff seines Schwertes. Irgendwie ist er sich sicher, dass der Mann ihn kennt. Aber Josua ist sich unsicher, was die Identität seines Gegenübers betrifft.

Deshalb kommt er gleich zur Sache: *„Gehörst du zu uns oder zu unseren Feinden?“*

„Weder noch“, erwidert der Krieger. *„Ich bin der Oberste des Heeres des HERRN.“* Josua weiß sofort, was der Mann meint. Er ist der Oberbefehlshaber der Engelscharen des Herrn, des heiligen Heeres, dessen Dienst jegliche irdische Loyalität übersteigt, auch die Israels. Josua bangt und hofft zugleich. Werden Gottes Engel für Israel gegen Jericho kämpfen?

Josua wirft sich vor ihm nieder. Mit gesenkten Kopf bittet er um eine Botschaft vom Herrn.

„*Zieh deine Schuhe von deinen Füßen*“, sagt der Oberbefehlshaber, „*denn der Ort, auf dem du stehst, ist heilig!*“ Und Josua zieht seine Sandalen aus.

„Jericho wurde in deine Hände gegeben“, fährt der Oberbefehlshaber fort. Anschließend zeigt er Schritt für Schritt auf, was Josua und Israels Armee tun müssen, um den Sieg, den Gott bereits vorausbestimmt hat, zu erringen (Jos 5,13–6,5).

Wieder ziehen wir weiter. Jahrhunderte später befinden wir uns im bergigen Waldgebiet im Süden Judas. An einem Hang liegt versteckt eine Höhle. An ihrem Eingang, und so weit, wie das Licht des Nachmittags ins Innere reicht, erkennen wir ein paar Männer – sie gehören zu David. Einige von ihnen halten Wache, aber die meisten ruhen sich aus von ihrer letzten Flucht vor den Soldaten des Königs Saul. Sie sind müde, aber dankbar, in Sicherheit zu sein.

Tief aus der Höhle tritt David an den Eingang. Die Männer draußen begrüßen ihn und klopfen ihm auf die Schultern. David lacht mit ihnen und schlendert dann zwischen den Bäumen hindurch den Hang hinab zu einer Stelle, wo er alleine sein kann. Er trägt eine einfache Harfe bei sich. An einem kleinen Bach am Fuß des Hügels setzt er sich hin. Lange Zeit schweigt er, während sein Blick über das plätschernde Wasser zu den sich im Wind wiegenden Bäumen und schließlich hinauf in die Wolken schweift. Bisweilen neigt er den Kopf und schließt seine Augen. In der Nähe dieses Mannes spüren wir Gottes Gegenwart. In stiller Achtung wagen wir es kaum zu atmen, während wir ihm zuschauen.

Schließlich greift David nach seiner Harfe und zupft mit den Fingern eine Melodie. Mit seiner starken, wohlklingenden Stimme singt er ein neues Lied, in dem er sein Lob und seinen Dank ausdrückt. Und er singt von seinem Glauben an den Schutz Gottes:

Der Engel des HERRN
lagert sich um die her, die ihn fürchten,
und er befreit sie.

Mit einem Lächeln schaut sich David um und vertraut darauf, dass ihn der Engel unsichtbar umgibt. Dann singt er das Lied noch einmal (Ps 34,8).

Als Nächstes gehen wir fünfhundert Jahre in die Zukunft und 800 Kilometer nach Osten. Wir befinden uns in Babylon, wo das jüdische Volk in Gefangenschaft ist. König Nebukadnezar sitzt auf einem tragbaren Thron, der neben einem hoch aufragenden Ofen steht – ein Ofen, der zur Hinrichtung von Menschen gebaut wurde. Am Fuß des Ofenturms befindet sich eine Tür, in das ein Fenster aus dickem phönizischem Glas eingesetzt wurde. Der Thron wird in Position gebracht, sodass der König durch das Fenster beobachten kann, wie die Flammen die Verurteilten quälen.

Plötzlich springt der König auf, streckt seinen Arm aus und zeigt mit der Hand in Richtung Feuer. Drei Juden, die es abgelehnt hatten, sich vor dem Standbild Nebukadnezars zu beugen und ihn anzubeten, waren durch die obere Öffnung des Turms in die Flammen geworfen worden. Jetzt aber sieht der König nicht drei, sondern vier Gestalten. Alle stehen regungslos mitten in den Flammen, unversehrt. Und die vierte Gestalt ist von einem Licht umgeben, das heller strahlt als die Flammen. Es sieht aus wie ein himmlisches Wesen! Und seine Arme sind ausgestreckt und umschließen die drei.

Der König gibt sofort den Befehl, die Tür des Ofens zu öffnen. Er ruft hinein: *„Schadrach, Meschach und Abed-Nego, ihr Knechte des höchsten Gottes, geht heraus und kommt her!"* Und das tun sie dann auch. Nachdem der dritte von ihnen herausgekommen ist, verschwindet die vierte Gestalt im Inneren des Ofens.

Schadrach, Meschach und Abed-Nego gehen auf den Thron des Königs zu und bleiben vor ihm stehen. Die Stricke, mit denen sie gefesselt waren, sind verbrannt, aber ansonsten riechen sie nicht einmal nach Rauch. Ihre Kleider und sie selbst sind völlig unversehrt.

Nebukadnezar geht einen Schritt auf sie zu, sinkt dann auf seine Knie und ruft aus: *„Gepriesen sei der Gott Schadrachs, Meschachs und Abed-Negos, der seinen Engel gesandt und seine Knechte errettet hat“* (Dan 3,13-30).

Wir ziehen weiter zu einem anderen Tag unter einem anderen König in Babylon. Beim ersten Tageslicht eilt König Darius zu einem großen mit Stein und Eisen verriegelten Zwinger, wo babylonische Löwen gefangen gehalten werden. Er befiehlt dem Diener, den Stein beiseitezurollen, der auf dem Zugang zur Grube liegt. Bevor der Stein zur Hälfte weggerollt ist, beugt Darius sich nach vorn und greift nach den eisernen Riegeln. *„Daniel“*, ruft er, *„hat dein Gott, dem du ohne Unterlass dienst, dich von den Löwen erretten können?“*

Aus der Dunkelheit des Gefängnisses ertönt eine ruhige und zuversichtliche Männerstimme und grüßt den König. Und dann fügt die Stimme hinzu: *„Mein Gott hat seinen Engel gesandt, und er hat den Rachen der Löwen verschlossen“* (Dan 6,20-23).

Erneut ziehen wir weiter und sehen uns ein weiteres mit Eisenriegeln verschlossenes Tor an, die Tür zu einer Zelle in einem Jerusalemer Gefängnis. Im aufflackernden Lichtschein einer Fackel erkennen wir den Apostel Petrus, wie er zwischen zwei Soldaten schläft. Seine beiden Arme sind mit Ketten gefesselt. Plötzlich wird die Zelle von Licht erfüllt. Ein Engel des Herrn steht da, aber weder Petrus noch die Soldaten erwachen aus ihrem Schlaf. Der Engel stößt Petrus in die Seite. Die Ketten lösen sich von seinen Handgelenken und fallen mit lautem Klirren zu Boden. Langsam öffnet Petrus seine Augen, und erstaunt stellen wir fest, dass die Wachen weiterschlafen.

„Steh auf!“, befiehlt der Engel Petrus mit kräftiger Stimme. „Und zieh dich an.“ Petrus gehorcht und folgt dem Engel leise aus der Zelle. Noch immer halb schlafend geht er an zwei Wachposten vorbei. Das letzte Eisentor, das zwischen dem Gefängnis und der Stadt liegt, öffnet sich von selbst. Petrus und der Engel gehen hindurch. Die kühle Nachluft ist erfrischend. Petrus' Augen öffnen sich ein wenig mehr.

Wortlos gehen sie Seite an Seite bis zum Ende der Straße. Petrus dreht sich um und blickt in eine Nebenstraße, die zu dem Haus führt, wo er seine Freunde und Mitjünger zum letzten Mal sah – bevor er ins Gefängnis geworfen wurde.

Er dreht sich wieder um. Er ist allein. Sein Begleiter ist verschwunden.

In der menschenleeren Straße unter den Sternen, die in der Dunkelheit hell leuchten, sagt Petrus mit lauter Stimme: *„Der Herr hat seinen Engel gesandt und mich gerettet"* (Apg 12,11).

Der zweite Teil unserer Reise liegt hinter uns, verkündet unser Führer. Es war anregend und ermutigend zu sehen, wie Gott seine Engel sendet, um seine Leute zu *befreien*, zu *beschützen* und zu *verteidigen*. Wir lächeln und sagen, wir rechnen damit, heute Nacht besser zu schlafen.

„Aber vorher", meint unser Führer, „gibt es noch viel mehr zu sehen und zu hören. Auf dem nächsten Abschnitt unserer Reise werden eure Ohren nützlicher sein als eure Augen."

Gottes Führung

Er erhöht jetzt die Geschwindigkeit. Wir befinden uns auf einem Weg in der Wüste nahe einer Quelle, wo sich eine Frau hinkniet, um Wasser zu trinken. Plötzlich sehen wir, wie sich ein Engel nähert.

„Hagar, Magd Sarais", sagt er. *„Woher kommst du, und wohin gehst du?"*

Hagar blickt auf. *„Vor Sarai, meiner Herrin, bin ich auf der Flucht"*, antwortet sie.

„Kehre zu deiner Herrin zurück", befiehlt der Engel, *„und demütige dich unter ihre Hände!"* (1Mo 16,7-9).

Der Schauplatz wechselt. Es ist früh morgens und wir befinden uns auf einer Ebene westlich des Toten Meeres. Zwei Engel beeilen sich, die Stadt Sodom hinter sich zu lassen. Sie halten Lot, seine Frau und seine Töchter an den Händen und ziehen sie mit sich. In sicherer Entfernung vom Stadttor bleiben sie stehen und geben Lot und seine Familie frei. *„Rette dich, es geht um dein Leben!"*, befiehlt einer der Engel dem Lot. *„Sieh nicht hinter dich, und bleib nicht stehen in der ganzen Ebene des*

Jordan; rette dich auf das Gebirge, damit du nicht weggerafft wirst!“ (1Mo 19,15-17).

Als Nächstes sehen wir, wie der Hirte Jakob im Land der Völker des Ostens schläft, wo er für seinen Schwiegervater arbeitet. Wir können erkennen, was Jakob träumt. Der Engel Gottes spricht zu ihm: „*Mache dich jetzt auf, zieh aus diesem Land und kehre zurück in das Land deiner Verwandtschaft!*“ (1Mo 31,10-13).

Erneuter Szenenwechsel: Wir werden von Blitz und Donner und Rauch erschreckt. Zusammen mit Mose sind wir auf dem Berg Sinai. Gott ruft aus dem Donner zu ihm: „*Siehe, ich sende einen Engel vor dir her, damit er dich auf dem Weg bewahrt und dich an den Ort bringt, den ich für dich bereitet habe. Hüte dich vor ihm, höre auf seine Stimme und widersetze dich ihm nicht!*“ (2Mo 23,20-21).

Als Nächstes finden wir uns zwischen Weinbergen erneut auf einem Weg, der zwischen zwei Felswänden hindurchführt. Der Engel des Herrn steht dort mit gezücktem Schwert. Und Bileam wirft sich vor dem Engel zu Boden. Mit einem zufriedenen Ausdruck auf seinem grauen, knorrigen Gesicht steht Bileams Esel direkt daneben. Und der Engel spricht zu Bileam: „*Geh mit den Männern! Aber nur das, was ich dir sagen werde, sollst du reden!*“ (4Mo 22,22-35).

Jetzt stehen wir auf einer Anhöhe der Bergkette des Karmel. Mit einem Gewand aus Ziegenhaar und einem Ledergürtel bekleidet, wartet dort der Prophet Elia. Ein Hauptmann nähert sich ihm mit fünfzig Soldaten, abgesandt von Ahasja, dem Sohn des bösen Königs Ahab. Bereits zum dritten Mal sendet Ahasja nun schon einen seiner obersten Befehlshaber mit demselben Auftrag und mit fünfzig Soldaten zu dem Propheten Elia . Die beiden Male zuvor haben sie verlangt, dass Elia sich zum König begibt. Doch beide Male ruft Elia Feuer vom Himmel herab, das alle zu ihm Gesandten vernichtet.

Der dritte Befehlshaber ist demütiger. Er fällt auf seine Knie und bittet den Propheten: *„Lass doch mein Leben und das Leben deiner Knechte, dieser fünfzig Mann, teuer sein in deinen Augen!“*

Augenblicklich redet der Engel des Herrn zu Elia und sagt: *„Geh mit ihm hinab, fürchte dich nicht vor ihm!“* Daraufhin nimmt Elia seinen Mantel und steigt mit dem Mann den Berg hinab (2Kö 1).

Nun sind wir wieder in Jerusalem, zur Zeit als das ganze Land unter Davids Herrschaft von der Pest heimgesucht wird. Wir betreten das Haus eines älteren Mannes, der sich zum Gebet hinkniet. Es ist der Prophet Gad, ein alter Freund des Königs, der ihm zum ersten Mal vor vielen Jahren half, als der junge David vor Saul fliehen musste.

Während Gad betet, kommt der Engel des Herrn zu ihm und gibt ihm die klare Anweisung, dass er *„zu David sage“*, er *„solle hinaufgehen, um dem HERRN einen Altar zu errichten auf der Tenne Ornans, des Jebusiters.“* Als der Engel wieder verschwunden ist, macht sich der Prophet auf den Weg zu seinem König (1Chr 21,18).

Als Nächstes befinden wir uns nachts in einem kleinen, einfachen Haus in der Stadt Nazareth in Galiläa. Ein besorgter junger Mann wälzt sich unruhig im Schlaf herum. Im Traum erscheint ihm ein Engel des Herrn und sagt zu ihm: *„Josef, Sohn Davids, fürchte dich nicht, Maria, deine Frau, zu dir zu nehmen! Denn das in ihr Gezeugte ist von dem Heiligen Geist“* (Mt 1,20).

Später sehen wir denselben Mann, wie er tief und friedlich in einem Haus in Bethlehem schläft. Erneut sieht und hört er im Traum einen Engel: *„Steh auf, nimm das Kind und seine Mutter zu dir und fliehe nach Ägypten, und bleibe dort, bis ich es dir sage! Denn Herodes wird das Kindlein suchen, um es umzubringen.“* Josef öffnet die Augen und steht sofort auf (Mt 2,13).

Wir ziehen weiter in ein anderes Haus, das größer und vornehmer eingerichtet ist. Wir befinden uns im Mittelmeerhafen von Cäsarea, dem Hauptquartier eines Regiments der römischen Besatzungsmacht von Palästina. Ein Mann in der Uniform eines Hauptmannes kniet sich zum Gebet nieder.

Plötzlich erscheint hinter ihm ein Engel in leuchtenden Gewändern. „*Kornelius!*“, ruft er.

Der Hauptmann dreht sich um und spricht ihn voller Furcht an: „*Was ist, Herr?*“

„*Deine Gebete und deine Almosen sind hinaufgestiegen zum Gedächtnis vor Gott*“, erwidert der Engel. „*Und jetzt sende Männer nach Joppe und lass Simon holen, der den Beinamen Petrus hat! Dieser herbergt bei einem Gerber Simon, dessen Haus am Meer ist.*“

Der Engel entfernt sich wieder. Kornelius ist das Gehorchen gewohnt und sofort ruft er zwei Diener und einen seiner Soldaten herbei, der genauso wie Kornelius an Gott glaubt. Er berichtet ihnen alles, was der Engel gesagt hatte, und schickt die drei nach Joppe (Apg 10,3-33).

Jetzt donnert es wieder. Wir sind zurück in der Zukunft, wo der Apostel Johannes gerade eine außerordentliche Offenbarung erlebt. Er sieht einen Engel, „*bekleidet mit einer Wolke, und der Regenbogen war auf seinem Haupt, und sein Angesicht war wie die Sonne*“. Seinen rechten Fuß stellt der Engel auf das Meer und seinen linken auf die Erde. Er hält ein Buch, das in seiner gewaltigen Hand ganz winzig wirkt.

Johannes hört eine Stimme aus dem Himmel: „*Gehe hin, nimm das geöffnete Buch in der Hand des Engels, der auf dem Meer und auf der Erde steht!*“ Irgendwie schafft Johannes es, sich zu bewegen, und er streckt sich nach dem Buch in der wolkenumwobenen Hand des Engels aus. Der Engel schaut auf ihn herab und sagt: „*Nimm es und iß es auf! Und es wird deinen Bauch bitter machen, aber in deinem Mund wird es süß sein wie Honig*“ (Offb 10,1-10).

Ein weiterer Abschnitt unserer Reise ist beendet. „Was habt ihr beim Zuhören gelernt?“, fragt der Führer.

Wir antworten: „Dass Gott uns mit klaren und konkreten Anweisungen durch Engel *führt*.“

Unser Führer nickt, und schon heben wir erneut ab.

Trost und Ermutigung

Jetzt geht unsere Reise sogar noch schneller vonstatten. „Achtet dieses Mal auf die Hände der Engel", sagt unser Führer.

Wir sind wieder in der Wüste bei der Frau, der wir bereits an der Quelle begegnet waren. Doch jetzt ist kein Wasser in Sicht. Die Frau sitzt im heißen Sand, ihr Gesicht hat sie in den Händen vergraben und ihre Schultern hängen herab. Ein paar Schritte entfernt weint ein Junge mit trockener, krächzender Stimme unter dem dürftigen Schatten eines Strauchs.

Hoch über uns erscheint am strahlend blauen Himmel plötzlich ein Engel. Er ruft zu der Frau hinab: „*Was ist dir, Hagar? Fürchte dich nicht! Denn Gott hat auf die Stimme des Jungen gehört, dort wo er ist. Steh auf, nimm den Jungen, und fasse ihn mit deiner Hand!*" Hagar steht auf. Sie fasst sich an ihre ausgedörrte Kehle und schleppt sich ganz benommen durch den Sand hin zu ihrem weinenden Sohn.

Über ihr schwebt die Hand des Engels. Hagar dreht sich um. Jetzt erkennt sie, was sie vorher nicht bemerkt hatte: einen Wasserbrunnen ganz in ihrer Nähe (1Mo 21,14-19).

Wir wechseln zu einem anderen Wüstenschauplatz zu einem Wiedersehen mit Elia. Mühsam stolpert er vorwärts, so als hätte er bereits einen weiten Weg zurückgelegt. Schließlich fällt er im Schatten eines Ginsterstrauchs zu Boden. Keuchend betet er: „*Es ist genug. Nun, HERR, nimm mein Leben hin!*" Erschöpft bricht er zusammen und schläft ein.

Mit einem Mal beugt sich ein Engel über Elia und berührt seine Schulter. „*Steh auf*", sagt der Engel, „*und iss!*"

Kraftlos erhebt sich Elia vom Boden. Er ist ebenso überrascht wie wir über das, was ihm der Engel zeigt: ein Feuer, auf dem heiße Steine und ein gebackener Brotfladen liegen. Die geröstete braune Kruste und das köstliche Aroma lassen keinen Zweifel daran, dass das Brot verzehrt werden kann. In unmittelbarer Nähe steht ein Krug Wasser, das erfrischend kühl ist, sodass sich außen an dem Gefäß Tropfen gebildet haben.

„Iss und trink", sagt der Engel zu Elia, *„denn der Weg ist zu weit für dich"* (1Kö 19,3-7).

Als Nächstes sind wir wieder bei Daniel in Babylon. Er ist alt geworden, aber immer noch kräftig. Er und ein paar seiner Begleiter gehen am Ufer des Tigris entlang. Plötzlich donnert es und ein Lichtglanz erscheint. Seine Begleiter fliehen vor Angst, aber Daniel bleibt stehen und erblickt ein glanzvolles himmlisches Wesen. Während er es anschaut, spürt er, wie seine Kraft schwindet. Er fällt nieder und liegt ausgestreckt am Boden.

Der Engel berührt Daniel und hilft ihm auf. *„Daniel"*, sagt er, *„du vielgeliebter Mann! Achte auf die Worte, die ich zu dir rede, und steh an deinem Platz!"* Irgendwie schafft es Daniel, sich aufzurichten und hinzustellen.

Der Engel sagt ihm, er solle sich nicht fürchten. Er sagt, sein Kommen sei eine Erhörung der Gebete Daniels, auch wenn er von dämonischen Mächten aufgehalten wurde. *„Und ich bin gekommen"*, fügt der Engel hinzu, *„um dich verstehen zu lassen, was deinem Volk am Ende der Tage widerfahren wird."*

Erneut wird Daniel beinahe ohnmächtig und sinkt zu Boden. Sein Kopf neigt sich nach unten. Er will etwas sagen, aber es kommt kein Wort über seine Lippen. Erneut hilft ihm die Berührung des Engels – dieses Mal an seinen Lippen. Daniel öffnet den Mund. Mit zittrigen Worten beklagt er den Schmerz und die Kraftlosigkeit, die er spürt. „Ich habe keine Kraft mehr", flüstert er, „und bekomme kaum noch Luft."

Der Engel berührt ihn noch einmal und sagt: *„Fürchte dich nicht, du vielgeliebter Mann! Friede sei mit dir! Sei stark, ja, sei stark!"*

Wenig später spürt Daniel wieder Kraft in seinen Schultern, sein Kopf richtet sich auf und seine Brust hebt und senkt sich in rhythmischem Atem. *„Mein Herr möge reden!"*, spricht er zu dem Engel. *„Denn du hast mich gestärkt"* (Dan 10,4-19).

Wir sind wieder zurück in der Wüste, in einem besonders felsigen und kargen Gebiet. Zum ersten Mal auf dieser Reise sehen wir Jesus Christus, den Sohn des Menschen und Sohn Gottes. Er steht auf einem steinigen Hügel in praller Sonne.

Am Horizont verschwindet gerade eine düstere Gestalt. Der Teufel ist hiergewesen und hat Jesus versucht, aber nun ist er fort.

Der Körper und das Gesicht unseres Herrn wirken abgemagert, denn er hat vierzig Tage lang gefastet. Seine Haut ist dunkel gebräunt von der Sonne.

Nun erscheint in sichtbarer Gestalt – so wie vorher auch der Teufel – eine Gruppe von Engeln an der Seite Jesu. Sie knien vor ihm nieder und reichen ihm etwas zu essen (Mt 4,10,11; Mk 1,13).

Es geht weiter, aber wir bleiben noch bei Jesus. Es ist Nacht, und wir befinden uns in einem Olivenhain. Einen Steinwurf entfernt sehen wir die zusammengedrängten Körper von schlafenden Männern. Ganz in der Nähe befindet sich Jesus; er ist wach und kniet nieder, um zu beten. Wir blicken in sein Gesicht und erschaudern. Es ist von tiefer unvorstellbarer Qual gekennzeichnet. „*Vater*", ruft er aus, während er seinen Kopf nach hinten wirft und seinen Blick zum nächtlichen Himmel erhebt. „*Vater, wenn du willst, nimm diesen Kelch von mir weg - doch nicht mein Wille, sondern der deine geschehe!*" Im Mondlicht schimmert der Schweiß auf seiner Stirn.

Plötzlich kniet sich ein Engel neben ihm nieder und streckt seine Hand nach ihm aus. Langsam und sanft wischt der mit seiner Hand den Schweiß von der Stirn und den Schläfen unseres Erlösers. Jesus wirkt gestärkt. Er schließt seine Augen und atmet tief durch (Lk 22,42-43).

Die Szene entschwindet langsam unseren Blicken, aber solange wir können, versuchen wir noch unsere Aufmerksamkeit dorthin zu richten und die Silhouette unseres Herrn zu erkennen, während er unter den Olivenbäumen betet. Wir wissen, er ist um unsertwillen dort. Und wie sehr wünschen wir uns, wir hätten den Engel begleiten können, als er ihm diente. Aber stattdessen diente er *uns*.

Als wir Gethsemane schließlich aus den Augen verlieren, wischen wir uns Tränen aus dem Gesicht und bestätigen unserem Führer, dass Engel wunderbare *Tröster* und *Diener* sind, die mit ihren Händen und ihrer Stimme Mut machen und Kraft spenden.

Boten, die uns Erleuchtung bringen

Unser Führer nimmt die Reise wieder auf und erhöht noch einmal die Geschwindigkeit. „Bleibt bei mir", drängt er uns, „und hört weiter zu."

Also hören wir zu. Wir hören den Engel des Herrn, der aus dem Himmel zu Abraham spricht. Er verspricht, Abrahams Nachkommen würden so zahlreich *„wie die Sterne des Himmels und wie der Sand, der am Ufer des Meeres ist"* (1Mo 22,15-17).

Wir hören, wie der Engel des Herrn zu Manoachs Frau sagt: *„Du bist unfruchtbar und gebierst nicht; aber du wirst schwanger werden und einen Sohn gebären"* (Ri 13,1-5).

Jahrhunderte später stehen wir im Inneren des Tempels in Jerusalem, wo ein Priester Weihrauch auf den Altar im Allerheiligsten legt. Auf einmal erblickt er den Engel des Herrn und wird von Furcht ergriffen. Der Engel sagt: *„Fürchte dich nicht, Zacharias! Denn dein Flehen ist erhört, und Elisabeth, deine Frau, wird dir einen Sohn gebären, und du sollst seinen Namen Johannes nennen"* (Lk 1,11-13).

Im Handumdrehen sind wir in der Zeit sechs Monate weiter. Wir befinden uns wieder in Nazareth in Galiläa. Eine junge Frau fürchtet sich beim Anblick des Engels Gabriel, doch seine Begrüßung beruhigt sie. Gabriel spricht: *„Fürchte dich nicht, Maria! Denn du hast Gnade bei Gott gefunden. Und siehe, du wirst schwanger werden und einen Sohn gebären, und du sollst seinen Namen Jesus nennen"* (Lk 1,26-31).

Neun Monate später. Wir stehen an einem Hang außerhalb von Bethlehem in Judäa, wo sich Hirten voller Furcht am Boden zusammenkauern. Ein Engel ist ihnen erschienen und die Herrlichkeit des Herrn erhellt den Himmel, den Hügel, die Hirten und die Schafe.

„Fürchtet euch nicht!“, sagt der Engel. *„Denn siehe, ich verkündige euch große Freude, die für das ganze Volk sein wird. Denn euch ist heute ein Retter geboren, der ist Christus, der Herr, in Davids Stadt“* (Lk 2,9-12).

Ca. 33 Jahre später: In Jerusalem nähern sich zwei Frauen einem Grab. Sie erschrecken, als sie bemerken, dass der Stein vor dem Eingang zum Grab weggerollt ist und ein weiß gekleideter Engel darauf sitzt. *„Fürchtet euch nicht!“*, sagt der Engel zu den Frauen. *„Denn ich weiß, dass ihr Jesus, den Gekreuzigten, sucht. Er ist nicht hier, denn er ist auferstanden, wie er gesagt hat“* (Mt 28,1-7).

Ein Vierteljahrhundert später: Wir sind auf einem stark beschädigten Schiff, das auf dem Mittelmeer in einen gewaltigen Sturm geraten ist. Es ist Nacht. Unter Deck steht ein Engel neben einem Gefangenen, der zu schlafen versucht. *„Fürchte dich nicht, Paulus!“*, sagt der Engel. *„Du musst vor den Kaiser gestellt werden; und siehe, Gott hat dir alle geschenkt, die mit dir fahren“* (Apg 27,13-26).

Und noch eine weitere Szene, diesmal in der Zukunft: Oben am Himmel schwebt ein Engel, der allen Menschen auf der Erde das ewige Evangelium verkündet. Und er spricht mit lauter Stimme: *„Fürchtet Gott und gebt ihm Ehre! Denn die Stunde seines Gerichts ist gekommen. Und betet den an, der den Himmel und die Erde und Meer und Wasserquellen gemacht hat!“* (Offb 14,6-7).

Ja, sagen wir einander – Engel sind *Boten*, die uns Gottes Botschaften bringen.

Unsere Reise ist nun zu Ende. Wir danken unserem Führer herzlich, dass er uns mit auf diese ungewöhnliche Reise durch die Bibel genommen hat. Er nimmt unsere Einladung an, und bei einem guten Essen sprechen wir über unsere Entdeckungen während dieser Reise. Wir sind dankbar, dass unser Führer noch immer bei uns ist, da er uns hier und da weitere hilfreiche Erklärungen gibt, während wir kräftig zugreifen. Beim Nachtisch vertiefen Sie und ich uns noch kurz in unseren Eindrücken von dem Engel, den wir bei unserem letzten Halt gesehen haben, wie er das Evangelium verkündigte. Mit einem Mal bemerken wir, dass unser Führer verschwunden ist. Neben seinem Teller liegt ein Stück Papier. Wir greifen danach und lesen die in goldener Tinte geschriebenen Worte:

> *„Die Gastfreundschaft vergesst nicht! Denn dadurch haben einige, ohne es zu wissen, Engel beherbergt“* (Hebr 13,2).

Drei Warnungen

Eine Reise wie diese beschert jedem einen gesunden Respekt vor Engeln. Doch bevor wir uns näher und ausführlicher mit ihnen beschäftigen, müssen wir ein paar Richtlinien festlegen. Diese Richtlinien sind wichtig und warnen uns vor möglichen Fehlern. Sie werden uns im weiteren Verlauf gute Dienste leisten.

Die erste Richtlinie: *Wir dürfen uns nicht Engel nach unserer eigenen Vorstellung schaffen oder gestalten.* Diesen Fehler haben unzählige Menschen begangen. In der heutigen Christenheit kann ein Engel alles sein, was man daraus macht. Die Mehrheit der Engeldarstellungen, die wir in der Malerei und in Geschenkbüchern finden, auf Buttons, als Porzellanfiguren oder einer Vielzahl anderer Artikel, sind bloß ein Produkt menschlicher Fantasie. Das Wort „Engel“, das zur Vermarktung dieser Gegenstände verwendet wird, stammt aus einem vollkommen anderen Zusammenhang als das in der Bibel. Diese sogenannten „Engel“ könnte man genauso gut „Feen“ oder „Gespenster“ oder sogar „Teufel“ nennen und würde der Wahrheit damit näher kommen.

Als das *Time* Magazin schrieb, Engel seien „flauschig und pflegeleicht, freundlich, wertfrei“ und „für jeden verfügbar wie Aspirin“, können Sie sicher sein, dass sie damit nicht die Engel Gottes charakterisierten, sondern nur eine moderne Fälschung, deren Wurzeln nicht tiefer gehen als die einer törichten Fantasie, purer Kommerzialisierung oder sogar bewusster Täuschung.

Die Bestsellerautorin Sophy Burnham (*A Book of Angels*) sagt, Engel seien populär geworden, „weil wir uns die Vorstellung geschaffen haben,

Gott wäre strafend, eifersüchtig und richtend". Und sie versichert uns, dass „Engel es niemals sind. Sie sind voller Mitgefühl." Sie dürfte wohl nie die Bibel gelesen haben, ganz besonders nicht das Buch der Offenbarung. Sie beschreibt nicht die Engel Gottes, sondern einen modernen Schwindel. Leider hat sie unsere Reise nicht mitgemacht.

In Bezug auf geistliche Realitäten (einschließlich Engel) ist die Bibel die einzige vollständig verlässliche Informationsquelle. Und sie liefert uns eine klare Darstellung, die den heutigen Fälschungen, die die Menschen Engel nennen, die Grundlage entzieht.

Die geschlechtliche Bestimmung von Engeln in der Bibel ist beispielsweise immer männlich. Manchmal sagen die Leute, sie hätten einen weiblichen Engel gesehen, aber in der Bibel finden wir das nicht. Ebenso wenig erscheinen Engel in der Bibel als Tiere, wie uns das Engelbrauchtum zuweilen glauben machen will.

Der Bibel zufolge sind Engel geschaffene Wesen und werden nie als geistlich fortgeschrittene Menschen dargestellt. Mit anderen Worten, Menschen entwickeln sich nie oder werden nie zu Engeln. In einem Kinderbuch über Engel findet sich dieses Zitat: „Der Himmel ist ein Ort, wo Mädchen in Engel verwandelt werden und bei Jungen versucht Gott sein Bestes." Aber kleine, süße Mädchen haben genauso wenig Chancen, Engel zu werden, als die rüpelhaftesten Jungen. Auch die Vorstellung, dass ein geliebter, verstorbener Mensch nun als Engel um uns herum schwebt, ist nichts als ein leerer Trost und steht nicht im Einklang mit den Vorgaben des Wortes Gottes.

Ebenso wenig deutet die Bibel an, dass diese himmlischen Wesen jemals in einem Menschen wohnen. Es gibt keinen „Engel in dir", nicht einmal an unseren besten Tagen.

In der Bibel findet sich nicht der leiseste Hinweis, dass sich Engel ihre Flügel verdienen müssen, so wie Clarence in dem James-Stewart-Film *Ist das Leben nicht schön?* Bis auf die beiden Gruppierungen von himmlischen Wesen, den Cherubim und den Seraphim, gibt es in der Bibel nicht viele Hinweise, dass Engel überhaupt Flügel besitzen. (Es ist möglich, dass sie zuweilen Flügel haben und ein anderes Mal nicht.)

Ebenso wenig liefert die Bibel Anzeichen dafür, dass Engel älter werden – es gibt keine „kleinen Engel“, die einen Alterungsprozess durchlaufen. Die Engel Gottes existieren ewig. Der Engel Gabriel, der zu Daniel kam, war derselbe unveränderte Gabriel, der mehr als fünfhundert Jahre später Maria, der Mutter Jesu, und Zacharias, dem Vater von Johannes dem Täufer, erschien.

Noch einmal: Halten Sie sich fern von heutigen Fantasie-Engeln und vertrauen Sie nur den Aussagen der Bibel.

Die zweite Richtlinie als Warnung für uns: *Wir dürfen es nicht zulassen, dass Engel den Platz in unserem Leben einnehmen, den Gott beansprucht.* Das ist heute eine große Verlockung für Menschen, die die Lehre der Bibel nicht verstehen. Ich bin überzeugt, dass geistliche Modeerscheinungen, wie wir sie in dem ganzen Trubel um Engel finden, ein Instrument des Feindes sind, damit wir Gott nicht so nachfolgen, „*wie eine Hirschkuh nach Wasserbächen lechzt*“ (Ps 42,2).

Wir alle besitzen ein Gespür für die Existenz einer geistlichen Realität – eine tiefe Sehnsucht nach Ewigkeit, die Gott in uns hineingelegt hat. Vor langer Zeit erinnerte Paulus die heidnischen Griechen in Athen daran, dass Gott die Geschichte der Menschen auf eine Weise geordnet und gelenkt hat, dass „*sie Gott suchen, ob sie ihn vielleicht tastend fühlen und finden möchten, obwohl* ***er ja nicht fern ist von jedem von uns. Denn in ihm leben und weben und sind wir*** “ (Apg 17,27-28). Aber dieser geistliche Bezugsrahmen und diese Sehnsucht kann leicht in eine falsche Richtung gelenkt oder verzerrt werden, da wir aufgrund unserer Sünde die Finsternis mehr lieben als das Licht Gottes. Menschen, die ein geistliches Spielzeug haben wollen oder einen Ersatz suchen, lassen sich schnell von ihrer Sehnsucht nach Gott abbringen und begnügen sich stattdessen mit Engeln.

Christianity Today warnte: „Engel stellen allzu leicht eine Versuchung für Menschen dar, die sich einen geistlichen ‚Schuss‘ setzen wollen, ohne sich um Gott kümmern zu müssen.“

Professor Robert Ellwood, Spezialist für unkonventionelle Religionen an der Universität von Südkalifornien, hat beobachtet: „Mit Engeln um sich herum haben die Leute das Gefühl, nicht den allmächtigen Gott anrufen zu müssen, um Hilfe zu bekommen.“

Dass sie den Engeln Vorzug vor ihrem (und unserem) Schöpfer geben, ist eine Beleidigung für Gott. Allein schon der Gedanke, dass wir die Hilfe eines Engels in Anspruch nehmen statt der Hilfe Gottes, sollte uns so traurig machen wie einst das Volk Israel. Nachdem sie aus Ägypten gerettet waren und durch die Herstellung des goldenen Kalbs gegen Gott gesündigt hatten (2Mo 32), sagte Gott zu Mose, dass er einen neuen Plan für die restliche Reise ins verheißene Land habe. ***„Ich werde einen Engel vor dir hersenden“***, sagte er. *„Denn ich werde nicht in deiner Mitte hinaufziehen - du bist nämlich ein halsstarriges Volk -, damit ich dich nicht auf dem Wege vernichte“* (2Mo 33,1-3).

Sprangen die Israeliten etwa vor Freude in die Luft, als sie von diesem Wechsel der Führerschaft auf ihrer Reise hörten? Hielten sie einen Engel für einen angenehmeren Führer als Gott? Nein. *„Als das Volk diese böse Rede hörte, trauerten sie …“* (2Mo 33,4).

Auf jeden, der geistliche Hilfe an anderer Stelle sucht als bei Gott, wartet eine Tragödie. Egal mit welcher geistlichen Realität diese Person zu tun haben wird, sie wird es höchst wahrscheinlich mit dem Teufel zu tun bekommen, der so bald wie möglich als Engel des Lichts verkleidet auf der Bildfläche erscheint. Ein Verlangen nach Engeln, das größer ist als das nach dem Schöpfer, kann nur in Schwierigkeiten führen. Solange Gott nicht im Mittelpunkt steht, kann eine Schwäche für Engel ebenso falsch sein wie für jede andere Sache. Engel sind nicht der Schöpfer; sie wurden vom Schöpfer gemacht, genauso wie Nahrung, Sex, wir selbst und andere Menschen.

Die Zehn Gebote warnen gleich zu Beginn davor, sich von Gott abzuwenden. Es ist schon interessant, wie die Engel des Himmels da hineinpassen, wenn wir einmal die ersten beiden Gebote lesen:

> *Du sollst keine andern Götter haben neben mir.*
> *Du sollst dir kein Götterbild machen,* ***auch keinerlei Abbild dessen, was oben im Himmel*** *oder was unten auf der Erde oder was in den Wassern unter der Erde ist. Du sollst dich vor ihnen nicht niederwerfen und ihnen nicht dienen …* (2Mo 20,3-5).

Selbst etwas so Heiliges wie ein Engel im Himmel soll niemals zu einem Götzenbild werden.

Das führt direkt zur dritten Richtlinie: *Wir dürfen Engel niemals anbeten.* Das sagt die Bibel ganz ausdrücklich. In Kolosser 2,18 spricht sich Paulus klar gegen *„scheinbare Demut und Anbetung der Engel"* aus. Die Anbetung von Engeln ist nichts weiter als eine Spielart des Götzendienstes, dessen die sündige Menschheit in Römer 1,25 beschuldigt wird: *„Sie, welche die Wahrheit Gottes in die Lüge verwandelt und dem Geschöpf Verehrung und Dienst dargebracht haben statt dem Schöpfer."*

Einer der treusten Männer Gottes in der Bibel musste in diesem Punkt zweimal getadelt werden. Johannes war der Apostel der Liebe, bekannt für seine Belehrungen über Liebe und sein tiefes Band der Liebe zu Jesus. Der letzte Satz seines ersten Briefes lautet: *„Kinder, hütet euch vor den Götzen!"* Wer würde vermuten, dass Johannes selbst schon bald Götzendienst begehen wollte?

In dem letzten Abschnitt seines Lebens, als er sich im Exil auf der Insel Patmos befand, bekam er die Visionen, die im Buch der Offenbarung enthalten sind – Visionen, in denen immer wieder Engel auftreten. Nach einer Anbetungsszene beim Hochzeitsmahl des Lammes im Himmel (Offb 19) kam ein Engel zu Johannes und bat ihn, folgende Worte aufzuschreiben: *„Glückselig, die eingeladen sind zum Hochzeitsmahl des Lammes!"* Dann fügte der Engel hinzu: *„Dies sind die wahrhaftigen Worte Gottes."*

Anschließend fiel Johannes *„zu seinen Füßen nieder,* ***ihn anzubeten.****"*

Der Tadel des Engels kam prompt: *„Tu es nicht! Ich bin dein Mitknecht und der deiner Brüder, die das Zeugnis Jesu haben.* ***Bete Gott an!****"* (Offb 19,10).

Aber diese Versuchung ist gefährlich genug, dass Johannes noch einmal vor ihr warnte. Auf dem Höhepunkt seiner Visionen zeigte ein Engel Johannes das himmlische Neue Jerusalem und seine unbeschreibliche Herrlichkeit. *„Diese Worte sind gewiss und wahrhaftig"*, sagte der Engel zu ihm (Offb 22,6). Johannes hörte auch die Verheißung Christi, dass er bald kommen würde. Danach lesen wir erneut, wie Johannes ganz offen bekennt:

> *Und ich, Johannes, bin der, welcher diese Dinge hörte und sah; und als ich sie hörte und sah, fiel ich nieder,* ***um anzubeten*** *vor den Füßen des Engels, der mir diese Dinge zeigte.*
>
> *Und er spricht zu mir: Siehe zu, tu es nicht! Ich bin dein Mitknecht und der deiner Brüder, der Propheten, und derer, welche die Worte dieses Buches bewahren.* ***Bete Gott an!*** (Offb 22,8-9).

Johannes' Schwäche in diesem Punkt erinnert uns daran, wie leicht es ist, in die Sünde des Götzendienstes zu fallen. Die Anbetung von Engeln ist so falsch, wie die Kontrolle unseres Lebens irgendetwas anderem oder einer anderen Person anzuvertrauen als Gott. Engel anzubeten, ist für Gott ebenso inakzeptabel wie die Anbetung von Geld, Macht oder Luxus. Der Herr sagt: „*Du sollst* ***keine andern Götter*** *haben neben mir.*"

Wir sollen dieselbe Hingabe zu ihm haben wie der Schreiber des 73. Psalms. Er konnte zu Gott sagen: „*Wen habe ich* ***im Himmel****? Und außer dir habe ich an nichts Gefallen auf der Erde*" (Ps 73,25). Können Sie diese Worte vollkommen aufrichtig beten?

Für die meisten von uns ist es durchaus verständlich, dass Johannes Engel anbeten wollte. Wer wäre nicht versucht, vor diesen majestätischen Wesen niederzufallen, besonders nach all den Dingen, die Johannes sie in der Offenbarung tun sah. Der Anblick von Gottes wahren Engeln muss erhabener sein als alles, was wir uns vorstellen können. Ein Grund, weshalb Engel fast immer unsichtbar sind, liegt vielleicht darin, dass wir ansonsten versucht wären, es Johannes gleich zu tun. Die Versuchung ist schon groß genug, dass wir das Werk unserer eigenen Hände anbeten. Was würden wir tun, wenn wir jeden Tag Engel sehen würden?

Doch selbst wenn wir sie sehen könnten, wirken Engel geradezu bedeutungslos gegenüber dem Anblick Gottes. A. W. Tozer hilft uns bei diesem Vergleich:

> Gott steht unendlich weit über allem anderen, in einem unzugänglichen Licht. Er steht so hoch über einem Erzengel wie über einer kleinen Raupe, denn der Abstand zwischen einem Erzengel und einer Raupe ist nur begrenzt, während die Kluft zwischen Gott

> und dem Erzengel endlos ist. Die Raupe und der Erzengel, so weit sie auch voneinander entfernt liegen auf der Skala geschaffener Dinge, gleichen sich doch darin, dass sie beide geschaffen wurden. Sie gehören beide in die Kategorie der Dinge, die nicht Gott sind, daher sind sie von Gott durch die Unendlichkeit selbst getrennt.

Solch majestätische Wesen wie Engel können uns behilflich sein, unseren Blick von dieser unruhigen und zeitlich-begrenzten Erde nach oben zu richten. Aber sie sollen unseren Blick auf den Herrn lenken, nicht auf sich selbst. Alle Ehre gebührt Gott, und er beabsichtigt nicht, sie mit den Engeln zu teilen. Engel verdienen nicht mehr Anbetung als Raupen.

Auch wir sind geistliche Wesen, und während wir uns einem sorgfältigeren und intensiveren Studium der Engel widmen, können wir uns vielleicht nicht dem Wunsch nach Anbetung erwehren. Wenn Sie sich also im weiteren Verlauf überhaupt an Worte erinnern sollten, die Sie Engel in der Bibel haben hören sagen, dann sollten es vor allem diese drei sein: *Bete Gott an!*

KAPITEL 4

Die Engel und Gott

Wir haben jetzt etwas von dem gesehen, was Engel in der Bibel tun. Sie stimmen mir sicherlich zu, dass das beeindruckend ist. Aber vielleicht fragen Sie sich, welche Anhaltspunkte es dafür gibt (und Sie hoffen, dass es eine ganze Menge sind), dass Engel all diese Dinge auch heute noch tun?

Um diese Frage zu beantworten, sollten wir uns zunächst genauer das Wesen Gottes ansehen. Gott hatte seine Gründe für die Erschaffung von Engeln. Und so wie seine Gründe für unsere Erschaffung entspringen auch diese aus der Tatsache, *wer Gott ist*.

Kommunikationskanäle

Um uns auf diesen genaueren Blick auf Gott vorzubereiten, müssen wir zuerst klarstellen, was wir meinen, wenn wir von „Engeln" sprechen. Eine grundlegende, vereinfachte Definition von Engeln ist: Geistwesen, die nicht dieser Welt entstammen.

Dieser relativ offene Bedeutungsrahmen umfasst zwei Kategorien von Engeln: gute und böse. Die guten nennen wir die Engel Gottes. Sie haben ihm immer gedient und gehorcht, und werden es auch immer tun. Die bösen sind die gefallenen Engel – der Teufel und seine Dämonen. Sie sind böse Geister, die Gott ungehorsam waren und es weiterhin sind. Sie haben ihre eigene Geschichte, von der wir viel lernen können. Wir werden später auf sie zurückkommen. Bis dahin meinen wir nur die guten, wenn wir von „Engeln" sprechen.

In unserer deutschen Bibel ist das Wort „Engel" die Übersetzung des hebräischen *mal'aḵ* aus dem Alten Testament und des griechischen *angelos* aus dem Neuen Testament. Im Wesentlichen bedeuten diese beiden Worte *Bote*. Das ist der Kern von dem, wer und was Engel sind. Sie sind Kuriere für jemand anderen. Sie sind Botschafter eines anderen. Stellvertreter eines anderen. Sie repräsentieren nur ihn und nie sich selbst. Sie sind Kanäle, die Informationen eines anderen weiterleiten. Sie reden und handeln nach seinen Anweisungen und mit seiner Vollmacht.

Wenn Sie das nächste Mal eine Bibelstelle lesen, die von Engeln handelt, dann ersetzen Sie mal das Wort Engel durch Bote, um ein Gefühl für diesen entscheidenden Aspekt ihres Wesens zu bekommen. Von Gott getrennt können Engel nichts tun und sind auch nichts. Ihr Ein und Alles ist, seinen Willen und sein Werk zu tun. Und Gottes Wille und Werk für Engel ist es, *seine Botschaften zu übermitteln*, sowohl durch ihre Worte als auch durch ihr Handeln.

Sie sind *seine* Boten. Wenn sie uns stärken oder erleuchten, geben sie uns Gottes Stärke und Erleuchtung. Ihre Ermutigung ist Gottes Ermutigung. Ihre Führung ist Gottes Führung. Ihr Schutz ist Gottes Schutz. Wenn sie uns trösten, dann ist es Gottes Trost, den sie uns geben. Und wenn sie Zorn bringen, dann ist es der Zorn Gottes.

Deshalb können wir sie nur richtig verstehen, wenn wir Gottes Wesen verstehen. Gott selbst ist ein kommunikatives Wesen. *Wort* ist einer seiner Namen: „*Im Anfang war das Wort … und das Wort war Gott*“ (Joh 1,1). Gott „*teilt dem Menschen mit, was sein Sinnen ist*“, sagt der Prophet Amos (Am 4,13). Gott offenbart sich selbst. Er redet zu Ihnen und zu mir. „Die ganze Bibel unterstützt diesen Gedanken“, schreibt A. W. Tozer:

> Gott spricht. Nicht Gott sprach, sondern Gott *spricht*. Sein Wesen ist es, sich permanent zu äußern. Er erfüllt die Welt mit seinem Reden.

Engel sind nur eine von vielen Möglichkeiten, wie er dies tut. Er hat auch durch menschliche Boten gesprochen: „*Nachdem Gott vielfältig und auf vielerlei Weise ehemals zu den Vätern* ***geredet*** *hat* ***in den Propheten***“ (Hebr 1,1). Unsere Bibel ist der lebendige und aktive Bericht dieser vergangenen Prophezeiungen Gottes. Auch durch das Leben Jesu

Christi hören wir Gott sprechen: *„Am Ende dieser Tage hat er zu uns* ***geredet*** *im Sohn“* (Hebr 1,2).

Sogar der Himmel über uns ist ein 3-D Bildschirm, auf dem Gottes ununterbrochene Mitteilungen zu sehen sind: *„Die Himmel* ***erzählen*** *die Herrlichkeit Gottes, und das Himmelsgewölbe* ***verkündet*** *seiner Hände Werk. Ein Tag sprudelt dem anderen* ***Kunde*** *zu …“* (Ps 19,2-3). Derselbe Strom ununterbrochener göttlicher Äußerungen findet sich in der ganzen Natur. Diejenigen, die die Botschaft nicht mitbekommen, sind daher „ohne die leiseste Entschuldigung“, wie J. B. Phillips Römer 1,19-20 umschreibt.

Es ist nicht so, dass sie die Wahrheit über Gott nicht kennen; er hat sie ganz deutlich bekannt gegeben. Denn seit Anbeginn der Welt sind die unsichtbaren Merkmale Gottes, z.B., seine ewige Kraft und seine Gottheit, wahrnehmbar in den Dingen, die er gemacht hat. …

Die Natur ist Gottes Sprachrohr; das Design spiegelt den Designer wider. Und da echte Wissenschaft die Beobachtung und das Wissen von der Natur ist, wäre es der absolute und richtige Zweck der Wissenschaft, uns auf Gott hinzuweisen.

Engel spielen eine wunderbare, einzigartige Rolle in Gottes Kommunikation, trotzdem ist ihr Wirken verwoben mit folgenden anderen Ausdrucksmöglichkeiten. Wie wir das Buch der Offenbarung erhalten haben, ist ein gutes Beispiel dafür. Uns wird mitgeteilt, dass Gott die Botschaft des Buches durch Jesus offenbart wurde. Jesus wiederum offenbarte sie einem menschlichen Boten (dem Apostel Johannes), und zwar *durch einen Engel*. Schlussendlich gab Johannes die Botschaft weiter, indem er sie aufschrieb, sodass wir sie nun in unserer Bibel lesen können.

In diesem Fall war der Kommunikationsweg folgender:

Gott => Jesus => Engel => Johannes => Bibel => Sie und ich.

Achten Sie einmal darauf, ob Sie das in den ersten beiden Versen der Offenbarung wiederfinden:

> *Offenbarung Jesu Christi, die Gott ihm gab, um seinen Knechten zu zeigen … indem er sie durch* ***seinen Engel sandte****, hat er sie seinem Knecht Johannes kundgetan, der das Wort Gottes und das Zeugnis Jesu Christi bezeugt hat, alles, was er sah.* (Offb 1,1-2)

Der majestätische Schluss der Offenbarung lässt dasselbe Muster erkennen. Zuerst sagt der Engel zu Johannes:

> *Diese Worte sind gewiss und wahrhaftig, und der Herr, der Gott der Geister der Propheten,* ***hat seinen Engel gesandt****, seinen Knechten zu zeigen, was bald geschehen muss.* (Offb 22,6)

Anschließend hören wir diese Worte von Jesus selbst:

> *Ich, Jesus,* ***habe meinen Engel gesandt****, euch diese Dinge für die Gemeinden zu bezeugen. Ich bin die Wurzel und das Geschlecht Davids, der glänzende Morgenstern.* (Offb 22,16)

Als Boten spielten Engel eine spezielle Rolle bei der Vermittlung dessen, was wir heute als das Alte Testament bezeichnen. Sowohl Stephanus als auch Paulus sprechen davon, dass das alttestamentliche Gesetz „*durch Anordnung von Engeln empfangen*" wurde (Apg 7,53; Gal 3,19), und der Verfasser des Hebräerbriefes nennt es „*das durch Engel verkündete Wort*" (Hebr 2,2). Offensichtlich war eine große Zahl von Engeln beteiligt. Als Mose sich erinnert, wie Gott am Berg Sinai zu ihm kam, um ihm das Gesetz zu geben, sagt er, dass Gott mit „*heiligen Myriaden*" (5Mo 33,2) kam. Das Wort *Myriaden* wird in der Bibel öfters in Verbindung mit Engeln benutzt. *Myriaden* kann zehntausend bedeuten oder einfach eine extrem große Zahl, und der Zusatz *heiligen* zeigt, wie rein die Hingabe der Engel an Gott ist.

Auch im Neuen Testament nehmen Engel eine wichtige Stellung ein. Das wird besonders deutlich, wenn wir uns das irdische Leben Jesu und die Offenbarung anschauen.

Gott spricht also immer auf verschiedenste Weise, und seine Engel spielen eine wichtige Rolle dabei.

Natürlich sind auch Sie und ich kommunikative Wesen. Ebenso wie die Menschen, mit denen Sie gerne zusammen sind. Angenommen, Sie würden heute einen Brief von einem Ihrer besten Freunde erhalten, der weit von Ihnen entfernt lebt. Was würden Sie zuerst damit machen? Etwa stundenlang das Schreibpapier anstarren, um es zu analysieren und zu bestaunen? Würden Sie eine chemische Analyse der Tinte erstellen lassen, um genau zu erfahren, woraus sie besteht? Würden Sie nachforschen, woher das Papier stammt und wie es hergestellt und geschnitten wurde?

Nein – Papier und Tinte sind einfach nur die Mittel, die Ihr Freund benutzt hat, um Ihnen eine Nachricht zukommen zu lassen. Vielmehr sind Sie an Ihrem Freund interessiert und daran, was er Ihnen zu sagen hat. Papier und Tinte dienen ausschließlich dem Zweck, Ihnen seine persönliche Nachricht zu übermitteln.

Mit derselben Logik beschäftigen wir uns mit den Engeln. Engel sind nur Gottes Kommunikationsmittel, durch das er zu uns redet. Durch die Worte und das Handeln von Engeln drückt Gott persönlich seine Freundschaft zu uns und seine Vaterschaft und vieles mehr aus. Was zählt, ist die Botschaft, die die Engel bringen – nicht die Boten selbst.

Eine tiefere Liebe zu Christus

Denken Sie aber daran, dass Engel nur Boten in einer Richtung sind. Sie sind Gottes Boten an uns und niemals unsere Boten an Gott. An keiner Stelle der Bibel finden wir, dass ein Mensch zu einem Engel betet, und wir sollten es auch nicht tun. Sie sind keine Vermittler zwischen uns und dem Himmel.

Sie sind keine Vermittler, weil ein anderer diese Aufgabe bereits übernommen hat – und dafür danken wir Gott! *„Denn einer ist Gott, und* ***einer ist Mittler*** *zwischen Gott und Menschen,* ***der Mensch Christus Jesus***“ (1Tim 2,5). Die Vermittlung Christi bringt uns, was keine Vermittlung durch Engel auch nur ansatzweise erreichen könnte: die

Freiheit und ewige Rettung unserer Seelen. *„Und darum ist er Mittler eines neuen Bundes, damit, da der Tod geschehen ist zur Erlösung von den Übertretungen unter dem ersten Bund, die Berufenen die Verheißung des ewigen Erbes empfangen“* (Hebr 9,15).

Aus diesem Grund wird an den Stellen im Neuen Testament, wo Engel erwähnt werden, die Vorzüglichkeit Christi besonders hervorgehoben.

Da wir uns so ausführlich mit Engeln beschäftigt haben, ist dieser neutestamentliche Blickwinkel ein perfekter Anreiz, uns durch ihr Beispiel zu einer tieferen Liebe zu Christus führen zu lassen. Begleiten Sie mich durch ein paar dieser Bibelstellen, in denen Engel vorkommen, und fragen Sie sich dabei: Wie sehr entspricht meine Hingabe und meine Wertschätzung für Christus und sein Evangelium dem, was dort gelehrt wird?

Paulus ist von der unerschütterlichen Liebe Christi so gefangen, dass er vergleichsweise Engel und Dämonen so wie auch jedes *„andere Geschöpf“* in einem Atemzug nennt. Er erklärt: Keines von ihnen *„wird uns scheiden können von der Liebe Gottes, die* ***in Christus Jesus*** *ist, unserem Herrn“* (Röm 8,38-39).

Paulus' Hingabe an das Evangelium Christi ist groß genug, dass er sogar Engel verfluchen würde, wenn sie etwas anderes predigen. Hören Sie, was er zu sagen hat:

> *Wenn aber auch wir oder* ***ein Engel aus dem Himmel*** *euch etwas als Evangelium entgegen dem verkündigten, was wir euch als Evangelium verkündigt haben: er sei verflucht! Wie wir früher gesagt haben, so sage ich auch jetzt wieder: Wenn jemand euch etwas als Evangelium verkündigt entgegen dem, was ihr empfangen habt: er sei verflucht!* (Gal 1,8-9)

Wenn Sie meinen, eine so harte Einstellung gegenüber Engeln sei zu extrem, dann denken Sie daran, dass Paulus bereit ist, auch sich selbst zu verfluchen (ebenso wie jeden anderen), wenn er nicht am wahren Evangelium Christi festhält. Mit unserer Reaktion auf die gute Nachricht steht einfach alles auf dem Spiel. Durch Christus auf Gottes Seite zu stehen, ist der Himmel; stehen wir hingegen nur auf der Seite eines Engels, bedeutet das die Hölle.

Paulus verkündet, wie Gott Christus aus den Toten auferweckt und ihn *„gesetzt hat in der Himmelswelt, hoch über* ***jede Gewalt und Macht und Kraft und Herrschaft*** “ (Eph 1,20-21). Bei der Himmelswelt dachte er sicher auch an die herrlichen Reihen von Engeln – mächtig und majestätisch, und dennoch so weit unter Christus.

Wenn Paulus uns in Kolosser 3,1-2 sagt, wir sollen unseren Verstand und unser Herz auf das ausrichten, *„was droben ist“*, weist er besonders daraufhin, dass der Himmel dort ist, *„wo der Christus ist“*. Auch die Engel sind dort, aber Paulus lenkt unsere Aufmerksamkeit nicht auf sie. Es ist Christus, der uns zu einer himmlischen Gesinnung führen kann, nicht die Engel. Wenn Paulus später vor der Anbetung von Engeln warnt, erinnert er uns gleichzeitig daran, dass Christus *„vor allem ist, und alles durch ihn besteht“* (Kol 1,17-18).

In Philipper 2,9-10 sagt er, dass Gott Christus

> *hoch erhoben und ihm den Namen verliehen hat, der über jeden Namen ist,*
> *damit in dem Namen Jesu jedes Knie sich beuge, der* ***Himmlischen*** *und Irdischen und Unterirdischen.*

Engel, Menschen und Dämonen müssen eines Tages alle ihre Knie beugen und die Herrlichkeit Jesu und seine über alles erhabene Stellung anerkennen. (Haben Sie das jetzt schon getan?)

In den ersten beiden Kapiteln des Hebräerbriefes behandelt die Bibel das Thema Engel so umfangreich wie an sonst keiner anderen Stelle. Aber alles läuft auf einen Punkt hinaus: Christus steht unendlich weit über den Engeln. Schlag auf Schlag untermauert der Verfasser seine Botschaft mit eindeutigen Beweisen:

- Gott nennt Jesus seinen Sohn, ein Titel, den Engel niemals tragen (Hebr 1,4-5).

- Gott gebietet den Engeln, Jesus anzubeten (Hebr 1,6).
- Gott gibt Jesus einen festen ewigen Thron, von dem aus er als König herrschen wird, während das Werk der Engel als ein flüchtiger Wind oder eine flackernde Flamme bezeichnet wird (Hebr 1,7-8).
- Jesus kennt mehr Freude als die Engel. Gott hat ihn weit über seine Gefährten (die Engel) gestellt, indem er ihn „*mit Freudenöl*“ gesalbt hat (Hebr 1,9).
- Jesus selbst hat die Welt geschaffen – eine vergängliche Welt mit einem festgesetzten Ende. Er selbst jedoch bleibt unveränderlich und ewig. Gott hat ihn mit höchster Ehre bedacht und wird alle seine Feinde unter seine Füße legen. Engel hingegen sind nur dienstbare Geister, deren Aufgabe es ist, den Menschen zu helfen, die aus dieser vergänglichen Welt errettet werden (Hebr 1,10-14).
- In der zukünftigen Welt werden nicht die Engel die Herrschaft ausüben, sondern Jesus (Hebr 2,5-9).

Auf dieser Grundlage kommt der Schreiber des Hebräerbriefes nun zu einem wichtigen Punkt, der im Zentrum des zweiten Kapitels steht. Langsam dämmert es uns und raubt uns den Atem. Der Verfasser hat zuvor schon gesagt, dass Engel Geistwesen sind, die Wind und Feuer ähneln. Jetzt erinnert er uns daran, dass Jesus „*ein wenig unter die Engel erniedrigt war*“ – durch seine Menschwerdung. Er, der ewiger Geist ist, nahm Fleisch und Blut an wie sterbliche Männer und Frauen und „*hat in gleicher Weise daran Anteil gehabt*“. Er wurde uns „*gleich*“ – „*in allem*“.

In diesem menschlichen Körper „*hat er selbst gelitten, als er versucht worden ist*“, und „*schmeckte den Tod*“.

Als Geistwesen können Engel nicht bluten oder sterben. Christus konnte es und tat es – für Sie und für mich.

Und dieser Unterschied zwischen Christus und den Engeln macht für Sie und mich einen ewigen Unterschied. Denn dadurch konnte Christus „*den zunichte zu machen, der die Macht des Todes hat, das ist den Teufel*“ (Hebr 2,14).

Engelsleiter

Lassen Sie sich dadurch aber nicht verleiten, Engel abzuschreiben. All diese Ausführungen sollen Engel nicht herabsetzen, sondern Christus erhöhen. Und das ist ein notwendiger Schritt. Nichts in der ganzen Schöpfung kann richtig verstanden werden, solange es nicht im richtigen Verhältnis zu Christus gesehen wird. Wenn wir Christus erhöhen, werten wir die Engel dadurch nicht ab. Nein, es erlaubt uns vielmehr, Engel wirklich zu verstehen und die beste Hilfe von ihnen zu bekommen.

Ein weiterer Blick in die Bibel wird uns helfen, diese Sicht von Christus und den Engeln tiefer in unserem Herzen zu verwurzeln. Erinnern Sie sich an den Traum, den Jakob in der Nacht hatte, als er mit seinem Kopf auf einem Stein schlief?

> *Und er träumte: und siehe, eine Leiter war auf die Erde gestellt, und ihre Spitze berührte den Himmel; und siehe, **Engel Gottes stiegen darauf auf und nieder.** Und siehe, der HERR stand über ihr.* (1Mo 28,12-13)

Neunzehn Jahrhunderte später sprach Jesus in der Nähe des Jordans zum ersten Mal mit einigen Männern, die eines Tages zu seinen Aposteln in der Welt werden sollten. *„Wahrlich, wahrlich, ich sage euch: Ihr werdet den Himmel geöffnet sehen und **die Engel Gottes auf- und niedersteigen auf den Sohn des Menschen**“* (Joh 1,51). Seine Worte dürften sie an Jakobs Traum erinnert haben. Doch statt von einer Leiter sprach Christus von sich selbst. Was meinte er?

Möglicherweise können wir die Bedeutung seiner Worte erst völlig begreifen, wenn wir ihn wiederkommen sehen *„in seiner Herrlichkeit und alle Engel mit ihm“* (Mt 25,31). Aber im Zusammenspiel dieser beiden Bibelstellen aus Johannes und 1. Mose entdeckte Johannes Calvin folgenden Gesichtspunkt: „Nur durch die Vermittlung Christi erstreckt sich der Dienst der Engel auf uns.“

Auch heute noch können Engel nur durch Christus zwischen Himmel und Erde auf- und absteigen. Einzig und allein aufgrund ihres Gehorsams gegenüber seinem Willen werden sie zu uns gesandt, um uns zu dienen. Sein Dienst an uns, seine Pläne für uns und sein Schutz für uns bilden die Leiter, die sie täglich benutzen, um sich um unsere Bedürfnisse zu kümmern.

Herr der himmlischen Heerscharen

Gott spricht zu uns durch Christus, durch den auch die Engel zu unserem Dienst gesandt werden. Gott sendet Engel, um uns seine Liebe und Macht zu zeigen.

Damit wir dies verstehen, identifiziert er sich auf besondere Weise mit den Engeln – durch einen seiner Namen.

Mehr als 250 Mal in der Bibel nennt Gott sich selbst *„der Herr der Heerscharen"*, was „der Herr der himmlischen Armeen" bedeutet. Der hebräische Begriff ist *Jahwe Zebaoth*. Viele moderne englische Übersetzungen geben den Namen als „der Herr, der Allmächtige" wieder, um unsere Aufmerksamkeit auf die Macht zu lenken, die dieser Name ausdrückt – Gott befiehlt souverän allen himmlischen Mächten. Aber möglicherweise geht in dieser Übersetzung etwas verloren. Bei dem Wort „Heerscharen" denkt man eher an die zahllosen und mächtigen Engel, die die Armeen des Himmels bilden. Gerade so als wollte Gott uns diese starken Truppen immer dann vorstellen, wenn wir diesen Namen hören.

Dieser Name liefert uns augenblicklich ein königliches und militärisches Bild des Herrn, wie er seine himmlischen Soldaten anführt. Schon bald werden wir uns ganz neu an diesen Namen erinnern und ihn lobend ausrufen *„bei der Offenbarung des Herrn Jesus vom Himmel her mit den Engeln seiner Macht"* (2Thes 1,7).

Interessanterweise taucht dieser Name Gottes am häufigsten in den alttestamentlichen Büchern auf, in denen das Wirken der Engel weniger offenkundig ist. Gerade so als wollte Gott sein Volk daran erinnern, dass die Engel ihm jederzeit zur Verfügung stehen, selbst dann, wenn diese himmlischen Wesen nicht gesehen oder gehört wurden.

Im Neuen Testament wird die griechische Form des Namens „Herr der Heerscharen" in Jakobus 5,4 in einer Warnung an die Reichen benutzt, die ihren Reichtum für sich behalten. Auch diese Stelle blickt voraus auf die Zeit, wenn Christus mit seinen Engeln wiederkommt. Doch achten Sie darauf, dass sie nicht Erlösung, sondern Gericht und Zorn bringen werden:

> *Siehe, der Lohn der Arbeiter, die euch die Felder abgemäht haben, der aber von euch zurückbehalten worden ist, schreit, und das Rufen der Schnitter ist zu den Ohren des* ***Herrn der Heerscharen*** *gekommen. Ihr habt geschwelgt und geprasst auf Erden, ihr habt eure Herzen gemästet an* ***einem Schlachttag!*** (Jak 5,4-5; SCH)

Das Erscheinen des Herrn und seiner kämpfenden Truppen wird für jeden überwältigend sein, aber für die bösen Menschen zudem ein Furcht einflößender Anblick. Bis dahin möchte er, dass wir alle an dieses Bild denken.

Bei all dem Bösen heutzutage fragt man sich leicht, ob Gott die Kontrolle verloren hat. Kann jemand etwas dagegen tun, wenn diese Welt auf dem Weg in die Hölle ist? Aber selbst in Zeiten, in denen das Chaos unübersehbar um sich greift, hält der Herr der Heerscharen die Fäden in seiner Hand. Der Herr der Heerscharen ist noch immer der souveräne Gott, der letztendliche Sieger, unser Herr, der uns rettet. Er und ich stehen auf derselben Seite. Das gibt mir Trost.

Gleichzeitig erzeugt das in mir eine große Ehrfurcht, etwas, woran uns die Engel erinnern.

Sowohl nahe als auch weit entfernt

Wenn man über die Engel in der Bibel nachdenkt, dann fallen einem sehr bald zwei Dinge auf: Majestät und Ehrfurcht. Die Majestät findet sich immer in dem, was die Engel sind, und die Ehrfurcht erfüllt stets die Menschen, die ihnen begegnen.

Wir wissen, dass der Grund dafür nicht die Engel selbst sind, sondern Gott. Seine Majestät und seine Fähigkeit, Ehrfurcht hervorzurufen, übertrifft ihre bei weitem. Seine Herrlichkeit ist hoch erhoben *„über die*

Himmel", verkündet der Psalmist. „*Wer ist wie der HERR, unser Gott, der hoch oben thront,* ***der in die Tiefe schaut – im Himmel*** *und auf Erden?*" (Ps 113,4-6). Gott schaut selbst auf den Himmel, wo die Engel sind, herab. Auch sie gehören letzten Endes nur zu seiner Schöpfung.

Je mehr wir darüber nachdenken, desto mehr erleben wir zwei verschiedene und entgegengesetzte Reaktionen auf dieses Bild von Gott als dem Herrn der Heerscharen, dem Herrn der Armeen der Engel. Wir sind froh, wenn wir daran denken, dass uns eine so mächtige Hilfe zur Verfügung steht. Es ist ein großes Privileg, dass Gott vom Himmel herabkommt und sich für uns einsetzt.

Doch wenn wir uns solch eine Szene voll heiliger Pracht und überirdischer Macht bildlich vorstellen, wird uns umso mehr bewusst, wie klein, schwach und unwürdig wir sind. Plötzlich sehen wir deutlicher als jemals zuvor, wie viel mächtiger und heiliger Gott ist, als wir dachten. Er ist so anders und so weit von uns entfernt.

Ja, er kommt zu uns – doch selbst dadurch schafft er einen noch größeren Unterschied. Wir erkennen, wie nahe Gott uns kommt, doch ebenso sehen wir, wie weit er von uns entfernt bleibt. Er ist immer nahe, und doch stets weit entfernt. Für uns ist das ein Rätsel!

Die Engel lassen dieses Paradox nur noch deutlicher werden. Wie gütig und aufregend ist es, dass sie mit den Botschaften des Herrn zu uns kommen und für uns ein Fenster zu Gott und in den Himmel öffnen. Aber ihr Anblick lässt selbst die edelsten Menschen vor Furcht zurückweichen und erinnert sie an die große Kluft zwischen ihnen und Gott.

Jesaja ist einer von denen, die diese Erfahrung gemacht haben, und seine Darstellung dieses Ereignisses ist einer der eindrucksvollsten Texte in der Bibel.

Es war „*im Todesjahr des Königs Usija*" (Jes 6,1). Die lange, ereignisreiche Herrschaft dieses bemerkenswerten Monarchen war zu Ende gegangen. Aber Jesaja warf einen Blick auf einen größeren König. Er sagt, er sah „*den Herrn sitzen auf hohem und erhabenem Thron*".

Über ihm sah Jesaja herrliche Engelwesen, die Seraphim genannt werden. Diese Seraphim mussten ihr Gesicht mit ihren Flügeln bedecken, da selbst sie nicht direkt Gottes Herrlichkeit anschauen konnten.

„Heilig, heilig, heilig ist der HERR der Heerscharen!“ (Jes 6,3). Dreimal betonten sie die Tatsache, dass Gott von allem abgesondert ist und über allem steht. Theologen nennen das Gottes „Transzendenz“. Er ist heilig und hoch und erhaben und steht für immer über und außerhalb seiner ganzen Schöpfung.

Und Jesaja hörte, wie diese Seraphim ausriefen: *„Die ganze Erde ist erfüllt mit seiner Herrlichkeit!“* (Jes 6,3). Auf irgendeine Weise ist dieser heilige Gott auch aktiv anwesend in seiner ganzen Schöpfung. Das nennen Theologen Gottes „Immanenz“.

Sowohl Gottes Transzendenz als auch seine Immanenz bestehen immer gleichzeitig. Unser begrenztes menschliches Denken neigt in Bezug auf Gott dazu, zuerst in die eine Richtung und dann in die andere zu gehen. Aber in Wirklichkeit stehen diese beiden Eigenschaften immer in einem vollkommenen Gleichgewicht – er ist stets nahe und auch immer weit entfernt von uns.

> *Bin ich nur ein Gott aus der Nähe, spricht der HERR, und nicht auch ein Gott aus der Ferne? Oder kann sich jemand in Schlupfwinkeln verbergen, und ich, ich sähe ihn nicht? spricht der HERR. Bin ich es nicht, der den Himmel und die Erde erfüllt? spricht der HERR.* (Jer 23,23-24)

Genau über diesen Punkt belehrte Paulus die weisen Männer auf dem Areopag in Athen. *„Der Gott, der die Welt gemacht hat und alles, was darin ist, er,* ***der Herr des Himmels und der Erde*** *“*, sagte er ihnen, *„wohnt nicht in Tempeln, die mit Händen gemacht sind.“* Gott steht über all dem. Aber derselbe Gott, sagte Paulus weiter, ***„ist nicht fern*** *von jedem von uns. Denn in ihm leben und weben und sind wir“* (Apg 17,22-28).

Auch Engel nahen sich uns und halten doch Abstand. Der Grund dafür ist Gott, der sie geschaffen hat und ihr Wirken bestimmt. Sie können so freundlich sein, dass sie Elia gebackenes Brot geben oder Daniel auf die Beine helfen. Aber sie können ebenso zurückweisend sein wie ein flammendes Schwert, das Mann und Frau aus dem Garten Eden fernhält.

Kommen wir noch einmal zur ursprünglichen Frage dieses Kapitels zurück: Tun Engel heute immer noch all die Dinge, die sie laut der Bibel in früheren Zeiten getan haben?

Ich sehe keinen biblischen Grund, warum sie es nicht mehr können oder tun sollten, denn Gott hat sich nicht geändert. Er spricht auch heute noch. Er ist uns nahe. Er ist unser Erlöser und unser liebender Vater. *„Er, der doch seinen eigenen Sohn nicht verschont, sondern ihn für uns alle hingegeben hat: wie wird er uns mit ihm nicht auch* ***alles*** *schenken?"* (Röm 8,32). *„Alles"* schließt natürlich auch die Engel ein.

Aber Sie und ich können ihre Dienste nicht „bestellen" oder ihre Gegenwart voraussagen. Sie sind uns so nahe, wie sie es immer waren, aber ebenso fern.

Es ist ein Rätsel. Das ganze Thema ist von einem Geheimnis umgeben. Aber es ist gut für uns, dass es ein Geheimnis ist, und heute vielleicht mehr denn je. Vielen Christen heute fehlt es an Ehrfurcht und Verständnis für Geheimnisse, wenn sie über die Dinge Gottes nachdenken. Wir meinen, wir haben so viel über ihn herausgefunden, wie es uns möglich erscheint – und ist der Rest nicht sowieso Kleinkram? Ich bete dafür, dass diese Vermessenheit langsam abnimmt und wir die Geheimnisse, die die Engel Gottes umgeben, mehr und mehr respektieren.

Gott hat uns nicht alles über sie mitgeteilt und wird es auch nie tun. Selbst das, was er uns geoffenbart *hat*, können wir aufgrund unserer geistigen und geistlichen Begrenztheit nicht vollends begreifen. Aber die Reichtümer, die er uns gezeigt hat, sind dazu da, dass wir sie entdecken und in Besitz nehmen. *„Das Verborgene steht bei dem HERRN, unserm Gott; aber das Offenbare gilt uns und unsern Kindern für ewig"* (5Mo 29,28).

KAPITEL 5

Was Engel sind

Was genau *sind* Engel überhaupt? Woraus bestehen sie, wo kommen sie her, wo halten sie sich auf? Inwiefern sind sie uns ähnlich? In welchen Punkten unterscheiden sie sich von uns? Was sollte man erwarten, wenn einem ein Engel erscheint?

Da sich heute so viele falsche Informationen um das Thema Engel ranken, wollen wir noch einmal an den Punkt zurückgehen, wo die Bibel beginnt.

Engel sind zu allererst einmal *geschaffene Wesen* – wie Sie und ich, und wie die Raupen, die wir bereits erwähnt haben. Sie sind nicht das Ergebnis eines Urknalls. Sie sind auch nicht etwa durch irgendeinen Evolutionsprozess entstanden. Gott hat die Engel erschaffen.

Und so wie Sie und ich und die Raupe wurden Engel *in* Christus und *durch* Christus und *für* Christus gemacht. In Kolosser 1,16 lesen wir, dass *„**alles** … geschaffen worden ist“* in genau dieser komplexen Verbindung zu Gott, dem Sohn. Christus war der *Grund* für alle geschaffenen Dinge, er war der *Weg* und das *Mittel*, durch die sie gebildet wurden, und er ist der *Sinn* ihrer Existenz. Für alle geschaffenen Wesen ist er das Woher, Wie und Warum. Christus ist ihr König und Meister, so wie er es auch für uns ist.

Doch gibt es irgendeinen Grund zur Annahme, dass Paulus an dieser Stelle über die irdische Schöpfung hinausdachte? Hatte er wirklich Engel im Sinn? Ganz offensichtlich. Im selben Vers liefert uns Paulus einen Überblick von dem, was er meinte:

> *… alles **in den Himmeln** und auf der Erde …, das Sichtbare und das **Unsichtbare**, es seien Throne oder Herrschaften oder Gewalten*

> *oder Mächte:* ***Alles*** *ist durch ihn* [Christus] *und zu ihm hin geschaffen.*

Bei dieser tief miteinander verbundenen Schöpfungsordnung ist Paulus darauf bedacht, auch das Himmlische und Unsichtbare zu erwähnen. Diese Merkmale treffen eindeutig auf Engel zu, wie wir bald sehen werden. Paulus hat sie möglicherweise deshalb eingeschlossen, um der Anbetung von Engeln in der Gemeinde in Kolossä entgegenzutreten, worauf er später noch zu sprechen kommt (Kol 2,18). Er wusste, Gläubige werden nicht von der Wahrheit abweichen, wenn sie ihre Aufmerksamkeit auf Christus richten.

Engel geraten offensichtlich nicht auf Abwege, indem sie sich gegenseitig anbeten. Sie wissen es besser. Sie wissen, dass sie nur geschaffen wurden, weil der Herr es so wollte und es ihm gefiel. Das bringen die Engelwesen zum Ausdruck, wenn sie Gott in Offenbarung 4 anbeten.

> *Sie werfen ihre Kronen vor dem Thron nieder und sprechen:*
> *„Würdig bist du, o Herr, zu empfangen*
> *den Ruhm und die Ehre und die Macht;*
> *denn* ***du hast alle Dinge geschaffen,***
> *und durch deinen Willen sind sie*
> *und wurden sie geschaffen!"*
> (Offb 4,10-11; SCHL 2000)

Mit der Aussage „*durch deinen Willen sind sie*" bekennen diese Engelsgeschöpfe eine weitere Wahrheit: Nur durch Gottes Willen und Wohlgefallen existieren sie auch jetzt noch. Das gilt gleichermaßen für uns wie für die Engel: Der Grund für unsere Geburt ist derselbe wie der, dass wir noch leben, und dieser Grund findet sich im Willen und Wohlgefallen Gottes.

Diese fundamentale Tatsache verlangt vor allem eine einfache Antwort: dass wir da sind, um Gott zu loben. Am Anfang von Psalm 148 wird alles in „*den Himmeln*" und „*in den Höhen*" zum Lob Gottes aufgerufen – insbesondere Sonne, Mond, Sterne und *die Engel. „Loben sollen sie den Namen des HERRN! **Denn er gebot, und sie waren geschaffen**“* (V. 5). Das gilt ebenso für uns wie für die Engel und die Sterne. Die Engel und Sterne erfüllen diese Forderung nach Lob beständig und gerne.

Wie steht es mit uns?

Geschaffen für uns

Aber *wieso* sollte Gott diese Scharen von himmlischen Boten erschaffen, da er sie doch gar nicht braucht? Denn Calvin sagt uns: „Wann immer es ihm gefällt, lässt er sie außer Acht und führt sein Werk aus, indem er nur einmal mit dem Kopf nickt.“

Er kommt daher zu dem Schluss: Bei der Erschaffung der Engel muss Gott an *unsere* Interessen gedacht haben. Gott setzt Engel nur ein als „Hilfe für unsere Schwachheit“, um „unsere Hoffnungen oder unser Vertrauen zu stärken“.

Calvin räumt ein, dass uns Gottes Angebot seines persönlichen Schutzes genügen sollte. Er sagt, es wäre „unangebracht“, wenn wir uns „noch immer nach Hilfe umsehen würden“. Wenn Gott jedoch in seiner „grenzenlosen Güte und Milde“ beschließt, uns Engel im Blick auf unsere Schwachheit zu senden, fügt er hinzu, dann „wäre es zu unserem Nachteil, wenn wir diese Gunst übergehen würden“.

Seine Schlussfolgerung bringt die Lehre von Hebräer 1,14 zum Ausdruck, ein Vers, auf den wir später noch zurückkommen werden: Engel sind *„dienstbare Geister, ausgesandt zum Dienst um derer willen, die das Heil erben sollen“*. Engel sind für uns da.

Im Schöpfungsbericht in 1. Mose 1 werden Engel nicht erwähnt; dort konzentriert sich die Schilderung auf die sichtbare Schöpfung. Dass sie an dieser Stelle ungenannt bleiben, könnte ein weiterer Hinweis sein, dass Engel nicht unter der Autorität des Menschen stehen. Auf dem Höhepunkt der Schöpfungswoche gab Gott der Menschheit das Privileg und die Verantwortung, zu *„herrschen über die Fische des Meeres und über die Vögel des Himmels und über das Vieh und über die ganze Erde und über* *alle kriechenden Tiere, die auf der Erde kriechen!*" (1Mo 1,26). Aber Engel werden nicht genannt. Wir können Vieh hüten, Kanarienvögel in Käfige stecken und Honigmelonen und Blumenkohl in unserem Garten anbauen, aber wir können Engel nicht dazu bringen, unsere Wäsche zu waschen oder das Auto vorzuheizen.

Geschaffen im Anfang

Wann schuf Gott die Engel?

Der Herr sagte zu Hiob, dass Engel bereits da waren, als die Erde geschaffen wurde. In Kapitel 38,4 fragt er Hiob: „*Wo warst du, als ich die Erde gründete?*" Natürlich war Hiob nicht anwesend. Deshalb fügt Gott ein paar Details über dieses bahnbrechende Ereignis hinzu: Es geschah, „*als die Morgensterne miteinander jubelten und alle Söhne*[1] *Gottes jauchzten*" (Hi 38,7). Hiob war nicht dabei, als die Erde gebildet wurde, die Engel aber schon, und sie freuten sich darüber.

Somit wurden Engel offensichtlich vor dem dritten Schöpfungstag geschaffen, dem Tag, als Gott den Wassern ihren Platz zuwies und trockenes Land sichtbar wurde (1Mo 1,9-10).

Psalm 104 scheint denselben Zeitpunkt für das Erscheinen der Engel anzuzeigen. In diesem Psalm wird Gottes Größe gepriesen, wie er die ganze Schöpfung gemacht hat und aufrechterhält. In prachtvollen, poetischen Bildern geben die einleitenden Zeilen einen allgemeinen Überblick über das, was Gott geschaffen hat. Der Psalm scheint dieselbe Abfolge zu haben wie 1. Mose: Zuerst war das Licht, dann kamen die Himmel und das Sammeln der Wasser des Himmels, und anschließend Land, Meere, Tiere und Menschen.

In diese Reihe passt gut Vers 4, wo es heißt: Er „*macht Winde zu seinen Boten, Feuer und Lohe zu seinen Dienern*". Diese Zeilen werden oft als ein Verweis auf Engel angesehen. So zitiert der neutestamentliche Verfasser den Vers in Hebräer 1,7 in Bezug auf Engel. Und in Psalm 104 steht diese Aussage über Engel direkt vor dem Vers, in dem zum ersten Mal die Erde erwähnt wird: „*Er hat die Erde gegründet auf ihre Grundfesten*" (V. 5).

---

[1] Zur Identifikation der Söhne Gottes mit Engeln vgl. auch Kapitel 8, Seite 134.

Der Kreationist Dr. Henry Morris, ein guter Freund von mir und Mitchrist in unserer Gemeinde, sagte, er glaube, die Engel wären am zweiten Schöpfungstag geschaffen worden. Er verwies auf Psalm 104, aus dem abgeleitet werden kann, dass Engel folgten, „nachdem das Raum-Zeit-Universum erschaffen war und Gott darin seinen mit Licht umfluteten Thron aufgerichtet hatte". Sehr wahrscheinlich sind die Engel älter als alles andere in der Welt, die für uns sichtbar ist.

Hat Gott seitdem noch viele weitere Engel geschaffen? Ich finde keinen biblischen Hinweis darauf. Und offensichtlich ist ihre Zahl nicht weniger geworden (bis auf die gefallenen Engel, zu denen wir später kommen werden). Aber sie haben auch nicht zugenommen, da sich Engel nicht fortpflanzen – gemäß der Aussage Jesu, dass Engel nicht heiraten (Mt 22,30; Mk 12,25; Lk 20,34-36). Heute gibt es genauso viele Engel wie seit eh und je.

Engel sind zahllos

Und wie viele Engel sind das genau?

Die Bibel liefert uns keine präzisen Zahlen, aber es gibt reichlich Anhaltspunkte, dass es eine gewaltige Menge ist.

In dieser finsteren Nacht der Todesqualen, als ein Engel zu dem betenden Sohn Gottes kam, um ihm im Garten Gethsemane zu dienen, musste Jesus seine Jünger davon abhalten, gegen die Soldaten zu kämpfen, die ihn gefangen nehmen wollten. Christus ermahnte sie mit der Frage, die er an Petrus richtete: *„Oder meinst du, dass ich nicht meinen Vater bitten könne und er mir jetzt mehr als zwölf Legionen Engel stellen werde?"* (Mt 26,53). Das hätte ausgereicht, jedem seiner Jünger eine eigene Legion als persönliche Leibgarde zur Verfügung zu stellen. Eine übliche römische Legion bestand aus 3000 bis 6000 Mann und verfügte oft über dieselbe Anzahl an Hilfstruppen. Somit sprach Jesus von insgesamt 144.000 himmlischen Soldaten.

In einem majestätischen und zeitlosen Bild in Hebräer 12,22 wird uns mitgeteilt, dass wir gekommen sind *„zu **Zehntausenden** von Engeln, zur Festversammlung"* (SCH). In einigen deutschen Übersetzungen wird diese Versammlung als „***Myriaden** von Engeln*" (RELB; UELB), eine „***Menge vieler tausend** Engel*" (LUO) oder „***viele tausend** Engel*" (LUT) bezeichnet. Hinter diesen Ausdrücken steht eine Form des griechischen Wortes *myriad*, das Wort, dem wir zuvor schon begegnet sind und das zehntausend oder eine gewaltig große Zahl bedeutet.

In Psalm 68,18 dachte David wahrscheinlich an Engelsoldaten, als er sagte: „*Der Wagen Gottes sind **zehntausendmal Tausende**.*"

In einer von Daniels Visionen in Babylon sah er Gott (den er den „*Alten an Tagen*" nennt) auf einem Thron aus Feuerflammen, umgeben von Engelwesen: „***Tausend mal Tausende** dienten ihm, und **zehntausend mal Zehntausende** standen vor ihm*" (Dan 7,10).

Dieselbe Sprache findet sich auch in der Vision des Johannes vom Thron Gottes in Offenbarung 5,11:

> *Und ich sah: Und ich hörte eine Stimme vieler Engel rings um den Thron her und um die lebendigen Wesen und um die Ältesten; und ihre Zahl war **Zehntausende mal Zehntausende und Tausende mal Tausende**.*

Wörtlich genommen, wären „*Zehntausende mal Zehntausende*" hundert Millionen Engel. Das reicht, um jedes Heimspiel im Baseballstadion der *California Angels* in Anaheim fast zwanzig Jahre lang bis auf den letzten Platz zu füllen – ohne dass auch nur ein Besucher zweimal anwesend wäre.

Wahrscheinlich benutzt die Bibel solche Zahlen, um eine unbeschreiblich große Schar an Engeln darzustellen, viel mehr, als wir alle zählen könnten. Das soll nicht heißen, dass *Gott* ihre genaue Zahl nicht kennt. Die Bibel sagt, dass er die Haare auf unserem Kopf zählt (Mt 10,30). Und er hat alle Sterne gezählt und ihnen einen Namen gegeben (Ps 147,4), und er weiß, dass „*kein einziger fehlt*" (Jes 40,26). Wenn er die Gesamtzahl der Sterne und unserer Haare gezählt hat, kennt er gewiss auch die Zahl der Engel.

Da ein bestimmter Teil der Engel zusammen mit dem Teufel zu gefallenen Engeln wurde, haben einige Bibellehrer spekuliert, dass möglicherweise jeder durch den Fall dieser Engel freigewordene Platz im Himmel in der Ewigkeit mit erlösten Menschen ausgefüllt wird. Das würde die Zahl der im Himmel befindlichen Wesen wieder auf ihre ursprüngliche Menge nach der Erschaffung der Engel bringen.

Engel sind himmlisch

Die Engel – d.h. die guten Engel – nennen Gottes Himmel ihr Zuhause. Das sehen wir besonders in den Evangelien und im Buch der Offenbarung. Der Engel, der Jesus diente, als er im Garten Gethsemane betete, wird *„ein Engel* ***vom Himmel****“* genannt (Lk 22,43). Drei Tage später kam ein Engel ***„aus dem Himmel*** *herab“*, um den Stein vor seinem Grab wegzurollen (Mt 28,2). Jesus selbst spricht oft von den *„Engeln* ***in den Himmeln****“* (Mt 18,10; 22,30; 24,36). Die Engel, die seine Geburt verkündeten, werden die *„****himmlischen*** *Heerscharen“* genannt (Lk 2,13), und als sie die Hirten verließen, kehrten sie *„in den* ***Himmel****“* zurück (Lk 2,15).

Der Himmel ist ihr Zuhause, denn Engel gehören ausschließlich Gott. Der Himmel lässt sich am besten als Gottes Wohnort definieren. *„Der Himmel ist mein Thron“*, sagt Gott in Jesaja 66,1, und genau dort wirken und leben die Engel. Wenn Sie zu der Vorstellung neigen, dass Engel auf flauschigen Wolken herumliegen oder von Stern zu Stern fliegen, haben Sie eine große Wahrheit übersehen: Engel wohnen im Thronsaal Gottes, weil sie Gott gehören.

Jesus sprach ausdrücklich von den Engeln *Gottes* (Lk 12,8-9; 15,10). Er verhieß seinen Jüngern, dass, wenn sie *„den Himmel geöffnet sehen“*, sie auch *„die Engel* ***Gottes****“* auf ihn auf- und niedersteigen sehen würden (Joh 1,51).

Da Jesus Gott ist, machte er deutlich, dass die Engel ihm gehören, insbesondere wenn er von seiner Rückkehr zur Erde und seinem Kommen zum Gericht sprach (Mt 13,41; 16,27; 24,31).

Die heiligen Engel – die guten Engel – gehören nur dem Gott der Bibel und somit in seinen Himmel. Sie gehören nicht zur Erde oder zu irgendeiner irdischen Religion oder Philosophie.

Engel sind Geistwesen

Mich fragte mal jemand: „Weißt du, warum Engel fliegen können?" - „Nein. Warum?", entgegnete ich. „Weil sie sich leicht nehmen", antwortete er.

In gewisser Weise hat er recht. Engel sind Geistwesen ohne dauerhafte materielle Körper, die sie mit sich tragen. Sie werden ausdrücklich *„dienstbare Geister"* genannt (Hebr 1,14).

Jeder Engel ist ein *Geist*. Aber was bedeutet das?

A. W. Tozer definiert dieses Wort folgendermaßen:

> Geist bedeutet eine Existenz auf einer Ebene, die über und jenseits von Materie liegt; es bedeutet eine andere Lebensform. Geist ist Substanz, die kein Gewicht hat, keine Abmessungen, keine Größe oder Ausdehnung im Raum. Diese Eigenschaften gehören zur Materie und können nicht auf ein Geistwesen angewendet werden. Dennoch hat der Geist ein Wesen und ist objektiv real.

Engel sind real, aber ohne stoffliche Materie, wie wir sie kennen. Sie besitzen offensichtlich kein physisches Wesen, ebenso wenig so etwas wie Atem oder Blut. Wenn sie irgendeine dauerhafte Körperform annehmen, dann sind das geistliche Körper, die vielleicht denen ähnlich sind, die wir eines Tages in der Ewigkeit haben werden (1Kor 15,44). Die Engel heiraten nicht, wie uns die Worte Jesus gezeigt haben, und sie pflanzen sich auch nicht fort.

Sie und ich sind ebenfalls geistige Wesen. Aber im Gegensatz zu den Engeln sind wir auch physische Wesen. Und hier auf der Erde neigt unsere physische Natur leider dazu, unser geistiges Wesen zu überschatten.

Es muss ihr geistiges Wesen sein – so wie auch ihre geistliche Heiligkeit –, die es den Engeln erlaubt, sich beständig in Gottes Nähe aufzuhalten, denn in diesem Punkt gleichen sie Gott. Jesus sagte: *„Gott ist Geist, und die ihn anbeten, müssen in Geist und Wahrheit anbeten"* (Joh 4,24).

Geistwesen – aber dennoch begrenzt

Wir können jedoch nicht davon ausgehen, dass das geistige Wesen der Engel identisch ist mit Gottes geistigem Wesen. Manche Theologen sagen sogar, dass Engel, die zwar im Gegensatz zu Menschen keine materiellen Körper besitzen, verglichen mit Gott allerdings einen materiellen Körper haben, da Gottes selbstexistentes Geistwesen auf einer höheren Ebene liegt als ihres. Hier begegnet uns erneut ein Geheimnis, das die Engel umgibt.

In ihrem geistigen Zustand sind Engel begrenzt, was man von Gott niemals sagen kann. So können Engel nicht an mehr als einem Ort gleichzeitig sein, im Gegensatz zu Gott, der überall auf einmal ist. Nur Gott ist in seinem Aufenthaltsort nicht begrenzt; er ist *allgegenwärtig*. In Psalm 139 bekennt David ehrfurchtsvoll vor Gott: „*Du bist da*", ganz gleich wohin er geht oder er sich vorstellt zu gehen.

Engel sind auch in ihrem Wissen begrenzt. Jesus sagte, die Engel würden den Zeitpunkt seines zweiten Kommens in die Welt nicht kennen, und dass er es selbst nicht wusste, als er noch auf der Erde war (Mt 24,36; Mk 13,32). Aber Gott im Himmel kennt „*von Anfang an den Ausgang*" und kann seine Pläne jedem mitteilen, wem immer er will (Jes 46,10). Er ist *allwissend*, sein Wissen ist grenzenlos.

Engel besitzen nur begrenzte Macht, auch wenn diese unglaublich groß ist. In Offenbarung 7,1 sehen wir, wie allein vier Engel vier zerstörerische Winde zurückhalten können, die im Begriff stehen, über die Erde hinwegzufegen. Dreimal sagt Johannes in der Offenbarung, dass er einen „*starken Engel*" sah. Der Engel in Kapitel 18,21 „*hob einen Stein auf wie einen großen Mühlstein und warf ihn ins Meer*".

Die Kraft der Engel, Zerstörung und Gewalt auszulösen, wird vor allem in der Offenbarung deutlich, wenn Christus die sieben Siegel öffnet. Falls Ihnen jemand sagen sollte, dieses Bild der Zerstörung sei unvereinbar mit den Lehren Jesu über Frieden, Sanftmut und Liebe, dann weisen Sie ihn darauf hin, dass er beim Öffnen dieser Siegel immer als „*das Lamm*" beschrieben wird. Menschen, die sanfte, zarte Engel mögen, wünschen sich normalerweise auch einen sanften, zarten

Gott. Aber so ist Gott nicht, und ebenso wenig seine himmlischen Diener.

Doch trotz ihrer großen Macht sind Engel nicht so allmächtig wie Gott. Sie besitzen keine Kraft aus sich selbst heraus und können ohne Gott nichts ausrichten. Sie können nur die Kraft ausüben, die Gott ihnen verleiht. Sie handeln nur auf Gottes Anordnung, was A. W. Tozer so beschreibt:

> Gott hat seinen Geschöpfen Macht übertragen, aber aufgrund seiner Selbstgenügsamkeit kann er keine seiner vollkommenen Eigenschaften an jemand anderen abtreten. Er hat niemals auch nur ein bisschen seiner Macht aufgegeben. Er gibt sie, aber er gibt sie nicht weg. Alles, was er gibt, bleibt sein Eigentum und kehrt zu ihm zurück. Er muss für immer bleiben, was er schon immer war, der *allmächtige* Herr und Gott.

Als Jesus vor Pilatus stand und darauf wartete, zum Tod am Kreuz verurteilt zu werden, sagte er dem Statthalter: *„Du hättest keinerlei Macht über mich, wenn sie dir nicht von oben gegeben wäre*" (Joh 19,11). Dasselbe gilt für Engel und Menschen. Engel hätten keine Macht, wäre sie ihnen nicht von oben gegeben. Und das, was ihnen gegeben wurde, ist begrenzt.

Engel können auf Schwierigkeiten treffen. Der Engel, der mit Daniel sprach, erwähnte, dass er aufgehalten wurde, da er offensichtlich auf einen dämonischen Herrscher traf, und er teilte Daniel mit, dass der Erzengel Michael *„kam, um mir zu helfen*". Dieser Engel brauchte anscheinend die Hilfe des Erzengels Michael, um diese böse Macht zu überwinden.

Gott, und Gott allein, hat unbegrenzte Macht. Der Engel Gabriel drückte es am besten aus: *„Denn bei Gott ist* ***kein Ding*** *unmöglich*" (Lk 1,37; SCH).

Ein weiteres Geheimnis besteht darin, dass auch die Heiligkeit der Engel ihre Grenzen hat und geringer ist als die Heiligkeit Gottes. Das wird sichtbar in der Tatsache, dass einige Engel zusammen mit dem

Teufel von ihrem ursprünglichen guten Zustand abgefallen sind. Aber Gott wird immer vollkommen heilig, gerecht und liebevoll sein. Seine Güte hat keine Begrenzung. „*Schmecket und sehet, dass der HERR gütig ist!*" (Ps 34,9). Jesus sagt uns: „*Euer himmlischer Vater ist vollkommen*" (Mt 5,48).

Eine dramatische Szene in Offenbarung 5 zeigt uns die begrenzte Macht und Heiligkeit der Engel: Prachtvolle Engel umgeben Gottes Thron. Gott selbst hält in seiner rechten Hand ein Buch, das auf beiden Seiten beschrieben und mit sieben Siegeln versiegelt ist. Ein „*starker Engel*" ruft aus: „*Wer ist würdig, das Buch zu öffnen und seine Siegel zu brechen?*" Sicherlich wäre doch einer der majestätischen Engel dieser Aufgabe würdig, möchte man annehmen. Aber „***niemand in dem Himmel, auch nicht auf der Erde, auch nicht unter der Erde** konnte das Buch öffnen noch es anblicken*". Nur das Lamm, Jesus Christus, ist dessen würdig. Engel waren dieser Ehre nicht würdiger als Sie und ich oder die Bewohner der Hölle.

Geistwesen – wie Wind

Die Bibel sagt, Engel sind dem „*Wind*" oder einer „*Feuerflamme*" ähnlich (Ps 104,4; Hebr 1,7). Wind und Feuer sind möglicherweise die irdischen Elemente, um sich den geistigen Zustand von Engeln am besten vorstellen zu können.

Das Wort *Wind* erinnert an ihr geistiges Wesen. Sowohl im Hebräischen als auch im Griechischen können die Worte für „Geist" auch „Atem" oder „Wind" bedeuten. Und selbst wenn diese Worte mit „Wind" übersetzt werden, wo die Bibel eine Brise oder einen Sturm beschreibt, ist es gut vorstellbar, dass Engel etwas damit zu tun haben.

Manchmal wird diese Verbindung geknüpft wie in Psalm 18 von David. Er berichtet davon, dass Gott ein Engelwesen (Cherub) zu seiner Rettung sendet:

Er neigte die Himmel und fuhr hernieder,
und Dunkel war unter seinen Füßen.

Er fuhr auf einem Cherub und flog daher,
so schwebte er auf den Flügeln des ***Windes.***
(Ps 18,10-11)

David gebraucht hier den Wind als Synom für die Engel.

Tausend Jahre später sagte Jesus zu Nikodemus: *„Der* ***Wind*** *weht, wo er will, und du hörst sein Sausen, aber du weißt nicht, woher er kommt und wohin er geht"* (Joh 3,8).

Dann sagte er weiter: *„So ist jeder, der aus dem Geist geboren ist."* Dem könnten wir noch hinzufügen: „So ist es mit den Engeln." Denn Engel sind bereits Geistwesen, die auf Gott ausgerichtet sind, und zumindest in dieser Hinsicht werden wir ihnen ähnlich sein, wenn wir wiedergeboren sind.

Viele alttestamentliche Stellen reden davon, dass am Gerichtstag Gottes starke Winde wehen werden. Diese Verse greifen den Gerichtspassagen in der Offenbarung vor, wo Engel Gottes Zorn ausführen. Erinnern Sie sich, mit welcher Macht sie dieses Werk ausüben? Denken Sie beim Lesen der anschließenden Verse über die Macht der Engel nach und fragen Sie sich, ob Sie sich vorstellen können, dass Gott dazu Engel aussendet:

Wenn du um Hilfe schreist,
sollen dich deine Götzenhaufen retten!
Aber ein ***Wind*** *wird sie allesamt entführen,*
ein Hauch sie hinwegnehmen.
Wer aber bei mir seine Zuflucht sucht,
wird das Land erben und meinen heiligen Berg in Besitz nehmen.
(Gottes Worte in Jesaja 57,13)

Wehe, ein Getöse vieler Völker …
ein Rauschen von Völkerschaften …
Völkerschaften rauschen wie das Rauschen vieler Wasser.
Doch er bedroht sie, und sie fliehen in die Ferne.
Und sie werden gejagt wie Spreu auf den Bergen vor dem ***Wind***

und wie die Raddistel vor dem Sturm.
Zur Abendzeit, siehe da, jähes Erschrecken.
Ehe es Morgen wird, gibt es sie nicht mehr.
(Jes 17,12-14)

Und der HERR wird austrocknen
die Zunge des Meeres von Ägypten
und wird seine Hand gehen lassen
über den Euphrat mit seinem ***starken Wind.***
(Jes 11,15; LUT)

In jener Zeit wird diesem Volk und Jerusalem gesagt werden: Ein ***heißer Wind*** *von den kahlen Höhen in der Wüste kommt geradewegs zur Tochter meines Volkes … Nun will auch ich Gerichtsurteile über sie sprechen.* (Jer 4,11-12)

Darum, so spricht der Herr, HERR: So lasse ich einen ***Sturmwind*** *losbrechen in meinem Grimm, und ein überschwemmender Regen wird durch meinen Zorn kommen und Hagelsteine durch meinen Grimm zur Vernichtung.* (Hes 13,13)

Vielleicht peitschte ein Engel den Sturm an, durch den Jona über Bord geworfen wurde, damit er im Maul eines großen Fisches landete: „*Da warf der HERR einen* ***gewaltigen Wind*** *auf das Meer, und es entstand ein großer Sturm auf dem Meer, sodass das Schiff zu zerbrechen drohte*“ (Jon 1,4).

Es ist sogar möglich, dass der Heilige Geist Engeln befahl, für den großen Lärm zu sorgen, der bei der Entstehung der Gemeinde zu Pfingsten zu hören war, als „*plötzlich* ***aus dem Himmel*** *ein Brausen geschah, als führe ein* ***gewaltiger Wind*** *daher*“ (Apg 2,2).

Wir können nicht mit Sicherheit sagen, dass Engel an all diesen Situationen beteiligt waren, aber es ist nicht schwer, es sich vorzustellen.

Geistwesen – wie Feuer

„*Feuer*" ist das andere Bild, das uns Psalm 104 und Hebräer 1 von Engeln liefert. Engel werden in der Bibel so oft mit Flammen in Verbindung gebracht, dass Sie vielleicht gerne einen Feuerlöscher mitnehmen wollen, wenn wir uns ein paar dieser Stellen anschauen. Achten Sie darauf, auf wie viele unterschiedliche Arten ihr Feuer erkennbar wird.

Sie erinnern sich, wie die Cherubim, die den Eingang zum Garten Eden bewachten, „*die Flamme des zuckenden Schwertes*" an ihrer Seite hatten.

Zu einem späteren Zeitpunkt erschien der Engel des Herrn Mose „*in einer Feuerflamme mitten aus dem Dornbusch*" (2Mo 3,2).

Der Engel Gottes gab Gideon den Auftrag, ein Opfer - bestehend aus Fleisch und ungesäuerten Broten - zu bereiten und es auf einen Felsen zu legen. Als der Engel mit der Spitze seines Stabes das Opfer berührte, „*stieg Feuer aus dem Felsen auf und verzehrte das Fleisch und die ungesäuerten Brote. Und der Engel des HERRN entschwand seinen Augen*" (Ri 6,20-21).

Manoach und seine Frau (Simsons Eltern) wurden von einem Engel besucht, und auch Manoach brachte ihm ein Opfer auf einem Felsen dar, das anschließend von Feuer verzehrt wurde. „*Als die Flamme vom Altar zum Himmel emporstieg, da fuhr der Engel des HERRN in der Flamme des Altars hinauf*" (Ri 13,19-21).

Jesaja sah einen Seraphim, der auf ihn zuflog und „*in seiner Hand war eine glühende Kohle*" (Jes 6,6).

Die Erscheinung der Cherubim, die Hesekiel sah, war „*wie von brennenden Feuerkohlen; wie ein Schein von Fackeln war das, was zwischen den lebenden Wesen hin- und herfuhr; und das Feuer hatte einen Glanz, und aus dem Feuer fuhren Blitze hervor*" (Hes 1,13).

Der Engel, von dessen Erscheinung Daniel am Ufer des Tigris überwältigt wurde, hatte ein Gesicht „*wie das Aussehen eines Blitzes*" und Augen „*wie Feuerfackeln*" (Dan 10,4-6).

In seiner Vision sah Johannes einen Engel mit „*Füßen … wie Feuersäulen*" (Offb 10,1).

Eines der möglicherweise am meisten beschäftigten Geschöpfe im Himmel ist der Engel, den Johannes in Offenbarung 14,18 erwähnt – *„ein anderer Engel, der* ***Macht über das Feuer hatte****"*.

Wo haben die Engel das ganze Feuer her?

Natürlich von Gott. *„Unser Gott ist ein* ***verzehrendes Feuer****"* (Hebr 12,29). Als der Herr Mose am Berg Sinai begegnete, *„rauchte der ganze Berg Sinai, weil der HERR* ***im Feuer*** *auf ihn herabkam"* (2Mo 19,18). Sein Feuer erregt unsere Aufmerksamkeit, deswegen hören wir zu: *„Unser Gott kommt, und er wird nicht schweigen;* ***Feuer frisst*** *vor ihm her"* (Ps 50,3). Einmal hat der Herr ***„eine feurige Mauer"*** ringsum sein Volk verheißen (Sach 2,9). Und jetzt freuen wir uns auf die Zeit *„der Offenbarung des Herrn Jesus vom Himmel her mit den Engeln seiner Macht* ***in flammendem Feuer****"* (2Thes 1,7-8).

Mit Feuer assoziieren wir die Hölle und denken oft, dass Flammen das Werkzeug des Teufels sind. Aber die Hölle wird entflammt von Gott und seinen Engeln, die den Teufel und alle, die zu ihm gehören, in die quälenden Flammen des *„Feuer- und Schwefelsees"* werfen werden (Offb 20,10.15). Jesus spricht vom *„ewigen Feuer, das bereitet ist dem Teufel und seinen Engeln!"* (Mt 25,41). Das Feuer der Hölle ist nicht etwas, das sich der Teufel für die Menschen ausgedacht hat; Gott hat es für den Teufel bereitet.

Jesaja 66,15-16 gibt uns eine gute Vorschau auf das kommende Feuergericht. Wie in anderen Bibelstellen werden hier *„Wagen"* wahrscheinlich als ein Bild für Engel benutzt. Wieder sehen wir, wie sie mit Wind und Feuer in Verbindung stehen:

> *Denn siehe, der HERR kommt im* ***Feuer,***
> *und wie der* ***Sturmwind*** *sind seine Wagen,*
> *um seinen Zorn auszulassen in Glut*
> *und sein Drohen in* ***Feuerflammen.***
> *Denn mit* ***Feuer*** *hält der HERR Gericht,*
> *mit seinem Schwert vollzieht er es an allem Fleisch,*
> *und die Erschlagenen des HERRN werden zahlreich sein.*

Feuer ist Gottes Werkzeug, und er gibt es in die Hand der Engel.

Geistwesen – wie Sterne

Ja, Engel sind Geistwesen. Kann man die Tatsache, dass sie *„Feuerflammen"* genannt werden und die Bibel sie manchmal mit Sternen in Verbindung bringt, als Hinweis verstehen, dass die Substanz von Engel mehr denen von Sternen – Feuersternen – gleicht als allem anderen?

Das ist eine Möglichkeit, die mein Freund Henry Morris in Erwägung zieht:

> Dieses Konzept geht über unser naturalistisches Verständnis hinaus, was aber kein Grund für uns ist, es übereilt abzulehnen oder zu vergeistigen. Wir kennen nicht die Natur der Engel. Der Mensch wurde aus natürlichen chemischen Elementen gemacht und ist daher elektromagnetischen Kräften und der Gravitation unterworfen, die diese Elemente kontrollieren. Aber Engel unterliegen diesen Grenzen nicht. Sie können, wenn Gott es ihnen befiehlt, schnell von Gottes Thron zur Erde fliegen, und sie werden nicht von der Schwerkraft oder anderen natürlichen Kräften beschränkt.

Möglicherweise hat er da etwas entdeckt. Menschen, die heute von Engelerscheinungen berichten, sagen oft, sie haben ein strahlendes Licht oder ein Leuchten gesehen, das sie nicht näher beschreiben können und noch nie zuvor gesehen haben.

In der Bibel stehen Engel häufig mit einem hellen Licht in Verbindung. Die Engel am Grab Jesu waren in ein *„strahlendes Gewand"* gekleidet (Lk 24,4). Der Engel, den Kornelius sah, stand *„in glänzendem Kleid"* vor ihm (Apg 10,30). Als Petrus von einem Engel aus dem Gefängnis befreit wurde, *„leuchtete ein Licht im Kerker"* (Apg 12,7). In der Offenbarung lesen wir von einem Engel, dessen *„Angesicht wie die Sonne war"* (Offb 10,1), und von sieben Engeln, die *„mit reinem, glänzendem Leinen bekleidet"* waren (Offb 15,6).

Genau diesen speziellen Aspekt ihres Erscheinungsbildes – ihren strahlenden Glanz – scheint der Teufel nachzumachen. Paulus warnt uns beispielsweise, dass *„der Satan selbst die Gestalt eines Engels* ***des Lichts*** *annimmt“* (2Kor 11,14). So wie mit ihrer Flamme ist es auch mit ihrem Licht – mit Sicherheit können wir sagen: das Leuchten, das die Engel umgibt, stammt direkt vom Licht Gottes. Als der Engel den Hirten in Bethlehem erschien, um die Geburt Christi zu verkünden, *„umleuchtete sie* ***die Herrlichkeit des Herrn****, und sie fürchteten sich mit großer Furcht“* (Lk 2,9). Es war die Herrlichkeit des Herrn, nicht die der Engel. Das kann der Teufel nicht nachmachen. Nur Gottes heilige Engel sind wirkliche „Engel des Lichts“.

Gehen wir zurück zu den Sternen und schauen uns ein paar Bibelstellen an, in denen Engel besonders mit Sternen assoziiert werden. Wir haben bereits einen Blick auf Hiob 38,7 geworfen, wo Gott sagt, die Engel schauten zu, als er *„die Erde gründete“*,

… als die Morgensterne miteinander jubelten
und alle Söhne Gottes jauchzten …

Wenn sich das auf den dritten Schöpfungstag bezieht, dann können die *„Morgensterne“* nicht die Lichter sein, die wir in einer klaren Nacht am Himmel sehen, da diese erst am vierten Schöpfungstag geschaffen wurden. Vielmehr ist es wahrscheinlicher, dass „Sterne“ hier eine andere Bezeichnung für Engel ist, die freudig Gottes Werke bejubeln.

Folgendes sagt Johannes in seiner Vision:

Ich sah einen ***Stern****, der vom Himmel auf die Erde gefallen war; und es wurde ihm der Schlüssel zum Schlund des Abgrundes gegeben. Und er öffnete den Schlund des Abgrundes; und ein Rauch stieg auf aus dem Schlund wie der Rauch eines großen Ofens.* (Offb 9,1-2)

Die allgemeine Auslegung hier ist: Dieser Stern gehört zu den Engeln in der Offenbarung, die Gottes endgültigen und schrecklichen Zorn gegen das Böse enthüllen.

Im Krieg Israels gegen die Kanaaniter wurde eine dramatische Schlacht gegen den Heerobersten Sisera nur gewonnen, weil der Herr auf übernatürliche Weise eingriff (Ri 4,15). Im Siegeslied nach der Schlacht lautete eine Zeile in Deboras Lied:

> *Vom Himmel her* ***kämpften die Sterne****,*
> *von ihren Bahnen aus kämpften sie mit Sisera.*
> (Ri 5,20)

Dies ist womöglich ein Hinweis auf kämpfende Engel, die sie in der Schlacht unterstützten.

Es ist durchaus möglich, dass der Stern, der die Weisen aus dem Morgenland nach Bethlehem führte, in Wirklichkeit ein Engel war, der Gott treu diente und den Anbetern den Weg zum neugeborenen König wies.

Sterne, Engel und wir

Es ist leicht, sich eine friedliche Szene in den Psalmen vorzustellen, wo David durch Sterne an Engel erinnert wurde. Vielleicht lag er in einer klaren Nacht auf einem Hügel in der Nähe seines Zuhauses in Bethlehem auf dem Rücken und schaute zum Himmel. (Möglicherweise war es derselbe Hügel, auf dem die Hirten tausend Jahre später die gute Nachricht von einem Engel hören sollten.)

Als David nach oben blickte, bekam er die Inspiration für ein neues Lied, ein Lied, das später zu unserem Psalm 8 wurde.

Zuerst lobte David Gott, den er sich weit entfernt vorstellte, sogar jenseits der Sterne:

> *Herr, unser Herr,*
> *wie herrlich ist dein Name auf der ganzen Erde,*
> *der du deine Majestät*
> ***über die Himmel*** *gestellt hast!*
> (V. 2; Elberfelder 2003)

Er fährt fort und ringt nach Worten, als er eine tiefgehende Frage an Gott richtete:

Wenn ich anschaue deine Himmel, deiner Finger Werk, den Mond und die Sterne, die du bereitet hast: ***Was ist der Mensch****, dass du sein gedenkst, und des Menschen Sohn, dass du dich um ihn kümmerst?* (V. 4-5)

David dachte an den Menschen, obwohl er auf die vielen Sterne blickte, die von Horizont zu Horizont leuchteten. Sie ließen ihn an die Engel denken – himmlische Wesen, die weit über ihm standen wie die Sterne, und doch nicht so weit entfernt.

In der nächsten Liedzeile fügte er einen weiteren Gedanken über den Menschen hinzu:

Denn du hast ihn wenig geringer gemacht als Engel,
mit Herrlichkeit und Pracht krönst du ihn. (V. 6)

David staunte darüber, dass sich der majestätische Gott zum Menschen herabneigt und sich um ihn kümmert. Denn er wusste, dass sich Engel und Menschen einander näher sind als dem heiligen Gott.

Die Sterne, die Engel, die Stille des Hügels, die tiefen Fragen an Gott – es ist eine wunderbare Szene, in der man sich verlieren kann.

Der klare Nachthimmel ist momentan unser vielleicht anschaulichstes Bild von den Scharen von Engeln, die wie Sterne den Thron Gottes umgeben und Lob und Anbetung bringen. Gehen Sie demnächst mal in der Nacht nach draußen und schauen Sie in den Himmel, besonders wenn irdische Sorgen und Probleme Sie niederdrücken.

Kommen Sie dankbar der Aufforderung des Herrn in Jesaja 40,26 nach: *„Hebt zur Höhe eure Augen empor"* und erinnern Sie sich an den, der *„diese da geschaffen hat"* und *„der ihr Heer hervortreten lässt nach der Zahl* [und] *sie alle mit Namen ruft"*. Vielleicht erinnern Sie sich an das Beispiel von Abraham in 1. Mose 15. So wie Sie und ich brauchte auch Abraham etwas. Er bat Gott: *„Herr, HERR, was willst du mir geben?"* (15,2). Unsere Fragen klingen ganz ähnlich: „Kannst du dieses Problem für mich lösen, Gott?" Oder: „Herr, wann wirst du mich aus dieser Not befreien?" Oder: „Vater, wann wirst du deine Verheißung erfüllen?"

Als Antwort führte Gott Abraham hinaus unter einen leuchtenden Sternenhimmel und sagte zu ihm: *„Blicke doch auf zum Himmel, und zähle die Sterne, wenn du sie zählen kannst!“*

Vielleicht zeigt uns dieses Bild, wie wir von den Engeln denken sollten. Wir können sie ebenso wenig zählen wie die Sterne. (Je stärker unser Teleskop ist, umso mehr Sterne sehen wir!)

Aber wie David können wir in diesen Sternen ein Bild von der Fürsorge Gottes für uns entdecken. Diese Liebe kommt zu uns nicht nur durch tausend oder Millionen von Engeln, die Gott geschaffen hat, damit sie uns dienen, sondern auch auf tausend oder Millionen anderen Wegen. Seine Gnade ist *„Gnade um Gnade“* (Joh 1,16).

Blicken Sie hinauf zu den Sternen und staunen Sie. Anschließend vertrauen Sie Gott und sehen auf seine Belohnung, wie Abraham es tat: *„Und er glaubte dem HERRN; und er rechnete es ihm als Gerechtigkeit an.“*

Die Sterne erinnern uns an die Engel, und an noch mehr.

Das Buch der Offenbarung beginnt mit der Vision des Johannes vom verherrlichten Jesus Christus. Johannes sah, wie Jesus etwas in der Hand hielt: *„Er hatte in seiner rechten Hand sieben* ***Sterne****“* (Offb 1,16). Was sind diese Sterne? Jesus selbst klärt uns darüber auf: *„Was das Geheimnis der sieben Sterne, die du auf meiner Rechten gesehen hast, … betrifft: Die sieben Sterne sind* ***Engel*** *der sieben Gemeinden“* (Offb 1,20).

Auf den nächsten Seiten der Offenbarung finden wir die Botschaften von Jesus Christus an diese *„sieben Gemeinden“*, die in sieben Städten in Kleinasien lagen, wo Christen zusammenkamen. Jede Botschaft fängt mit denselben Worten an: *„Dem* ***Engel*** *der Gemeinde in …“* Wer sind diese *„Engel“*, die auch als sieben Sterne dargestellt werden?

Die beste Erklärung scheint zu sein: Es waren die Gemeindeleiter[2], die diese sieben Gemeinden führten und hüteten. Ihnen hatte Jesus Christus die Verantwortung übertragen, den Menschen dieser sieben Gemeinden treu sein Wort zu lehren. Sie waren seine Boten, seine Botschafter.

[2] Dies ist nur eine von mehreren möglichen Erklärungen. Die Engel sind hier vielleicht einfach als Hinweis darauf zu verstehen, dass die von Johannes aufgeschriebene Botschaft aus der himmlischen Welt an irdische Menschen gerichtet ist und dass sie wie schon früher in wichtigen Angelegenheiten von Engeln überbracht wurde (vgl. dazu Apg 7,53; Hebr 2,2; 13,1). Anm. d. dt. Hrsg.

In diesem Sinne können wir den Engeln ähnlicher sein, als wir es wohl für möglich gehalten hätten. Auch uns hat Jesus Christus damit beauftragt, seine Botschaft, sein Evangelium, treu weiterzugeben.

> *Dass Gott in Christus war und die Welt mit sich selbst versöhnte, ihnen ihre Übertretungen nicht zurechnete und* ***in uns das Wort von der Versöhnung gelegt hat****. So sind wir nun Gesandte an Christi Statt, indem Gott gleichsam durch uns ermahnt.* (2Kor 5,19-20)

Deshalb können auch wir wie Sterne sein, solange wir es unserem Egoismus nicht erlauben, unserem Zeugnis in die Quere zu kommen. Paulus drückt es so aus:

> *Tut alles ohne Murren und Zweifel, damit ihr tadellos und lauter seid, unbescholtene Kinder Gottes inmitten eines verdrehten und verkehrten Geschlechts, unter dem* ***ihr leuchtet wie Himmelslichter*** *in der Welt, indem ihr das Wort des Lebens festhaltet …* (Phil 2,14-16)

Wenn Sie wie ein Engel sein wollen – und sogar wie ein Stern leuchten wollen – dann hören Sie auf zu murren und zu streiten und lassen Sie sich von Gott in einen treuen Boten mit dem Wort des Lebens verwandeln. Die Welt dort draußen ist dunkel und benötigt dringend Ihr Sternenlicht.

Wenn Sie das nächste Mal einen Nachthimmel voller Sterne sehen, dann denken Sie an die Engel … und an sich selbst.

KAPITEL 6

Wann Engel erscheinen

Sie können unmöglich herausfinden, wie oft Engel in Ihrem Leben beteiligt waren. Vielleicht steht gerade jetzt einer neben Ihnen, der Ihnen hilft, die Seiten dieses Buches umzublättern. (Was für eine Ehre das für uns beide wäre!)

Aber wir können es nicht mit Sicherheit sagen, da Engel meistens unsichtbar sind. Das kann seltsam erscheinen, aber Billy Graham verhilft uns zu einer anderen Perspektive:

> Obschon Engel auch sichtbar sein können, sind unsere Augen nicht dazu geschaffen, sie besser zu erkennen als die Ausmaße eines nuklearen Feldes, die Struktur von Atomen oder die Elektrizität, die durch Kupferdraht fließt. Unsere Fähigkeit, die Realität wahrzunehmen, ist eingeschränkt: Der Hirsch im Wald hat einen viel besseren Geruchssinn als wir. Fledermäuse besitzen ein äußerst empfindsames Radarsystem. Manche Tiere können im Dunkeln Dinge sehen, die uns entgehen. Schwalben und Gänse haben ein hoch entwickeltes Leitsystem, das schon ans Übernatürliche zu grenzen scheint. Warum sollten wir es also für seltsam halten, wenn der Mensch die Anzeichen für die Gegenwart von Engeln nicht wahrnimmt?

Doch manchmal erscheinen Engel in der Bibel in ganz normaler menschlicher Gestalt. Gideon schien anfangs nicht zu erkennen, dass die vor ihm stehende Person ein Engel war (Ri 6,12-13). Dasselbe galt für Simsons Vater Manoach (Ri 13,16) – Manoachs Frau schaltete da schneller. *„Ein Mann Gottes ist zu mir gekommen“*, teilte sie ihrem Mann mit. *„Sein Aussehen war wie das Aussehen des Engels Gottes, sehr furchtbar"* (Ri 13,6).

Als Engel Lot und seine Familie aus Sodom retteten, meinte Lot, es seien nur Menschen, denn er begrüßte sie, lud sie in sein Haus ein und überhäufte sie mit Gastfreundschaft (1Mo 19,1-3).

Bevor sie Lot retteten, besuchten dieselben himmlischen Wesen seinen berühmten Onkel. *„Als er bei der Hitze des Tages am Eingang des Zeltes saß"*, sagt uns die Stelle, *„erhob er seine Augen und sah: und siehe, drei* ***Männer*** *standen vor ihm"* (1Mo 18,1-2). Auch Abraham zeigte sich gastfreundlich gegenüber diesen Besuchern, die er zunächst als Menschen wahrnahm, und nachdem sie sich die Füße gewaschen hatten, genossen sie Saras Kochkünste. Doch Abraham, der Mann des Glaubens und Freund Gottes, schien die Gegenwart des Herrn in diesen „Männern" schneller zu begreifen als Lot.

Das Neue Testament deutet an, dass es nach wie vor möglich ist, Engel bei sich aufzunehmen, die wie ganz normale Menschen wirken. Erinnern Sie sich noch an die Worte aus Hebräer 13,2? Dort heißt es: *„Die Gastfreundschaft vergesst nicht! Denn dadurch haben einige, ohne es zu wissen, Engel beherbergt."* Wenn Sie wirklich an Engel glauben und sie gerne bewirten oder ehren möchten (vielleicht als eine Dankesgeste für alles, was sie für Sie tun), dann erwägen Sie doch, gastfreundlicher zu Fremden zu sein. Erst in der Ewigkeit werden Sie erfahren, ob Engel darunter waren, aber allein die Möglichkeit ist schon aufregend genug. (Natürlich gibt es ein noch stärkeres Motiv, freundlich und zuvorkommend zu Unbekannten zu sein. Jesus sagte in Matthäus 25,35: *„Ich war Fremdling, und ihr nahmt mich auf."* Wenn wir Fremde achten und ihnen dienen, sieht der Herr es als einen *persönlichen* Dienst an ihm an.)

Häufiger als das unerkannte Auftreten von himmlischen Wesen finden wir Begebenheiten in der Bibel, in denen es keinen Zweifel gibt: Ein Engel ist am Werk.

Jakob war sich sicher. Er war auf dem Weg zurück in das Land seines Großvaters Abraham und seines Vaters Isaak, als *„ihm Engel Gottes begegneten"* (1Mo 32,2). Und wie reagierte er, als er sie sah? Er rief aus: *„Das ist das Heerlager Gottes"* (32,3). Jakob hatte noch ein bisschen mit dem Herrn zu kämpfen, aber er war auf dem richtigen Weg. Er wusste, Gott war bei ihm.

Daniel war sich dessen, was er sah, sogar noch sicherer. Seine Schilderung in Daniel 10 von der eindrucksvollen Gestalt am Flussufer wurde als ausführlichste Beschreibung einer Engelerscheinung in der Bibel bezeichnet. Lesen Sie, was Daniel alles beobachtete:

> *Und ich erhob meine Augen und sah: und siehe, da war ein Mann, in Leinen gekleidet, und seine Hüften waren umgürtet mit Gold von Ufas. Und sein Leib war wie ein Türkis und sein Gesicht wie das Aussehen eines Blitzes. Und seine Augen waren wie Feuerfackeln und seine Arme und seine Füße wie der Anblick von glatter Bronze. Und der Klang seiner Worte war wie der Klang einer Volksmenge.* (Dan 10,5-6)

Sie können sich sicher sein, dass Daniel mehr als nur einen kurzen Blick auf ihn warf, und es verwundert nicht, dass ihn diese Erfahrung fertig machte. „*Und es blieb keine Kraft in mir*", sagt er; „*meine Gesichtsfarbe veränderte sich an mir bis zur Entstellung, und ich behielt keine Kraft*" (Dan 10,8). Allein ein kurzer Blick hätte jedem Kopfschmerzen bereitet.

In vielen anderen Bibelstellen haben wir bereits gesehen, wie Engel in verschiedenen Abstufungen von Licht, Feuer und Herrlichkeit erscheinen. Aber es ist wert, noch einen weiteren Blick darauf zu werfen. Beachten Sie beispielsweise, was über die Farbe ihrer Kleidung berichtet wird, nachdem Jesus aus den Toten auferstanden war:

Der Engel, der den Stein vor dem Grab Jesu wegrollte, sah aus „*wie der Blitz, und sein Kleid war weiß wie Schnee*" (Mt 28,3). Als einige Frauen zu dem Grab kamen, werden die von ihnen gesehenen Engel folgendermaßen beschrieben: Sie sahen „*einen jungen Mann … bekleidet mit einem weißen Gewand*" (Mk 16,5), „*zwei Engel in weißen Kleidern*" (Joh 20,12) und „*zwei Männer in strahlendem Gewand*" (Lk 24,4).

Als Jesus vierzig Tage später in den Himmel auffuhr, „*standen zwei Männer in weißen Kleidern*" bei den Jüngern (Apg 1,10).

Jahre später waren die anbetenden Engelwesen[3], die Johannes als die 24 Ältesten bezeichnet, *„bekleidet mit weißen Kleidern, und auf ihren Häuptern* [waren] *goldene Siegeskränze"* (Offb 4,4).

Die Bibel assoziiert die Farbe weiß nicht nur mit Reinheit, sondern auch mit Freude. *„Geh hin, iss dein Brot mit Freude und trink deinen Wein mit frohem Herzen!"*, wird uns in Prediger 9,7-8 geraten. *„Denn längst hat Gott Wohlgefallen an deinem Tun.* ***Deine Kleider seien weiß zu jeder Zeit,*** *und das Salböl fehle nicht auf deinem Haupt."*

Die bewegende Erfüllung dieser Anordnung an Gottes Volk wird in Offenbarung 7 vorhergesagt. In seiner Vision sah Johannes eine unzählig große Menschenmenge vor Gott stehen, die aus allen ethnischen Gruppierungen der Welt bestand. Sie waren ***„bekleidet mit weißen Gewändern*** *und* [hatten] *Palmen in ihren Händen"* (Offb 7,9).

Die Engel schlossen sich ihrem freudigen Lob Gottes an. Dann erzählte einer dieser in weiß gekleideten Ältesten Johannes, dass diese anbetenden Menschen *„ihre Gewänder gewaschen und sie* ***weiß*** *gemacht haben im Blut des Lammes"* (Offb 7,14). Dieser weiß gekleideten Menschenmenge war die Freude sicher, denn der Älteste verhieß Johannes, dass *„Gott jede Träne von ihren Augen abwischen wird"* (7,17).

Das Weiß wird noch strahlender, wenn wir sehen, wie der Herr mit seinen Engeln zum endgültigen Sieg reitet. Genießen Sie die Szene zusammen mit Johannes:

> *Und ich sah den Himmel geöffnet, und siehe,* ***ein weißes Pferd,*** *und* ***der darauf saß, heißt Treu und Wahrhaftig,*** *und er richtet und führt Krieg in Gerechtigkeit. Seine Augen aber sind eine Feuerflamme, und auf seinem Haupt sind viele Diademe, und er trägt einen Namen geschrieben, den niemand kennt als nur er selbst; und er ist bekleidet mit einem in Blut getauchten Gewand, und sein Name heißt: Das Wort Gottes. Und die Kriegsheere, die im Himmel sind, folgten ihm* ***auf weißen Pferden, bekleidet mit weißer, reiner Leinwand.*** (Offb 19,11-14)

---

[3] Nach anderen Deutungen könnte es sich hier auch um die Erlösten des AT und NT oder auch nur um neutestamentliche verherrlichte Gläubige handeln. (Anm. des dt. Hrsg.)

Reine, strahlende Freude wartet auf uns, wenn wir den reinen, glorreichen Sieg des Herrn und seiner Engel teilen.

Geöffnete Augen, um sie zu sehen

Ob wir die Engel sehen können, hängt nicht einzig und allein davon ab, welche Gestalt Gott ihnen gibt. Die Bibel betont auch die Tatsache, dass der Herr uns vorher die Augen öffnen muss.

Manchmal konnte eine Person in der Bibel einen Engel sehen, die Menschen neben ihm aber nicht – so wie im Fall von Daniel und seinen Begleitern am Ufer des Tigris (Dan 10).

Und manchmal konnte ein Esel einen Engel sehen, sein Reiter hingegen nicht. Gemeint ist Bileams Esel. Das größere Wunder in dieser Geschichte ist weniger ein *sprechender* Esel als vielmehr, dass ein Mensch wie Bileam einen Engel *sieht*.

Erinnern Sie sich noch an die Geschichte? Bileam war international als Wahrsager bekannt – teils Magier, teils Prophet sozusagen und der König der Verwünschungen und Segnungen. Er war ein „Seher" – er sollte Dinge „sehen" können, die andere nicht sehen konnten. Wenn man von irgendjemandem auf der Welt erwartete, dass er Engel sah, dann war es Bileam.

Eines Tages wurde er von Balak, dem König von Moab, aufgefordert, Israel zu verfluchen. Gott machte Bileam seine Gedanken zu diesem Thema ganz deutlich. Er befahl ihm, nicht mit den Obersten Moabs mitzugehen, die der König zu ihm gesandt hatte. Er macht ihm klar: Israel ist gesegnet, nicht verflucht.

Das hätte Bileam reichen sollen.

Aber der König von Moab sandte *„noch einmal Oberste, mehr und angesehenere als jene"* (4Mo 22,15). Außerdem erhöhte der König seinen versprochenen Lohn für Bileams Flüche. *„Denn sehr hoch will ich dich belohnen"* (22,17).

Daraufhin befragte Bileam Gott ein weiteres Mal.

Fünfzehn Jahrhunderte später schrieb der Apostel Petrus über Bileams Charakter: Er *„liebte den Lohn der Ungerechtigkeit"* (2Petr 2,15).

Der Herr hatte einen Plan, um durch Bileam etwas Größeres zu erreichen, als dieser gottlose Wahrsager begreifen konnte. „Okay", sagte Gott in der Nacht zu Bileam. „Geh." Eine geldgierige Berühmtheit stand im Begriff, gedemütigt zu werden.

Bei Sonnenaufgang sattelte Bileam seinen Esel und machte sich auf den Weg nach Moab zum König Balak. Er wusste nicht, wie zornig Gott auf ihn war.

Und wie zornig war er?

Zornig genug, um seinen Engel mit gezücktem Schwert mitten auf der Straße nach Moab zu postieren (an einer engen Stelle, wo man nicht ausweichen konnte). Bei diesem Anblick muss die arme Eselin so verängstigt gewesen sein, wie es noch nie ein Mensch gewesen war. So gut wie sie konnte, versuchte sie in ihrem eigenen Interesse und dem ihres Herrn der beängstigenden Gegenwart des Engels zu entrinnen.

Doch Bileam – der weltberühmte Seher – bemerkte diesen Besucher nicht.

Was ihm auffiel, war das seltsame Benehmen seines Esels. Jetzt war Bileam zornig, und er schlug das Tier mit seinem Stock. (Wer ist hier eigentlich der Esel?)

Nun tat Gott ein zweifaches Wunder, um offenzulegen, was verborgen war. Jedes der beiden war für ihn so einfach wie jedes andere Wunder.

Zunächst öffnete er den Mund der Eselin und ließ sie sprechen. Bileam war so außer sich vor Zorn, dass er tatsächlich eine Diskussion mit ihr begann. *„Hätte ich doch ein Schwert in meiner Hand!"*, sagte er zu ihr. *„Gewiss hätte ich dich jetzt erschlagen!"* (4Mo 22,29).

Schritt zwei: Gott öffnete Bileams Augen, damit dieser sehen konnte, wer hier das Schwert führte. *„Er sah den Engel des HERRN mit seinem gezückten Schwert in seiner Hand auf dem Weg stehen"* (4Mo 22,31).

„Dieser Esel", sagte der Engel zu ihm, „hat dir gerade das Leben gerettet."

Wie jeder, auf dessen Hals ein Schwert gerichtet ist, wurde Bileam augenblicklich unterwürfig – zumindest dem Anschein nach. Gott zeigte ihm, wie gesegnet das Volk Israel wirklich war. Bileam blieb lange genug demütig, um das, was Gott ihm gezeigt hatte, an einen äußerst verärgerten König Balak weiterzugeben. Die ganze Zeit über muss Bileam an das erhobene Schwert des Engels gedacht haben. Jeden Augenblick könnte es wieder vor ihm erscheinen. Bileam ging kein Risiko ein.

Doch bald schon ließ seine Furcht vor Gott nach. Was Bileam und der moabitische König dem Volk Israel nicht durch Wahrsagerei antun konnten, versuchten sie nun durch Verführung zu erreichen. Jesus selbst deckte ihre Sünde auf, als er in Offenbarung 2,14 zu Johannes sagte: Bileam *„lehrte Balak, eine Falle vor die Söhne Israels hinzustellen, so dass sie Götzenopfer aßen und Unzucht trieben"*. Diese schäbige Geschichte wird in 4. Mose 25 erzählt.

Bei einem weiteren Vesuch, Israel zu verführen, ließ sich Bileam auch mit den Midianitern ein, einer anderen Israel feindlich gesonnenen Gruppe (4Mo 25,14-18). Diesmal kostete es ihn das Leben. Gott befahl seinem Volk, an den Midianitern Rache zu nehmen. Die Liste der Opfer in 4. Mose 31,8 wird von fünf Midianiter-Königen angeführt, die die Israeliten töteten. Dann folgen die Worte: *„Auch Bileam, den Sohn Beors, brachten sie mit dem Schwert um."* Bileam genügte es nicht, das Schwert des Engels Gottes zu sehen, um für immer verändert zu werden. So führte ihn das Schwert des Menschen seinem ewigen Schicksal zu.

In der Bibel findet sich aber auch eine erfreulichere Geschichte, wie Gott die Augen eines Menschen öffnete, damit er Engel sehen konnte. Es ist immer wieder schön, sie zu hören.

Sechshundert Jahre nach Bileam lag Israel im Krieg mit Syrien. Elisa, der Prophet des Herrn, hatte die Vollmacht, alle militärischen Geheimnisse der Syrer zu erkennen. Natürlich teilte er sie unverzüglich dem König Israels mit.

Der syrische König suchte nach der undichten Stelle. Er sandte seine Truppen aus, um Elisa gefangen zu nehmen. Sie fanden ihn in der Stadt Dotan und umstellten den Ort nachts mit Soldaten, Pferden und Wagen (2Kö 6,8-14). Es gab keine Möglichkeit zu entkommen.

Früh am nächsten Morgen ging Elisas Diener hinaus und entdeckte die schreckliche Falle. Verzweifelt schilderte er ihre Notlage seinem

Herrn. „*Was sollen wir tun?*“, fragte er. Elisa sagte ihm, er solle sich nicht fürchten. „*Denn zahlreicher sind die, die bei uns sind, als die, die bei ihnen sind*“ (2Kö 6,16).

Dem Prophet war bewusst, dass ein solcher Optimismus für seinen Diener nur schwer zu schlucken gewesen sein dürfte. Israel hatte keine Armeen in Dotan.

Deshalb betete Elisa: „*HERR, öffne doch seine Augen, dass er sieht!*“

Gott erhörte sein Gebet. „*Da öffnete der HERR die Augen des Dieners, und er sah. Und siehe, der Berg war voll von feurigen Pferden und Kriegswagen um Elisa herum*“ (2Kö 6,17). Es war die Armee *Gottes* auf diesem Berg – seine Engelschar.

Im Verlauf der Begebenheit wird der Diener nicht mehr erwähnt. Er dürfte in erster Linie erstaunt zugesehen haben, was als Nächstes geschah. Wie sich herausstellte, diente der Anblick dieser Engel nur dazu, Elisa und seinem Begleiter Mut zu machen. Die Engel griffen überhaupt nicht in den Kampf ein. Als die syrischen Soldaten auf ihn zukamen, bat Elisa Gott, ihre Augen mit Blindheit zu schlagen. In diesem Zustand führte Elisa die syrischen Truppen die Straße fünfzehn Kilometer herab nach Samaria und in die Hände des israelitischen Königs und seiner Armee. Dann betete Elisa, dass den Syrern die Augen geöffnet werden mögen. Nun stellten sie fest, dass sie, statt Elisa gefangen genommen zu haben, selbst Gefangene waren. Die Ehre für diesen Sieg gehörte Gott.

Als er diese Engel sah, muss Elisa überzeugt gewesen sein, dass die Stärke einer feindlichen Armee keine wirkliche Bedrohung ist, wenn man auf Gottes Seite steht. Als Israels König ihn fragte, ob er die syrischen Gefangenen töten sollte, sagte Elisa: Nein. „Gib ihnen Essen und Trinken und schicke sie nach Hause.“ Der König befolgte Elisas Rat. Die Syrer wurden Israels Gäste und kehrten anschließend nach Syrien zurück. Und zumindest eine Zeit lang war ihr Krieg gegen Israel beendet.

Eine ähnliche Geschichte erzählt Doug Connelly in seinem Buch *Angels Around Us* (Engel um uns herum). In den frühen 1950er Jahren erfuhr eine Missionarsgruppe in Kenia, dass *Mau-Mau*-Krieger ihre Mission angreifen wollten. Um ihre Familien so gut wie möglich zu verteidigen, stellten die Männer eine Barrikade aus Stacheldraht auf und schalteten die wenigen Scheinwerfer ein, die ihnen zur Verfügung standen. Mit den paar Waffen, die sie hatten, hielten sie entlang der Umzäunung der Mission Wache, während ihre Frauen und Kinder im Innern beteten.

Sie warteten. Aber der Angriff blieb aus.

Monate später erklärte ihnen ein bekehrter Stammesangehöriger der *Mau-Mau*, dass in dem Augenblick, als er und die anderen Krieger die Mission von allen Seiten angreifen wollten, große feurige Gestalten aus der Dunkelheit auftauchten. Sie positionierten sich zwischen den *Mau-Mau* und den Missionaren und liefen im Kreis um die Barrikade. Verängstigt von dem Anblick dieser Geschöpfe, flohen die *Mau-Mau*.

„Die Missionare mögen sie nicht gesehen haben“, schreibt Connelly, „aber Gott öffnete den Kriegern die Augen für das, was normalerweise unsichtbar gewesen wäre – seine Schar heiliger Engel.“

Wenn Engel in Konfliktgebieten eingreifen, öffnet Gott manchmal die Augen beider Seiten, um ihnen das Wirken seiner himmlischen Wesen zu zeigen. In ihrem Buch *Angels* berichtet Hope Price von zwei hoffnungslosen Situationen im Ersten Weltkrieg, die von einem britischen Hauptmann erzählt wurden. Die erste ereignete sich zu Beginn des Krieges im französischen Mons, wo zahlenmäßig unterlegene britische Truppen tagelang ohne Unterstützung kämpften.

> Sie hatten viele Männer und Waffen verloren und die Niederlage schien unabwendbar. Hauptmann Cecil W. Hayward war dabei, und er erzählt, dass plötzlich, mitten in der Schlacht, das Schießen auf beiden Seiten aufhörte. Zu ihrer Verwunderung sahen die britischen Truppen zwischen sich und den Deutschen „vier oder fünf wunderbare Wesen, die viel größer waren als Menschen.“ Diese „Männer“ waren ohne Kopfbedeckung, trugen weiße Gewänder und schienen mehr zu schweben als zu stehen. Ihr Rücken war den Briten zugewandt und ihre Arme und Hände in Richtung der Deutschen ausgestreckt.

In diesem Augenblick bekamen die Pferde der deutschen Kavalleristen große Angst und gingen in alle Himmelsrichtungen durch.

Hayward berichtet auch von einer anderen Schlacht später im Ersten Weltkrieg, als die Lage für die britischen Soldaten, eingeschlossen von deutschen Truppen, wieder hoffnungslos erschien. Auf einmal hörte das feindliche Feuer ganz auf und alles wurde sonderbar ruhig.

Dann „öffnete ein hell strahlendes Licht den Himmel und leuchtende Gestalten schwebten zwischen den britischen und den deutschen Linien".

Die deutschen Truppen zogen sich ungeordnet zurück, was den Alliierten die Möglichkeit gab, sich neu zu formieren und eine Verteidigungslinie weiter westlich aufzubauen.

An diesem Tag wurden deutsche Gefangene gemacht, die auf die Frage, warum sie sich nach der Einkesselung der britischen Truppen ergeben hatten, nur erstaunt dreinblickten und sagten: „Aber dort waren unzählige eurer Soldaten."

Hope Price bemerkt in ihrem Buch, dass die britische Regierung während der kämpferischen Auseinandersetzungen nationale Gebetstage offiziell förderte. Sie glaubt, die Unterstützung des Gebets durch die Regierung habe eine Rolle beim Eingreifen der Engel zugunsten der britischen Soldaten gespielt.

Der entscheidende Punkt in der Geschichte der kenianischen Missionare während der Aufstände der *Mau-Mau* ist zweifellos, dass die Frauen und Kinder im Innern der Mission beteten. Über die Jahrhunderte hat uns so mancher gottesfürchtige Bibellehrer daran erinnert, dass alles, was der Herr für uns tut, die Antwort auf Gebet ist. Das schließt sicher auch ein, dass Gott Engel zu unserer Rettung sendet und unsere Augen für sie öffnet.

Wahrscheinlich greifen Engel viel häufiger ein, als wir merken – aber manchmal, wenn der richtige Zeitpunkt gekommen ist, nimmt Gott uns die Schuppen von den Augen, damit wir Engel sehen können.

Engel erscheinen in Träumen

Bevor wir uns von dem Thema verabschieden, wann Engel sichtbar sind, sollten wir uns noch daran erinnern, dass Engel manchmal auch in unseren Träumen erscheinen. Bei zwei entscheidenden Situationen im Leben Jakobs sah dieser Engel im Traum. Das erste Mal auf einer Himmelsleiter, nachdem er sein Zuhause verlassen hatte und alleine im Freien schlief (1Mo 28). Viele Jahre später erschien ihm ein Engel im Traum, durch den Gott ihm sagte, er solle nach Kanaan zurückkehren (1Mo 31,10-13).

In der neutestamentlichen Geschichte von Josef, dem Ehemann Marias, erscheinen mehr Engel in Träumen als irgendwo sonst in der Bibel. Hier finden wir auch die besten Beispiele für Gehorsam. Trotz seiner übernatürlichen Erfahrungen wurde Josef dadurch nicht euphorisch. Er tat einfach, was der Engel Gottes ihm sagte.

Beim Lesen seiner Geschichte sollten wir uns folgende Fragen stellen: *Wie gehorsam bin ich selbst? Könnte Gott mit meinem Gehorsam rechnen, wenn er mir im Traum spezielle Anweisungen durch einen Engel geben würde?*

Achten Sie darauf, welche umfassenden und präzisen Instruktionen Josef in der ersten Nacht empfängt, als ein Engel zu ihm kommt.

> *Da erschien ihm ein* ***Engel*** *des Herrn* ***im Traum*** *und sprach: Josef, Sohn Davids, fürchte dich nicht, Maria, deine Frau, zu dir zu nehmen! Denn das in ihr Gezeugte ist von dem Heiligen Geist. Und sie wird einen Sohn gebären, und du sollst seinen Namen Jesus nennen; denn er wird sein Volk erretten von seinen Sünden.* (Mt 1,20-21)

Josef bekommt Anweisungen über das Was, Wie und Warum. Sehen Sie sich jetzt an, wie gründlich er darauf reagiert.

> *Josef aber, vom Schlaf erwacht, tat, wie ihm der Engel des Herrn befohlen hatte, und nahm seine Frau zu sich; und er erkannte sie nicht, bis sie einen Sohn geboren hatte; und er nannte seinen Namen Jesus.* (Mt 1,24-25)

Josef hatte sich bewährt. Gott hat seinen Mann gefunden, und er kann denselben vertrauten Kanal wieder benutzen, um zu ihm zu sprechen. Schauen Sie sich die nächsten Anweisungen genau an, die Josef von dem nächtlichen Boten erhält. Dieses Mal hatten die Weisen Bethlehem bereits verlassen:

> *Da erscheint ein **Engel** des Herrn dem Josef **im Traum** und spricht: Steh auf, nimm das Kind und seine Mutter zu dir und fliehe nach Ägypten, und bleibe dort, bis ich es dir sage! Denn Herodes wird das Kindlein suchen, um es umzubringen.* (Mt 2,13)

Achten Sie auch jetzt wieder auf seine Reaktion und darauf, wie Josef die Prophezeiung der Bibel erfüllt, indem er Gott einfach gehorsam ist.

> *Er aber stand auf, nahm das Kind und seine Mutter des Nachts zu sich und zog hin nach Ägypten. Und er war dort bis zum Tod des Herodes, damit erfüllt würde, was von dem Herrn geredet ist durch den Propheten, der spricht: Aus Ägypten habe ich meinen Sohn gerufen.* (Mt 2,14-15)

Und ein drittes Mal:

> *Als aber Herodes gestorben war, siehe, da erscheint ein **Engel** des Herrn dem Josef in Ägypten **im Traum** und spricht: Steh auf, nimm das Kind und seine Mutter zu dir und zieh in das Land Israel! Denn sie sind gestorben, die dem Kind nach dem Leben trachteten.*
>
> *Und er stand auf und nahm das Kind und seine Mutter zu sich, und er kam in das Land Israel.* (Mt 2,19-21)

Und ein viertes Mal, erneut mit prophetischer Erfüllung:

> *Als er aber hörte, daß Archelaus über Judäa herrschte anstelle seines Vaters Herodes, fürchtete er sich, dahin zu gehen; und als er **im Traum** eine göttliche Weisung empfangen hatte, zog er hin in die*

Gegenden von Galiläa und kam und wohnte in einer Stadt, genannt Nazareth; damit erfüllt würde, was durch die Propheten geredet ist: Er wird Nazoräer genannt werden. (Mt 2,22-23)

In der letzten Stelle wird nicht erwähnt, dass ihm ein Engel im Traum erschien. Sollte Josef ein Engel erschienen sein, so war es offensichtlich nicht wichtig genug, um es festzuhalten. Für Josef war dasselbe wichtig wie für uns: Wir sollen gehorsam sein, ob wir Gottes Anweisungen nun durch einen Engel empfangen oder nicht.

Das Geräusch der Engel

Solche Informationen über Engel und Träume zeigen uns, dass wir diese himmlischen Wesen nicht nur durch unsere Augen erfahren können.

Manchmal können Menschen auch nur das Geräusch eines Engels wahrnehmen. So war es einmal bei David und seiner kämpfenden Truppe (2Sam 5,22-25). Als sich die feindlichen Philister in der Ebene ausbreiteten, fragte David Gott, was er tun sollte. Gott gab ihm die Anweisung, nicht direkt anzugreifen, sondern seine Männer hinter dem Feind zusammenziehen, an einen Ort, wo Bakabäume wuchsen.

Und dort, sagte der Herr zu David, sollten sie auf das Geräusch eines Engels achten.

Und sobald du ***das Geräusch eines Daherschreitens in den Wipfeln der Bakabäume*** *hörst, dann beeile dich! Denn dann ist der HERR vor dir ausgezogen, um das Heerlager der Philister zu schlagen.* (2Sam 5,24)

Männer marschieren nicht durch Baumwipfel, Engel schon. David tat, was der Herr ihm gesagt hatte, und das Ergebnis war ein weiterer Sieg Israels durch Davids Gehorsam gegenüber Gott.

Engel wissen, wie man Lärm macht. Der Engel in Offenbarung 10,3 *„rief mit lauter Stimme, wie ein Löwe brüllt. Und als er rief, ließen die sieben Donner ihre Stimmen vernehmen.“* Sieben Donner sind kein Flüstern.

In Jesajas Vision rufen sich die Seraphim zu: *„Heilig, heilig, heilig ist der HERR der Heerscharen!"* (Jes 6,3). Sie murmelten nicht einfach oder summten ein Lied. Jesaja sagt: *„Die Türpfosten erbebten in den Schwellen von der Stimme des Rufenden."* Das sind starke Vibrationen.

„Sonderbar", kommentiert H. A. Ironside zu diesem Vers, „dass leblose Säulen so in Bewegung geraten können, während die Herzen der Menschen stur und regungslos bleiben!"

Engel haben offensichtlich ihre eigene geistliche Sprache, auch wenn 1. Korinther 13 deutlich macht, dass diese „Sprachen der Engel" nicht so wichtig oder schön in Gottes Augen sind wie unsere schlichte tatkräftige Sprache der Liebe.

Singen Engel?

Normalerweise nehmen wir das an, und so manches weihnachtliche Historienspiel enthält eine musikalische Einlage von einem Engelchor.

Überraschenderweise deutet die Bibel nicht so oft an, dass Engel singen, wie Sie vielleicht meinen. In einer Stelle wie der Weihnachtsgeschichte in Lukas 2 steht in einigen englischen Übersetzungen, dass die Engel ihr Lob *„Herrlichkeit Gott in der Höhe"* sangen, aber das griechische Wort bedeutet einfach, dass sie diese Worte sagten. Dasselbe gilt für das Wort, das in Offenbarung 5,13 manchmal mit „singen" übersetzt wird. Dort heißt es, dass *„jedes Geschöpf, das im Himmel und auf der Erde und unter der Erde und auf dem Meer ist"*, sich dem Lobpreis Gottes und des Lammes anschließt.

Ein deutlicher Hinweis auf singende Engel mag eine Stelle sein, die wir uns zuvor schon einmal angesehen haben – Hiob 38,7, wo *„die Morgensterne miteinander jubelten und alle Söhne Gottes jauchzten"*. Das hier mit *„jubelten"* übersetzte hebräische Wort wurde normalerweise für Singen gebraucht.

In der Bibel ist es meistens das Volk Gottes, das singt und Musik macht – nicht die Engel.

Mein Freund W. A. Criswell, der zudem ein ausgezeichneter Prediger ist, nannte dafür einen interessanten Grund, der uns an die Worte von Paulus in Römer 8,22 erinnert – nämlich, dass *„die ganze Schöpfung zusammen seufzt … bis jetzt"*:

> Musik besteht aus Dur- und Mollakkorden. Die Moll-Akkorde sprechen von dem Elend, vom Tod und Leid dieser gefallenen Schöpfung. Das meiste in der Natur stöhnt und klagt in einer schwermütigen Moll-Tonart. Das Geräusch des Windes, der durch den Wald streift, das Geräusch des Sturms, der Wind, der ums Haus bläst, all das ist in Moll. Es pfeift und heult. Das Geräusch des Meeres klagt in seiner Ruhelosigkeit, seiner wortlosen Unruhe. Sogar der Gesang der Nachtigall, der lieblichste unter den Vögeln, ist gleichzeitig der traurigste. Die meisten Geräusche in der Natur sind in Moll. Sie bringen Elend, Verzweiflung, Schmerzen, Todeskampf und Mühen dieser gefallenen Schöpfung zum Ausdruck.
>
> Aber die Engel wissen nichts davon. Ein Engel kennt kein Elend, weder die Verzweiflung noch den Fall unserer verlorenen menschlichen Rasse. …

Unsere schönsten Lieder sind voll von tiefem Kummer. Irgendwie sind es die Schmerzen des Lebens, die Enttäuschungen und Verzweiflungen, die die Menschen zum Singen bringen, entweder mitten in der tiefsten Dunkelheit oder nach einer herrlichen Befreiung daraus. Aus diesem Grund singen die Erlösten und Engel reden nur davon. Sie sehen es, beobachten es, aber sie kennen unsere Erfahrungen nicht. Zum Singen bedarf es eines verlorenen und gefallenen Menschen – der zu Gott zurückgebracht wurde, dem seine Sünde vergeben wurde, der erlöst ist. Eine errettete Seele!

Und dennoch ist es in Ordnung zu glauben, dass Engel singen können und es auch tun. Denn so wie die Bibel nicht ausdrücklich zeigt, dass Engel ihr Lob singen, besteht sie auch nicht darauf, dass sie es *nicht können*. Billy Graham sagte, der Gedanke an Engel, die nie singen, „scheint unvorstellbar". Er erinnert uns daran, dass Engel mit Sicherheit „optimale Fähigkeiten besitzen, Lob darzubringen", und Musik war schon immer eine universelle Sprache des Lobes. Er verweist auch auf das Zeugnis von sterbenden Gläubigen, die sagten, sie „hörten die Musik des Himmels".

Er kommt zu dem Schluss: „Ich glaube, Engel sind fähig, himmlische Musik zu machen.“ Er meint, dass „wir im Himmel die Sprache und Musik der himmlischen Welt gelehrt bekommen“. Aber er sagt auch:

> Bevor wir die Musik des Himmels verstehen können, müssen wir unsere irdische Vorstellung von Musik hinter uns lassen. Ich glaube, die meiste irdische Musik wird uns wie „Moll“ vorkommen, verglichen mit dem, was wir im Himmel hören werden.

Die Frage, ob Engel singen, ist verbunden mit unserem eigenen Wesen und unserem Schicksal als Menschen. Es ist an der Zeit, dass wir uns das näher anschauen – damit wir besser verstehen, inwiefern Engel uns ähnlich sind und worin sie sich von uns unterscheiden.

KAPITEL 7

Die Engel und wir: Wie ähnlich sind wir uns?

Wir haben mittlerweile genug erfahren, um zu wissen, dass sich die Engel Gottes auf vielerlei Weise von uns unterschieden. Doch ein Unterschied überragt alle. Ein riesiger Unterschied, ein Gegensatz, der den Verlauf der Geschichte entscheidend geprägt hat. Diesen tiefgehenden Unterschied müssen wir zuerst verstehen, bevor wir völlig begreifen können, in welchen Punkten sich Menschen und Engel ähnlich sind – und sie es in der Zukunft sein werden.

Der Unterschied ist: Gottes gute Engel sind noch immer so, wie sie geschaffen wurden – Sie und ich nicht.

Seitdem das flammende Schwert der Cherubim vor dem Eingang zum Garten Eden aufblitzte, ist das Leben, das Gott zu unserer Freude schuf, unerreichbar für uns. Alle Menschen haben das beabsichtigte Ziel Gottes für die Menschheit verfehlt. Die Sünde hat uns alle erreicht, uns alle versklavt und uns allen den Fluch des Todes und die Angst davor gebracht. Sie und ich waren verloren. Als Kinder Adams und Evas wurden wir in Sünde empfangen und zum Sterben geboren. Als wir aufwuchsen, bestätigten wir durch unsere egoistischen, destruktiven Entscheidungen nur unsere Verdammung.

In der ganzen Menschheitsgeschichte wurde nicht ein einziger Sohn oder eine einzige Tochter geboren, die nicht unter diesem Urteil standen. Menschlich gesehen, gab es kein Entkommen, keine Hoffnung auf Heilung. Sie und ich waren vollständig verloren.

Aber dann: *Gott sandte* seinen Sohn, der als Mensch geboren wurde und unseren Fluch, unseren Tod und unser Todesurteil auf *sich* nahm. Anschließend bewies er seinen vollkommenen Sieg über diese Mächte, indem er aus den Toten auferstand.

Wenn wir im Glauben verstehen, was da geschehen ist, können auch wir unsere Ketten abschütteln. Wir werden staunend dastehen, für immer dankbar und erfüllt mit unaussprechlicher Freude.

Und was denken die Engel darüber?

Der Apostel Petrus sagt uns, dass sie eine anhaltende Neugier erfasst hat. Und ich nehme an, dass es immer so bleiben wird.

Unsere Errettung macht sie neugierig

Nachdem Petrus unsere Herzen in 1. Petrus 1 mit einer Beschreibung unserer Errettung erwärmt hat, fügt er hinzu: „*In welche Dinge Engel hineinzuschauen begehren*“ (1Petr 1,12). Was genau sind diese „*Dinge*“? Verstehen Engel die Einzelheiten unserer Errettung nicht besser als wir? Mit Sicherheit haben sie eine bessere Perspektive als wir hier unten.

Petrus' Worte erinnern uns daran, dass persönliche Erfahrung im Leben als Christ mehr zählt als Kopfwissen. Ja, Engel besitzen sicherlich ein intellektuelles Wissen – „Kopfwissen“ – von unserer Errettung. Aber sie haben nie selbst erfahren, was es heißt, gerettet zu werden und sich persönlich darüber zu freuen. Deshalb „*begehren Engel hineinzuschauen*“, da sie wissen, dass persönliche Erfahrung weitaus besser ist als ein geistiges Verständnis. Sie sind nicht stolz auf ihr Wissen, sie sehnen sich vielmehr nach *Erfahrung*.

Schauen Sie sich die ersten elf Verse des ersten Petrusbriefes an. Erkennen Sie, wie viel davon Engel gar nicht persönlich erlebt haben?

Als Menschen, die zur Errettung in Christus auserwählt wurden, haben wir die „*Besprengung mit dem Blut Jesu Christi*“ erlebt (1Petr 1,2). Engel haben diese Reinigung, die uns ständig zur Verfügung steht, nie kennengelernt.

Wir wurden „*wiedergeboren*“ (1Petr 1,3). Engel werden nie erfahren, was es bedeutet, wiedergeboren zu sein.

Diese neue Geburt verdanken wir Gottes „*großer Barmherzigkeit*“ (1,3). Engel hatten seine Barmherzigkeit nie nötig, da sie nie gesündigt haben.

Gott verheißt uns ein reiches und unvergängliches Erbe, „*das in den*

Himmeln aufbewahrt ist" für uns (1,4). Engel besitzen bereits, was ihnen gehört. Soweit wir wissen, gibt es kein Erbe mehr für sie. Die Reichtümer, die sie im Himmel aufbewahrt sehen, sind für uns bestimmt.

Wir haben „*eine lebendige Hoffnung*" (1,3). Unsere Hoffnung ist, dass unser Glaube „*zu Lob und Herrlichkeit und Ehre in der Offenbarung Jesu Christi*" führt (1,7). Die Engel brauchen diese Hoffnung nicht, da die Herrlichkeit Christi für sie bereits Realität ist.

Petrus sagt uns über Jesus: „*Den ihr liebt, obgleich ihr ihn nicht gesehen habt*" (1,8). Die Engel können Jesus sehen, und natürlich lieben sie ihn auch. Doch sagen Sie mir: Was meinen Sie, ist wertvoller – echte Liebe von Wesen, die den Herrn schon sehen, oder echte Liebe von denen, die darauf warten, sein herrliches Angesicht zum ersten Mal zu erblicken?

Petrus geht noch weiter und stellt fest: „*An den ihr glaubt, obwohl ihr ihn jetzt nicht seht*" (1,8). Wir glauben. Wir haben keine andere Wahl, als im Glauben zu leben, da wir den Herrn noch nicht sehen können. Aber die Engel müssen nicht glauben. Sie kennen den Herrn von Angesicht zu Angesicht, nicht im Glauben.

Aufgrund unseres Glaubens, sagt uns Petrus, sind wir „*mit unaussprechlicher und verherrlichter Freude*" erfüllt (1,8). Die Bibel macht deutlich, dass Engel wissen, was „*verherrlichte Freude*" ist. Doch was ist Ihrer Ansicht nach wundervoller: die Freude derer, die sich um den Thron Gottes herum aufhalten, oder die Freude im Glauben derer, die sich bis jetzt nur ausmalen können, wie es im Himmel aussieht?

Petrus verrät uns noch mehr. Während dieser „*kleinen Zeit*", die wir auf der Erde verbringen, müssen wir „*mancherlei Versuchungen*" ertragen, die uns „*betrüben*" (1,6). Soweit uns bekannt ist, erleiden Engel keine Verluste derer, die sie lieben; ebenso wenig werden sie durch persönlichen Kummer und Verlust geprüft.

Doch all unsere Leiden haben ein größeres Ziel, das uns dankbar für diese Leiden macht:

> ***... damit die Bewährung eures Glaubens viel kostbarer befunden wird*** *als die des vergänglichen Goldes, das durch Feuer erprobt wird.* (1Petr 1,7)

Ist es nicht das, was Sie und ich wirklich wollen – erprobter, echter Glaube an Gott? Jetzt sehnen wir uns nach dem Tag, an dem wir ausrufen können: „Es ist wirklich wahr! Es war richtig, es zu glauben! Ich habe Gott zu Recht bei seinem Wort genommen!“ Wir wissen, dass dieser Tag kommen wird. Deshalb freuen wir uns jetzt – denn wir erlangen *„das Ziel* [unseres] *Glaubens: die Rettung der Seelen“* (1Petr 1,9).

So verwundert es nicht, wenn Petrus schreibt, dass Engel diese Errettung begreifen wollen. Das griechische Wort für „hineinschauen“ in Vers 12 drückt eine große Intensität aus. Es beschreibt jemanden, der sich „vornüber beugt, um etwas besser sehen zu können“. Das ist kein flüchtiger Blick, sondern eine beabsichtigte, genaue Prüfung – ein bewusster Blick, eine gezielte Beobachtung. Genau das wünschen sich Engel hinsichtlich unserer Errettung.

In den Evangelien wird dasselbe Verb bei drei verschiedenen Personen benutzt, die sich vorbeugen, um an diesem ersten Ostersonntagmorgen in das leere Grab Jesu hineinzuschauen: Petrus (Lk 24,12), der Apostel Johannes (Joh 20,5) und Maria Magdalena (Joh 20,11). Sie können sich leicht vorstellen, mit welch großer Neugier die drei auf den Ort starrten, wo sie den toten Körper ihres Herrn erwarteten. Doch dann lag er dort nicht.

Vielleicht ist das ein Hinweis auf ein anderes Bild: Heute wünschen sich die Engel, sie könnten sich vornüber beugen und in das hineinsehen, was einmal so leer und kalt war wie ein Grab – unseren Geist –, und sehen, fühlen und erfahren, wie der lebendige Christus durch seinen Heiligen Geist in uns sein kann.

Engel können sich nach dieser Erfahrung nur sehnen – aber wir erleben es wirklich!

Gott sei Dank, dass er eine Antwort auf unsere Versklavung an die Sünde hatte – ein Mittel gegen den Fluch und die Verdammung. Diese Antwort ist meine Erlösung durch Christus. Aber die Freude daran ist nur aufgrund der vorangegangenen Verzweiflung vollständig verständlich.

Bevor im vergangenen Jahr Krebs bei mir festgestellt wurde, kamen mir nie ernsthafte Zweifel, dass ein größerer Teil meines Lebens auf der

Erde noch vor mir lag. Doch nachdem ich dem Tod ins Auge geblickt hatte, war es für mich die wunderbarste Nachricht, die ich mir vorstellen konnte, dass meine Erkrankung rückläufig war. Errettet zu sein, ist ganz ähnlich. Wenn wir die Hoffnungslosigkeit des Verlorenseins nicht kennen würden, könnten wir die Hoffnung des Erlöstseins nicht angemessen schätzen.

Ich erinnere mich noch, wie ich mich fühlte, wenn ich abends ins Bett ging und mir Sorgen machte, ich würde an einem anderen Ort aufwachen als dort, wo ich mich schlafen gelegt hatte. Eines Tages vertraute ich dann Jesus als meinem Erlöser und wusste, dass meine Sünde vergeben war. Diese Sorgen waren dann verschwunden.

Zu ihrem Glück haben Engel solche Sorgen, Depressionen und diese Verzweiflung nie gekannt. Doch ebenso wenig haben sie die Kraft der Hoffnung kennengelernt, die an die Stelle der Hoffnungslosigkeit tritt. Da sie nicht sagen können: „Ich weiß, was es bedeutet, verloren zu sein", können sie auch nicht sagen: „Ich weiß, was es heißt, erlöst zu sein." Sie können sich nicht vorstellen, wie es ist, mit der Last von Versagen und Schuld zu leben, und dann auf einmal von der Freude überwältigt zu werden, wenn der Heilige Geist dem Herzen zeigt, dass Jesus gekommen ist und alles vergeben hat.

Ich erinnere mich an ein wunderbares Loblied, das ich häufig in meiner Kindheit gehört habe. Ich weiß noch, wie wir in der Gemeinde, deren Pastor mein Vater war, bei speziellen Gottesdiensten und Evangelisationen sangen: „Heilig, heilig singen die Engel." Es wurde 1924 von Rev. Johnson Oatman Jr. und John R. Sweeney geschrieben. Der Refrain lautet:

> Heilig, heilig singen die Engel.
> Und ich warte darauf, mit ihnen die Höfe des Himmels zu erfüllen.
> Doch wenn ich von der Erlösungsgeschichte singe, falten sie ihre Flügel zusammen,
> Denn Engel fühlten nie die Freude, die unsere Errettung bringt.

So groß und mächtig Engel auch sind, sie können nur erahnen, welche Freude es ist, wenn der Herr Jesus eine Träne aus unseren Augen und den Makel von unseren Herzen wischt.

Es fühlt sich irgendwie gut an, den Engeln etwas voraus zu haben, nicht wahr? Es ist so wunderbar, erlöst zu sein! Es ist einfach herrlich, dass uns vergeben wurde!

Das ist eine einleuchtende Erklärung, warum sich Engel danach sehnen, die Hoffnung unserer Errettung zu verstehen. Aber es gibt noch einen anderen Grund, der womöglich noch stärker ist.

Unsere Errettung gibt ihnen Freude

Wenn wir sehen, was Engel an Macht, Licht und Nähe zu Gott besitzen, könnte man sie leicht beneiden. Wir sind versucht, die Existenz eines Engels unserer eigenen vorzuziehen. Wir fragen uns, was besser wäre: ohne Sünde zu sein und nie errettet werden zu müssen, oder ein Sünder zu sein, der die Freude und Vergebung der Errettung kennt?

Ich schätze, darüber gab es im Laufe der Jahre mehr als eine Diskussion. Wir könnten ewig darüber reden. Aber es würde nichts ändern. Ich wurde als verlorener Mensch in eine gefallene Rasse geboren, und es ist absurd, darüber nachzudenken, wie es wäre, wenn ich niemals gesündigt hätte. Ich habe gar keine Möglichkeit, es herauszufinden.

In derselben Weise können sich Engel nicht vollends vorstellen, wie es ist, in meiner Lage zu sein. Für sie ist Erlösung keine persönliche Realität, über die sie sich freuen können. Aber sie können sich für *mich* darüber freuen.

Jesus sagt: Es *„ist Freude* ***vor den Engeln Gottes*** *über einen Sünder, der Buße tut"* (Lk 15,10). Immer wenn auf der Erde jemand erkennt, dass er den Erlöser braucht und sich ihm anvertraut, gibt es im Himmel eine Freudenfeier.

Offenbarung 5,9-14 liefert uns ein eindrucksvolles Bild von der Freude der Engel über unsere Errettung und weist möglicherweise auf den stärksten Grund für ihre Begeisterung hin. In dieser Stelle loben die *„vierundzwanzig Ältesten"* Christus, weil er würdig ist, das Buch zu öffnen und seine sieben Siegel zu zerbrechen, etwas, das niemand anders tun kann. „***Du bist geschlachtet worden***“, rufen diese Engelwesen[4] Christus zu, „*und hast* ***durch dein Blut*** *für Gott erkauft aus jedem Stamm und jeder Sprache und jedem Volk und jeder Nation.*“

Plötzlich schließt sich ihrer Anbetung „*eine Stimme vieler Engel* [an] … *und ihre Zahl war Zehntausende mal Zehntausende und Tausende mal Tausende.*“ Dieser riesige Engelchor bringt sein Lob „*mit lauter Stimme*“ dar:

> ***Würdig ist das Lamm, das geschlachtet worden ist,***
> *zu empfangen die Macht und Reichtum und Weisheit und Stärke*
> *und Ehre und Herrlichkeit und Lobpreis.* (Offb 5,12)

Hier in der Höhe, die immer ihr Zuhause war, konzentriert sich das Lob der Engel darauf, dass Menschen *durch das Blut des Sohnes Gottes* in Gottes heiligen Himmel eintreten, obwohl sie es nicht verdienen, dort zu sein.

Das Opfer Christi muss für die Engel das Erstaunlichste von allem sein. Wie konnte der Herr der himmlischen Armeen angesichts der riesigen Ausmaße der Ewigkeit nur getötet werden? Wie konnte es bei aller Unendlichkeit Gottes einen Grund für Gott geben, ein Mensch aus Fleisch und Blut zu werden, geschweige denn seinen Körper durchbohren zu lassen und sein Blut zu vergießen, und sich durch die Hände von gottlosen Rebellen in den Tod zu geben?

Ich kann mir vorstellen, dass die Engel denken: „Wenn die Erlösung und Rettung von Menschen dem Herrn *so viel* wert ist – wenn es das reine und kostbare Lebensblut des ewigen Sohnes Gottes wert ist –, dann verdient diese Erlösung, dass wir ihr unsere ewige Aufmerksamkeit zukommen lassen und unaufhörlich über sie nachdenken.“

Und bedenken Sie: Engel können sich über etwas freuen, was sie nicht völlig verstehen und nicht selbst erlebt haben. Was für ein Vorbild für uns! Wenn sie sich über eine Erlösung freuen, an der sie gar nicht beteiligt sind und die sie nicht gänzlich begreifen können, wie viel mehr sollten wir, die Erlösten, in ständiger Freude leben!

---

[4] Siehe dazu Anm. 3, Seite 92.

Natürlich ist es wahr, dass es viele tiefe Brunnen im Leben als Christ gibt, in die wir noch gar keinen Blick geworfen haben, und viele tiefe Geheimnisse, die wir noch nicht ergründet haben. Aber können wir nicht freudig vorwärtsgehen und Gott die Anbetung bringen, die er für all seine Reichtümer verdient, auch wenn wir sie uns noch nicht alle zu eigen gemacht haben?

Das ist etwas, das wir von den Engeln lernen können.

Und jetzt, wo wir die Unterschiede zwischen Menschen und Engeln besser verstehen, wollen wir uns anschauen, in welchen Punkten wir uns ähnlich sind.

Engel sind Diener Gottes (so wie wir)

Die Bibel erwähnt mindestens drei Punkte, in denen wir Engeln ähneln. Zusammen weisen sie vor allem auf unsere ewige Zukunft hin, die wir in der Gegenwart der Engel genießen werden.

Als der Apostel Johannes einen Engel anbeten wollte, wies der Engel ihn daraufhin (nachdem er ihm gesagt hatte: „*Siehe zu, tu es nicht!*"), wie ähnlich er und Johannes sich sind. Das passierte zweimal.

Beim ersten Mal:

> *Und er spricht zu mir: … Ich bin* ***dein Mitknecht*** *und der deiner Brüder, die das Zeugnis Jesu haben.* (Offb 19,10)

Und dann:

> *Und er spricht zu mir: … Ich bin* ***dein Mitknecht*** *und der deiner Brüder, der Propheten, und derer, welche die Worte dieses Buches bewahren.* (Offb 22,9)

Der Engel war ebenso Gottes Diener wie Johannes und die Propheten, so wie wir alle Gottes Diener sind, wenn wir von ihm Zeugnis geben.

Die Nachfolger des Herrn – und besonders die, die wir leichthin „Führer" nennen – werden in der Bibel häufig als Diener bzw. Knechte bezeichnet. Die Apostel schmückten sich nicht mit hohen Titeln. Ihre Lieblingsbezeichnung für sich selbst war einfach „Knechte" Gottes. Paulus, Petrus, Jakobus, Judas und Johannes benutzten sie (sehen Sie sich nur die Anfangsverse an von Römer, 2. Petrus, Jakobus, Judas und der Offenbarung).

Im Alten Testament werden Mose, Josua, Samuel, David und Elia ebenfalls Knechte Gottes genannt (2Mo 14,31; Jos 24,29; 1Sam 3,10; 2Sam 3,18; 2Kö 9,36).

Je „höher" Sie in der Familie Gottes aufsteigen, umso mehr werden Sie zum Dienen aufgefordert. Selbst wenn Sie in diesem Leben irgendwie eine mit einem Engel gleichwertige Stellung erreichen würden, wären Sie noch immer ein Diener, der seine Pflicht vor Gott erfüllt. Auch Engel sind Diener – *„dienstbare Geister, ausgesandt zum Dienst"* (Hebr 1,14).

Paulus lobte die Galater einmal, weil sie ihn wie einen Engel behandelten: *„Wie einen Engel Gottes nahmt ihr mich auf"*, schrieb er, *„wie Christus Jesus"* (Gal 4,14). Wahrscheinlich fielen die Galater nicht ehrfurchtsvoll und anbetend vor Paulus nieder, sondern zeigten ihm aufrichtige Dankbarkeit und Achtung für seinen Dienst an ihnen, so wie die Engel und Christus selbst ihm gedient hatten.

Aber Dienen ist nicht nur etwas für Führer und Engel. *„Dient einander durch die Liebe"*, sagt Paulus zu uns allen. Wenn wir in den Himmel kommen, wollen wir alle aus dem Mund des Herrn das Lob hören: *„Recht so, du guter und treuer Knecht!"* (Mt 25,21). Daher dienen wir Gott, indem wir jetzt anderen dienen, denn das ist das Beispiel, das unser Herr uns gegeben hat. *„Wenn mir jemand dient, so folge er mir nach! Und wo ich bin, da wird auch mein Diener sein"* (Joh 12,26).

Es wird ewig unser Privileg sein, Gott dienen zu dürfen. Johannes sah in seiner Vision meine und Ihre Zukunft: Die Menschen, die im Blut des Lammes gewaschen wurden, *„sind vor dem Thron Gottes und dienen ihm Tag und Nacht in seinem Tempel"* (Offb 7,15). Wenn das Neue Jerusalem kommt, *„wird der Thron Gottes und des Lammes in ihr sein; und* ***seine Knechte werden ihm dienen****"* (Offb 22,3).

Wir wollen weiter lernen, ihm jetzt in Liebe zu dienen, damit wir ihm später einmal umso freudiger dienen können.

Engel sind unsterblich (so wie wir)

Jesus erwähnt zwei weitere Punkte, in denen wir den Engeln in der Ewigkeit gleichen werden.

Erstens werden wir im Gegensatz zu heute nicht mehr heiraten. Jesus sagte: „*Denn wenn sie aus den Toten auferstehen, heiraten sie nicht, noch werden sie verheiratet, sondern sie sind wie Engel in den Himmeln*“ (Mk 12,25). Die Freude und Erfüllung, die wir in unserer vollkommenen, himmlischen Verbindung mit Christus erleben werden, wird jegliche eheliche Erfüllung übersteigen. Die menschliche Ehe ist letzten Endes ein vorübergehendes Bild, das eine ewige Realität zum Ausdruck bringt: die Beziehung Christi zu seiner Braut, der Gemeinde (Eph 5,25-32). Unsere zukünftige Freude wird unsere irdische Freude bei Weitem übertreffen.

Zweitens, wir werden den Engeln auch insofern gleichen, dass wir nicht mehr sterben. In Lukas 20,36 sagt Jesus, dass diejenigen, die zur ewigen Auferstehung gelangen, „*nicht mehr sterben können, denn sie sind Engeln gleich*“. Als Geistwesen wissen Engel nicht, was es heißt, krank und alt zu werden und irgendwann einmal zu sterben. Eines Tages werden auch wir diese Dinge hinter uns lassen.

Gottes Engel sind bekannt als die „*auserwählten*“ Engel (1Tim 5,21), was andeutet, dass Gott sie erwählt hat, ewig in seinem Himmel zu leben. Christen werden ebenfalls die „*Auserwählten*“ genannt (2Tim 2,10). Die Engel werden von Gott ausgesandt, um „*seine Auserwählten* [zu] *versammeln von den vier Winden her*“ (Mt 24,31), da er auch uns zum ewigen Leben auserwählt hat. Wir und die Engel werden ewige Bürger im himmlischen Reich Gottes sein.

Der Unterschied besteht darin, wie und warum wir dort sein werden. C. F. Dickason erklärt, dass Engel „zum Festhalten“ auserwählt wurden und Christen „zur Errettung“. Er sagt, die guten Engel, die sich nicht an der Rebellion des Teufels beteiligt haben, „bleiben beständig in der Heiligkeit“. Sie können nicht sündigen, so wie auch wir in der Ewigkeit. Aber wir werden nur im Himmel sein, weil das Blut Christi unsere Sünden weggewaschen hat. Das „Festhalten“ und die „beständige

Heiligkeit", die Gott den Engel gibt, schenkt uns die Sicherheit, dass wir im Himmel wirklich frei sein werden vom *„Leib der Sünde"* (Röm 6,6).

Wie wir existieren auch die Engel nicht seit jeher – im Gegensatz zu Christus. Ihre Unsterblichkeit ist wie unsere: Sie sind nur geschaffene Wesen, denen Gott ewiges Leben im Himmel geschenkt hat (und das sie nicht verloren haben). Sogar in der Ewigkeit, in der Gegenwart des ewigen Gottes, werden weder die Engel noch wir auf derselben Stufe stehen wie Gott. M. J. Erickson erklärt das aus menschlicher Perspektive:

> Auch wenn wir erlöst und verherrlicht sind, werden wir nach wie vor erneuerte Menschen sein. Wir werden nie Gott sein. Er wird für immer Gott sein und wir Menschen. ... Die Errettung besteht darin, dass Gott uns zu dem wiederhergestellt hat, wozu er uns bestimmt hatte, und nicht darin, uns zu dem zu erheben, was er ist.

Vom Standpunkt der Engel kommen wir zu derselben Schlussfolgerung: Engel sind immer nur Engel, während Gott immer Gott sein wird.

Da Engel nicht sterben, werden die, die wir im Himmel sehen werden, dieselben sein, von denen wir in der Bibel lesen. Ist es nicht aufregend, Gabriel und Michael zu begegnen, und dem Engel, der für Daniel das Maul der Löwen verschloss, und dem, der den Stein vor dem Grab Jesu wegrollte, und dem, der Petrus aus dem Gefängnis holte, und all den anderen Engeln?

Aber denken Sie auch an heute: Dieselben Engel dienen uns auch jetzt, ohne dass wir sie sehen.

Engel haben eine Persönlichkeit (so wie wir)

Da Jesus andeutet, dass unsere himmlische Existenz in entscheidenden Punkten so wie die der Engel sein wird, können wir auch über weitere Ähnlichkeiten nachdenken.

Es ist durchaus logisch anzunehmen, dass wir als Geistwesen weiterhin eine Persönlichkeit haben werden so wie die Engel. Zweifellos werden wir ein viel stärkeres und erfüllteres Empfinden von unserer

Persönlichkeit besitzen als jetzt. Wir sollten uns keine Sorgen machen, dass wir im Himmel zu Mauerblümchen werden, die nicht viel zu sagen haben. Das trifft auf Engel bestimmt nicht zu.

Haben Sie erkannt, wie stark ihre Persönlichkeit ist? Hören Sie den Worten der Engel zu und fragen Sie sich: Klingt das nach Wesen, die sich ziellos dahintreiben lassen oder nach starken, handlungsorientierten Persönlichkeiten mit Intelligenz und Entschlossenheit? Was verraten Ihnen ihre Worte über ihre geistigen und kommunikativen Fähigkeiten?

„*Sieh mit deinen Augen, und höre mit deinen Ohren, und richte dein Herz auf alles, was ich dir zeigen werde! Denn damit ich es dir zeige, bist du hierher gebracht worden*“ (Hes 40,4).

„*Jetzt bin ich ausgegangen, um dich Verständnis zu lehren*“ (Dan 9,22).

„*Und ich bin gekommen, um dich verstehen zu lassen, was deinem Volk am Ende der Tage widerfahren wird*“ (Dan 10,14).

„*Ich will dir mitteilen, was im Buch der Wahrheit aufgezeichnet ist*“ (Dan 10,21).

„*Und es wird eine Zeit der Bedrängnis sein, wie sie noch nie gewesen ist, seitdem irgendeine Nation entstand bis zu jener Zeit. … Und viele von denen, die im Land des Staubes schlafen, werden aufwachen: die einen zu ewigem Leben und die anderen zur Schande, zu ewigem Abscheu*“ (Dan 12,1-2).

„*Wir sind auf Erden umhergezogen, und siehe, die ganze Erde sitzt still und verhält sich ruhig*“ (Sach 1,11).

„*Deine Frau wird dir einen Sohn gebären. … Und er wird vor ihm* [dem Herrn] *hergehen …, um der Väter Herzen zu bekehren zu den Kindern und Ungehorsame zur Gesinnung von Gerechten, um dem Herrn ein zugerüstetes Volk zu bereiten*“ (Lk 1,13.17).

„Ich bin Gabriel, der vor Gott steht, und ich bin gesandt worden, zu dir zu reden und dir diese gute Botschaft zu verkündigen. Und siehe, du wirst stumm sein und nicht sprechen können“ (Lk 1,19-20).

„Fürchtet euch nicht! Denn siehe, ich verkündige euch große Freude, die für das ganze Volk sein wird“ (Lk 2,10).

„Was sucht ihr den Lebenden unter den Toten? Er ist nicht hier, sondern ist auferstanden“ (Lk 24,5-6).

„Es wird keine Frist mehr sein. ... Das Geheimnis Gottes wird vollendet sein“ (Offb 10,6-7).

„Das Reich der Welt ist unseres Herrn und seines Christus geworden, und er wird herrschen von Ewigkeit zu Ewigkeit“ (Offb 11,15).

Diese Engel haben mit Sicherheit ihre fünf Sinne beisammen. Sie sind nicht nur Persönlichkeiten – sie besitzen auch *Klasse* und *Format*, auch wenn sie sehr direkt und sachlich sind. Ich schätze, im Himmel werden Sie und ich ihnen ähnlich sein.

Wir sind schon bei ihnen im Himmel

Ja, es wird aufregend sein, alle Zeit von ihnen umgeben zu sein.

Aber in gewisser Hinsicht befinden wir uns bereits jetzt in der Gegenwart von Engeln. Ich meine nicht die Tatsache, dass sie „hier“ sind und über uns wachen, sondern dass wir schon „oben“ bei ihnen sind.

Moment mal, denken Sie jetzt. *Schwebt der Autor dieses Buches vielleicht schon über den Wolken?* Schon möglich, aber vielleicht ist es gar nicht so schlimm, wie es scheint. Schauen Sie sich mit mir diese tiefgründigen Verse an:

In Epheser 1,3 sagt Paulus, dass Gott *„uns gesegnet hat mit jeder geistlichen Segnung* ***in der Himmelswelt*** *in Christus.“* Diese Aussage steht nicht im Futur. Er sagt nicht, dass Gott uns diese Segnungen geben

„wird", sondern dass er *„uns gesegnet **hat**"*. Er hat uns bereits *im Himmel* gesegnet.

Achten Sie darauf, wie das im nächsten Kapitel noch deutlicher wird:

> *Er hat uns mitauferweckt und mitsitzen lassen in der Himmelswelt in Christus Jesus.* (Eph 2,6)

Paulus drückt es so aus, dass dies alles schon passiert ist. Wir sind schon auferweckt mit Christus und mit ihm (und *in* ihm) in der Himmelswelt. In ganz realer Hinsicht sind wir bereits im Himmel.

Ich weiß, was Sie denken: Vielleicht sind wir auf symbolische oder mystische Weise schon im Himmel, auf irgendeine erdenkliche Weise, die den Unterschied zwischen Zukunft, Gegenwart und Vergangenheit egalisiert. Machen wir uns nichts vor: Wir stehen mit beiden Beinen fest auf der Erde. Morgen werden wir wieder zur Arbeit gehen, Rechnungen bezahlen und bittere Pillen schlucken müssen. Das ist die Realität, und das ist bei Weitem nicht der Himmel.

Doch Paulus lässt uns so schnell nicht davonkommen. Er sagt uns, wir sollen uns auf die „Segnungen in Christus" dort oben konzentrieren:

> *Wenn ihr nun mit dem Christus auferweckt worden seid, **so sucht, was droben ist**, wo der Christus ist, sitzend zur Rechten Gottes! **Sinnt auf das, was droben ist, nicht auf das, was auf der Erde ist!*** (Kol 3,1-2)

„Das, was droben ist", beinhaltet sicherlich auch die Engel, da sie ein wichtiger Teil der Himmelswelt sind. Das sollen wir *suchen* und darauf *sinnen*. Da bleibt uns nicht mehr viel Zeit und Energie übrig, um uns in irdische Dinge zu vertiefen.

Warum gibt uns Paulus solche unpraktischen Anweisungen? Ich glaube, der Grund ist: Er weiß, dass nur einer unsere tiefsten Bedürfnisse hier stillen kann, und das ist der, den die Engel Tag und Nacht anbeten. Unsere Ehe, unsere Kinder, unsere Freunde, unser Beruf, unsere Hobbys, unsere Freizeit, unsere Pensionierung – nichts davon kann die tiefsten

Bedürfnisse in uns stillen, die zu unserem Leben gehören. Das kann nur Christus, und er sitzt auf dem Thron seines Vaters, wo er für uns betet und uns in Gegenwart der Engel ein Zuhause bereitet.

Paulus kennt unsere Enttäuschung, wenn unser Herz nicht dort oben bei Christus ist. Ich habe die wunderbarste Frau, die ein Mann haben kann, und eine großartige Familie und eine Arbeit, die mich meistens erfüllt, und so viele andere Gaben von Gott. Doch kann ich nicht ehrlich sagen, dass diese Dinge alle Bedürfnisse in meinem Leben zufriedenstellen.

Ich glaube, deshalb will Paulus uns klarmachen, dass wir wirkliche Erfüllung nur in Christus finden. Und je größer die Schwierigkeiten auf der Erde sind und je älter man wird, umso häufiger denkt man darüber nach, wie es wohl im Himmel ist.

Der Verfasser des Hebräerbriefes hat uns einige erstaunliche Worte hinterlassen, die uns auf den Himmel ausrichten sollen. Gegen Ende seines Briefes sagt er:

> *Ihr seid gekommen* [nicht „ihr *werdet* kommen" – denn wir sind bereits dort] *zum Berg Zion und zur Stadt des lebendigen Gottes, dem himmlischen Jerusalem; und* ***zu Myriaden von Engeln****, einer Festversammlung.* (Hebr 12,22)

Das ist Teil des ewigen Bildes, das wir uns *jetzt* anschauen sollen. Wir sind nicht nur *„zu Gott, dem Richter aller"* (Hebr 12,23), gekommen und *„zu Jesus, dem Mittler eines neuen Bundes; und zum Blut der Besprengung, das besser redet als das Blut Abels"* (Hebr 12,24), – sondern auch zu all diesen fröhlichen Engeln.

Tief in unserem Herzen und unseren Gedanken können wir dort sein – schon jetzt.

Die Engel beobachten uns

Wenn wir über diesen Punkt nachdenken, ist es hilfreich zu erkennen, worauf die Engel im Himmel blicken außer auf Gott.

Paulus schreibt davon, dass die Apostel *„der Welt ein Schauspiel geworden sind, sowohl* ***Engeln*** *als Menschen"* (1Kor 4,9). Später gab er seinem Mitarbeiter Timotheus ernste Anweisungen *„vor Gott und Christus Jesus* ***und den auserwählten Engeln****"* (1Tim 5,21).

Paulus war sich sicher, dass er sich im Sichtfeld der Engel befand, und es schien ihm wirklich etwas zu bedeuten, dass die Engel ihn beobachteten. Sollen wir annehmen, dass sie auch uns beobachten? Und sollte es uns ebenso wichtig sein?

Anscheinend war Paulus dieser Meinung. Seinen Anordnungen über Anbetung fügt er zum Beispiel hinzu, dass wir uns *„um der Engel willen"* so verhalten sollen (1Kor 11,10). Sie selbst wissen, wie man richtig anbetet, und sie beobachten uns, wie wir es tun. (Vielleicht denken Sie am nächsten Sonntagmorgen einmal daran.)

In Epheser 3,10 wird es noch erstaunlicher, was uns Paulus über das Beobachten der Engel schreibt. In diesem Brief spricht Paulus hohe und erhabene Themen an, die unser Verständnis stark beanspruchen. In Kapitel 3 sagt er, dass Gott nun Licht auf ein *„Geheimnis"* wirft, das *„von den Zeitaltern her"* verborgen war. Dieses Geheimnis hat mit der Geburt der Gemeinde zu tun, in der jetzt Juden und Nationen zu Gottes heiligem Volk zusammengefasst sind. Warum offenbarte Gott auf einmal etwas, das er zuvor verborgen hielt?

J. B. Phillips übersetzt Paulus' Antwort wie folgt:

> Die Absicht ist, dass jetzt *alle Engelsmächte* die komplexe Weisheit von Gottes Plan erkennen, der durch die Gemeinde ausgeführt wurde in Übereinstimmung mit dem zeitlosen Vorsatz, der in Christus Jesus, unserem Herrn, zentriert ist.

Gott will den Engeln etwas zeigen! Und das ist seine Weisheit, die er durch die Gemeinde sichtbar macht – in uns! Wir sind die Bühne, auf der Gottes neue Inszenierung vor himmlischem Publikum aufgeführt wird. Wir sind der Ausstellungsraum, in dem sein jüngstes Meisterwerk unter dem Applaus der Engel enthüllt wird. Wir sind die Arena, in der seine einzigartigen Kunstwerke unter dem Jubel der Engel vorgestellt werden.

All das wurde bisher vor den Engeln geheim gehalten. Doch jetzt will Gott, dass die Engel seine Weisheit auf ganz neue, wundersame Weise erkennen – durch das Evangelium.

Sie starrten bereits durch die Fenster des Himmels, als Jesus unter uns lebte. Als Paulus Timotheus die Wunder Christi aufzählte, nannte er auch die Tatsache, dass Jesus *„**von den Engeln** gesehen“* wurde (1Tim 3,16). Sie beobachteten auch Jesus. Ihre Augen hingen an dem Wort, das Fleisch wurde. Paulus kommt zu dem Schluss, dass *„das Geheimnis anerkannt groß ist“*.

Paulus wusste, dass die Engel alles an uns beobachten. Und sie werden ganz bis zum Schluss zusehen. Das teilt uns Jesus in Lukas 12,8-9 mit, wo er vom Tag des Gerichts spricht:

> *Ich sage euch aber: Jeder, der sich vor den Menschen zu mir bekennen wird, zu dem wird sich auch der Sohn des Menschen* **vor den Engeln Gottes** *bekennen; wer mich aber vor den Menschen verleugnet haben wird, der wird* **vor den Engeln Gottes** *verleugnet werden.*

Was wollen Sie, dass die Engel an diesem Tag von *Ihnen* sehen und über *Sie* hören?

Vielleicht ist es Zeit, dafür zu beten. In Offenbarung 5,8 sehen wir in den Händen der Engel *„goldene Schalen voller Räucherwerk; das sind die Gebete der Heiligen“*. Welche wertvollen Gebete haben Sie heute nach oben gesandt, um diese Schalen in den heiligen Händen der Engel zu füllen? Haben Sie heute dafür gebetet, dass Gottes Reich kommt? Haben Sie dafür gebetet, dass ungläubige Familienangehörige, Freunde und Nachbarn, die Sie lieben, in dieses Reich kommen? Haben Sie dafür gebetet, dass sein Wille in Ihrem Leben geschieht, so wie es bei den Engeln im Himmel bereits der Fall ist? Haben Sie Gott gebeten, Ihnen seinen speziellen Willen für Ihr Leben heute zu zeigen?

Später in der Offenbarung sehen wir einen Engel am Altar Gottes mit einem goldenen Räuchergefäß. Was für eine große Ehre für diesen Engel:

> *Es wurde ihm viel Räucherwerk gegeben, damit er es* ***für die Gebete aller Heiligen*** *auf den goldenen Altar gebe, der vor dem Thron ist. Und der Rauch des Räucherwerks stieg mit den Gebeten der Heiligen auf aus der Hand des Engels vor Gott.* (Offb 8,3-4)

Welche wohlriechenden Gebete bringen Sie heute auf diesem Altar dar, die dann in heiligem Rauch zu dem Gott dieser Engel aufsteigen?

KAPITEL 8

Engel, von denen Sie gehört haben (und andere)

Engel sind unter vielen Namen bekannt. Bevor Sie zu diesem Buch gegriffen haben, hatten Sie wahrscheinlich schon von *Cherubim* und *Seraphim* gehört. Bei einzelnen Engeln fallen Ihnen schnell die beiden bekanntesten ein: Gabriel und der Erzengel Michael.

Was sollte man sonst noch wissen über Gruppen von Engeln oder einzelne Engel und die Namen, die die Bibel ihnen gibt?

Namen haben in der Bibel eine größere Bedeutung – und hatten sie in den Kulturen zur Zeit der Bibel –, als sie heute für gewöhnlich haben. Wir werden das noch schätzen lernen, wenn wir uns ausführlich damit beschäftigen, wie diese himmlischen Wesen außer „Engel" noch genannt werden (Sie erinnern sich: Engel bedeutet „Bote").

Throne, Kräfte, Gewalten, Mächte

Einige der biblischen Namen für Engel legen nahe, dass sie nach einer bestimmten Ordnung organisiert sind. Engel verrichten ihre Aufgaben nicht nach Lust und Laune und unabhängig voneinander. Wenn es irgendeine Gruppe von Wesen gibt, die zu Recht ihre eigene Sache auf ihre eigene Art und Weise tut, dann wären das Engel, so könnte man meinen. Aber Gott hat sie gut organisiert, damit sie seinen Willen am besten ausführen können. (Und glauben Sie, dass das auch auf uns Menschen zutrifft, wenn es schon für Engel gilt?)

Zu unseren Anhaltspunkten für eine Organisationsstruktur unter Engeln gehören eine Handvoll neutestamentlicher Begriffe wie „Throne", „Herrschaften", „Kräfte", „Gewalten" und „Mächte". Diese Terminologie scheint unterschiedliche Gruppierungen oder Ebenen von

Engelwesen anzudeuten. Lassen Sie uns einige Stellen, in denen diese Begriffe vorkommen, untersuchen und sehen, was wir herausfinden.

Manchmal scheinen sie sich nur auf böse Engelwesen zu beziehen – auf den Teufel und seine Dämonen:

> *Dann das Ende, wenn er* [Christus] *das Reich dem Gott und Vater übergibt; wenn er alle* ***Herrschaft*** *und alle* ***Gewalt*** *und* ***Macht*** *weggetan hat.* (1Kor 15,24)

> *Denn unser Kampf ist nicht gegen Fleisch und Blut, sondern gegen die* ***Gewalten****, gegen die* ***Mächte****, gegen die* ***Weltbeherrscher*** *dieser Finsternis, gegen die geistigen Mächte der Bosheit in der Himmelswelt.* (Eph 6,12)

> *Er hat die* ***Gewalten*** *und die* ***Mächte*** *völlig entwaffnet und sie öffentlich zur Schau gestellt. In ihm* [dem Kreuz Christi] *hat er den Triumph über sie gehalten.* (Kol 2,15)

Andere Stellen hingegen dürften nur die Engel Gottes im Blick haben:

> [Gott] *hat ihn aus den Toten auferweckt und zu seiner Rechten in der Himmelswelt gesetzt, hoch über jede* ***Gewalt*** *und* ***Macht*** *und* ***Kraft*** *und* ***Herrschaft*** *und jeden Namen, der nicht nur in diesem Zeitalter, sondern auch in dem zukünftigen genannt werden wird.* (Eph 1,20-21)

> *Damit jetzt den* ***Gewalten*** *und* ***Mächten*** *in der Himmelswelt durch die Gemeinde die mannigfaltige Weisheit Gottes zu erkennen gegeben werde.* (Eph 3,10)

In wieder anderen Stellen können sowohl gute als auch böse Wesen gemeint sein, obgleich, berücksichtigt man jedoch das Gesamtbild, bedeuten diese Stellen in Bezug auf die Engel Gottes letztendlich etwas anderes als in Bezug auf die Dämonen:

> *Denn in ihm* [in Christus] *ist alles in den Himmeln und auf der Erde geschaffen worden, das Sichtbare und das Unsichtbare, es seien* ***Throne*** *oder* ***Herrschaften*** *oder* ***Gewalten*** *oder* ***Mächte****: alles ist durch ihn und zu ihm hin geschaffen.* (Kol 1,16)

> *Ihr seid in ihm zur Fülle gebracht. Er ist das Haupt jeder* ***Gewalt*** *und jeder* ***Macht****.* (Kol 2,10)

Einen dieser Begriffe finden wir in Römer 8,38-39 wieder, auch wenn Paulus hier Engel von „*Mächte*" zu unterscheiden scheint.

> *Denn ich bin überzeugt, dass weder Tod noch Leben, weder* ***Engel*** *noch Gewalten, weder Gegenwärtiges noch Zukünftiges, noch* ***Mächte****, weder Höhe noch Tiefe, noch irgendein anderes Geschöpf uns wird scheiden können von der Liebe Gottes, die in Christus Jesus ist, unserem Herrn.*

Andererseits könnte „Mächte" in dieser Stelle einfach eine weiter gefasste Bezeichnung sein, die sowohl Engel und Dämonen als auch die beiden Zeitformen Gegenwart und Zukunft einschließt. (Wir bewegen uns hier bei diesem Geheimnis vorsichtig vorwärts wie durch einen Nebel hindurch!)

Die wichtigste Aussage, die wir über diese Bibelstellen treffen können, ist, dass sie alle die weitaus höhere Stellung Christi über die Engelmächte deutlich machen. Paulus scheint diese Begriffe nur anzuführen, um zu zeigen, wie viel größer Christus ist als alles andere. Sicherlich will Paulus hier kein umfassendes Bild von der Hierarchie der Engel entwerfen.

Daher noch rechtzeitig eine Warnung: Es ist möglich, über das Ziel hinauszuschießen, wenn man sich die Organisation der Engel in allen Details ausmalt.

Manche Theologen in vergangenen Jahrhunderten liebten es, ein ausgeklügeltes System von Engelgruppen auszuarbeiten. Eine im Mittelalter beliebte Aufstellung wies eine Rangfolge von neun verschiedenen Ebenen für Engel auf.

Thomas von Aquin, der große Theologe des 13. Jahrhunderts, übernahm diese traditionelle neunstufige Gliederung der Engelwelt und ging sogar noch einen Schritt weiter. In seinem Meisterwerk, *Summa Theologica*, räumt er ein, dass „unser Wissen von den Engeln unvollkommen ist" und dass wir daher „nur allgemein zwischen den Aufgaben der Engel und ihren Ordnungen unterscheiden können". Dann fügt er hinzu:

> Würden wir die Aufgaben und Unterschiede der Engel vollständig kennen, wüssten wir ganz genau, dass jeder Engel seine spezielle Aufgabe und seine eigene Ordnung unter den Dingen hat.

Aquin glaubte, dass jeder Engel eine eigene „Spezies" ist (anders als die Menschheit, die nur eine Spezies ist), und dass jeder Engel auf seiner eigenen Stufe und in einer perfekten Anordnung zu allen anderen steht.

Übrigens schrieb Aquin viele tausend Worte über Engel und wurde für seinen Intellekt so sehr geschätzt, dass er als Einziger in der ganzen Geschichte unter dem akademischen Titel „Doktor der Engel" bekannt war. Doch um seinen 49. Geburtstag herum hatte er eine Vision, die seinem Leben eine neue Richtung gab. Dieser herausragende Gelehrte stellte das Schreiben ganz und gar ein und sagte: „Mir wurden Dinge geoffenbart, die alles, was ich geschrieben habe, wie Stroh erscheinen lassen." Möglicherweise sah er sogar einen Engel in seiner Vision, und dieser eine Blick auf die himmlische Realität ließ seine vielen Bücher mit intellektuellen Abhandlungen im Vergleich dazu als nichtig erscheinen. Er starb, bevor er 50 Jahre alt wurde.

Aquin wurde von einem früheren Schreiber beeinflusst und inspiriert, der unter dem Namen Dionysios bekannt ist, wenngleich seine richtige Identität unklar ist. In einem seiner Werke – *Über die himmlische Hierarchie* – stellt Dionysios ausführlich seine Gedanken über die Organisation von Engeln dar.

Tausend Jahre später sah sich Johannes Calvin veranlasst, Dionysios' Vermutungen anzuzweifeln und der Frage nach der Hierarchie der Engel eine andere Perspektive zu verleihen.

Calvin schrieb:

> Niemand kann bestreiten, dass Dionysios (wer immer er gewesen sein mag) viele kluge und geschickte Erörterungen in seinem Werk *Über die himmlische Hierarchie* hat. Doch bei näherer Betrachtung muss jeder erkennen, dass sie nichts weiter sind als leeres Gerede.

Calvin riet seinen Lesern, „solch törichtes Geschwätz selbstgefälliger Menschen über Wesen, Rang und Anzahl der Engel abzulehnen, solange es keine Autorität durch das Wort Gottes besitzt". Er sagte, dass der Weg der Jüngerschaft, wie Jesus ihn lehrte, uns zu dieser Art von „überflüssiger Spekulation" nicht ermutigt, und dass wir, die „wir mit ihm als unserem Herrn Genüge haben", dasselbe tun sollten.

„Wenn man das Werk von Dionysios liest", meinte Calvin, „könnte man glauben, dass der Mann aus dem Himmel kam und uns von Dingen erzählt, die er nicht von anderen gelernt, sondern wirklich selbst gesehen hat."

Calvin verglich das mit dem Beispiel von Paulus. Aus der Bibel wissen wir, dass Paulus wirklich *„bis in den dritten Himmel"* und *„in das Paradies entrückt wurde"* (2Kor 12,2.4). Doch anstatt anschließend über himmlische Dinge und über das Aussehen der Engel zu reden, bestätigte Paulus nur, dass er *„unaussprechliche Worte hörte, die auszusprechen einem Menschen nicht zusteht"* (12,4). Paulus, der wahrscheinlich manches Geheimnis über die Anordnung der Engel mitzuteilen gehabt hätte, sah sich genötigt zu schweigen.

In den Jahrhunderten vor dem irdischen Dienst Jesu und der Entstehung der Gemeinde waren unter den Juden viele populäre Vorstellungen über die Organisation der Engel entstanden. Sie stellten Vermutungen über eine Vielzahl von Stellungen und Funktionen der Engel an. Möglicherweise dachte Paulus daran, als er sagte, dass Christus nicht nur *„hoch"* gesetzt wurde *„über jede Gewalt und Macht und Kraft und Herrschaft"*, sondern auch über *„jeden Namen, der …* ***genannt werden wird****"* (Eph 1,21). Wir können unserer Fantasie freien Lauf lassen und uns einen vielschichtigen Aufbau der Organisationsstruktur der Engelwelt vorstellen, aber das hat keinerlei Bedeutung. Ungeachtet, wie würdevoll, überwältigend und detailliert die Engelsmächte auch sein mögen, und ungeachtet, wie mächtig und wunderbar Engel erscheinen, wenn wir sie im zukünftigen Zeitalter sehen werden, ist ihre Herrlichkeit im Vergleich zu Christus jedoch nur wie die Dunkelheit. Christus ist alles, was zählt.

Ordnung und Harmonie

Dennoch gibt es etwas, das wir von den Engeln lernen können, wenn die Bibel sie bei ihren erhabenen Namen nennt. Calvin räumte bereitwillig ein, die Begriffe *Kräfte*, *Mächte* und *Gewalten* würden andeuten, dass Gott seine Regierung durch Engel „ausübt und verwaltet". Seiner Ansicht nach zeigen diese Worte auch „die Würde des Dienstes der Engel".

Hinsichtlich der Bezeichnung *Throne* meinte Calvin, dass sie möglicherweise für Engel gebraucht wurde, „weil in ihnen in gewisser Weise die Herrlichkeit Gottes wohnt". Aber mit der für ihn typischen Vorsicht fügte Calvin gleich hinzu: „Was diese letzte Bezeichnung betrifft, kann ich nicht mit fester Überzeugung sagen, dass sie für die Engel gilt, da eine andere Auslegung ebenso, wenn nicht sogar noch zutreffender ist."

Die Heilige Schrift beschreibt keine detaillierte Organisation der Engel, aber sie scheint sie anzudeuten.

Es macht Sinn, dass es Ordnung und Organisation unter den Engeln gibt, *„denn Gott ist nicht ein Gott der Unordnung, sondern des Friedens"* (1Kor 14,33). In der ganzen sichtbaren Schöpfung Gottes erkennen wir, trotz all ihrer wunderbaren Vielfalt, eine erstaunliche Ordnung, eine Überfülle von Mustern, die alle symmetrisch und logisch miteinander verwoben sind. Es ist ein meisterhafter Plan, der dem Meisterplaner Ehre bereitet, da er ihn nicht nur entworfen hat, sondern auch aufrechterhält. Mit seiner Kraft hält er ihn jeden Moment und zu jeder Jahreszeit in Gang.

Es scheint nur vernünftig, dass der Bereich der Engel, den Gott ebenfalls geschaffen hat und aufrechterhält, genauso meisterhaft konzipiert ist, auch wenn wir zum jetzigen Zeitpunkt nicht viel darüber wissen.

Welche Konsequenz hat das alles für Sie und mich? Warum sollten wir uns dafür interessieren, ob der Bereich der Engel wohlgeordnet ist und reibungslos läuft? Genauso könnten wir uns fragen, was es uns angeht, dass die Natur wohlgeordnet ist und reibungslos läuft?

Als Erstes sollten wir uns damit beschäftigen, dass diese Ordnung ein Licht auf Gott wirft. Wir erfahren etwas über ihn, wenn wir uns die Schöpfung anschauen, die er gemacht hat und zusammenhält. Sein Schöpfungswerk ist komplex, kompliziert, harmonisch und geordnet, weil Gott so ist.

Als Zweites sollte unser Blick auf uns fallen. Im Gegensatz zu den Engeln und der Natur haben wir Menschen uns absichtlich von Gottes ursprünglichem Plan für uns abgewandt. Jetzt haben wir Probleme, diesen geordneten Plan wiederzuentdecken, ihn zu verstehen und ihn umzusetzen.

Stellen wir uns einige unangenehme und konkrete Fragen: Haben wir den Meisterplan Gottes für unsere Gemeinden wirklich erkannt? Verstehen wir ihn und beweisen es dadurch, dass wir in Frieden und Harmonie danach leben?

Und dasselbe gilt für unser Zuhause: Haben wir den Meisterplan Gottes für unsere Familien wirklich erkannt? Beweisen wir, dass wir ihn verstehen, indem wir in Frieden und Harmonie miteinander leben?

Ja, Ordnung ist in der Gemeinde und unserem Zuhause ebenso wichtig wie in der Natur und in der Engelwelt.

Der Teufel weiß das, und deshalb greift er permanent die von Gott in der Gemeinde und zu Hause eingesetzte Kette der Liebe und Autorität an. Wann immer es in diesen Bereichen Unordnung gibt, steckt jemand anderes als Gott dahinter, denn Gott schafft kein Chaos.

Gibt es bei Ihnen zu Hause oder in Ihrer Gemeinde zurzeit Unordnung? Wenn ja, können Sie feststellen, in welchen Punkten Gottes Plan ignoriert oder zurückgewiesen wird?

Und wie steht es mit Ihrem Innenleben? Gott ist nicht ein Gott der Unordnung, sondern des Friedens. Haben Sie inneren Frieden oder wurde er von Unordnung, Chaos und Instabilität gestört?

Geistliches Leben setzt Ordnung voraus.

Heerscharen und Wagen

Ein weiterer Name, der für die Gesamtheit der Engel benutzt wird, ist „Heerscharen". Wir haben bereits festgestellt, dass diese Bezeichnung besonders wichtig ist, weil Gott sich damit persönlich zu erkennen gibt – er nennt sich selbst häufig *„Herr der Heerscharen"*.

Das Wort *Heerscharen* deutet ebenfalls Ordnung und Organisation unter den Engeln an, vor allem in der Hinsicht, dass Engel zum Kampf organisiert werden. Es ist ein militärisches Bild. *Heerscharen* ist das meistgebrauchte biblische Wort für Gottes himmlische Armeen. Es ist leicht, sich gut ausgebildete Truppen vorzustellen, geprägt von unzweifelhafter Loyalität und sofortigem Gehorsam. Sie sind jederzeit bereit, dem Ruf ihres Kommandanten zu folgen. Engel dürften sicherlich besser geordnet sein als jede Armee und militärische Formation auf der Erde.

Engel werden Heerscharen genannt, schreibt Calvin,

> weil sie den Fürsten als sein Hofstab umgeben – sie zieren und betonen seine Majestät. Wie Soldaten haben sie ihre Augen immer auf die Standarte ihres Anführers gerichtet und halten sich so bereit, seine Anordnungen auszuführen. So können sie sich in dem Moment, in dem er ihnen sein Zeichen gibt, an die Arbeit machen.

Der Name „Herr der Heerscharen" wird für Gott zum ersten Mal an einem militärischen Tiefpunkt in der Geschichte Israels gebraucht – zu Beginn von 1. Samuel (1,3), das zu dem Zeitpunkt einsetzt, als die Philister Gottes Volk unterdrückten. Matthew Henry sagt, dieser Titel Gottes wurde vom Propheten Samuel hier wahrscheinlich „zum Trost Israels" eingeführt, als „ihre eigenen Heerscharen nur gering und schwach waren und die ihrer Feinde zahlreich und mächtig".

Dieser Name sollte bald schon einen Hirtenjungen namens David ermutigen. Er rief seinem mächtigen Philisterfeind Goliat zu:

> *Du kommst zu mir mit Schwert, Lanze und Krummschwert. Ich aber komme zu dir* ***mit dem Namen des HERRN der Heerscharen, des Gottes der Schlachtreihen Israels****, den du verhöhnt hast.* (1Sam 17,45)

Mit der Ehre und Gegenwart des Herrn der Heerscharen auf ihrer Seite gewann Israel den Kampf an diesem Tag.

Aber Jahrhunderte später verloren sie einen Kampf, als ihr König entschlossen war, seine Soldaten in die Schlacht zu führen, ohne den Herrn und seine Heerscharen auf seiner Seite zu haben. Nicht, dass König Ahab nicht gewarnt wurde. Der Prophet Micha stand vor ihm und teilte ihm mit: *„Ich sah den HERRN auf seinem Thron sitzen und* ***das ganze Heer des Himmels*** *zu seiner Rechten und zu seiner Linken stehen"* (2Chr 18,18). Und worüber berieten Gott und all diese Engel? Nicht darüber, Ahab den Sieg zu geben, sondern wie sie diesem bösen Herrscher Unglück und Tod bringen würden (2Chr 18,19-22).

Ahab weigerte sich, Michas Vision zu beachten. Seine Männer zogen in die Schlacht gegen die Syrer und der König wurde verwundet, als ihn ein wahllos abgeschossener Pfeil trotz seiner Rüstung durchbohrte. Ahab hielt in seinem Wagen aus, um den Verlauf der Schlacht zu beobachten, bis sein Blut den Boden seines Wagens bedeckte. Er starb bei Sonnenuntergang, als sich der Kampf gegen Israel wendete.

Die Strategien Gottes und seiner Armeen können nicht vereitelt werden.

Wir haben schon gesehen, wie stark dieser kriegerische Aspekt Gottes und seiner Heerscharen gesehen wird, sodass die Anwesenheit von Engeln manchmal nur durch die Erwähnung ihrer Wagen angedeutet werden muss. Wir haben Davids Loblied gehört: *„Der Wagen Gottes sind zehntausendmal Tausende"* (Ps 68,18). Wir haben Jesajas Warnung gehört: *„Siehe, der HERR kommt im Feuer, und wie der Sturmwind sind seine Wagen"* (Jes 66,15-16). Wir haben gesehen, wie Gott Elisas Gebet erhörte, indem er die Augen seines Dieners öffnete: *„Und siehe, der Berg war voll von feurigen Pferden und Kriegswagen um Elisa herum"* (2Kö 6,17). Sogar *„ein feuriger Wagen und feurige Pferde"*, die herabkamen, um Elia in den

Himmel zu nehmen, waren wahrscheinlich eine Abteilung von Engeln mit dem Spezialauftrag, einen altgedienten Soldaten heimzuholen (2Kö 2,11-12).

Dieser kriegerische Aspekt von Engeln ist ebenso ein Vorbild für uns wie ihre Ordnung. Als David zum Herrn rief: *„**Dein Volk** ist willig am Tag deines Kriegszuges"* (Ps 110,3; SCHL 2000), könnten sowohl Engel als auch Menschen die willigen Soldaten des Herrn an diesen Tag gewesen sein.

Sind Sie sein williger Soldat? Je mehr Sie über Engel lernen – je deutlicher Sie erkennen, wie die geistliche Realität in diesem Universum aussieht – umso klarer hören Sie den Ruf zum Kampf. Die himmlischen Kampflinien sind gezogen, und Sie und ich können dem Kampf nicht entkommen. Wir müssen für die Auseinandersetzung gerüstet sein.

> *Zieht die ganze Waffenrüstung Gottes an*, damit ihr der Gerissenheit des Teufels erfolgreich widerstehen könnt. Denn unser Kampf ist nicht gegen einen physischen Feind; er ist gegen geistige Organisationen und Mächte gerichtet. Wir stehen auf gegen die unsichtbare Macht, die diese finstere Welt beherrscht, und gegen die geistigen Vertreter aus dem Hauptquartier des Bösen. Deshalb *müsst ihr die ganze Waffenrüstung Gottes tragen.* (Eph 6,11-13; Übersetzung von J. B. Phillips)

Hören Sie den Weckruf der Posaune! *„Wachet, steht fest im Glauben; seid mannhaft, seid stark!"* (1Kor 16,13). Der Sieg ist sicher (Christus selbst hat ihn errungen!), und Sie müssen nur dastehen und zusehen. Aber selbst das können Sie nicht, wenn Sie ohne Verteidigung sind und ein schutzloses Ziel für den Feind darstellen. Setzen Sie sich nicht einer Niederlage aus! Legen Sie die ganze Rüstung Gottes an, *„damit ihr an dem bösen Tag widerstehen und, wenn ihr alles ausgerichtet habt,* ***stehen bleiben*** *könnt!"* (Eph 6,13).

Dieser Kampf ist wie kein anderer. Greifen Sie also zu dem besten Schutz, den es gibt:

> *Lasst uns ...* ***die Waffen des Lichts*** *anziehen! ...*
> *Zieht* ***den Herrn Jesus Christus*** *an. ...* (Röm 13,12-14)

Heilige

Denken Sie daran: Namen haben eine *Bedeutung* in der Bibel. Mit diesem Wissen wollen wir uns weitere biblische Namen für Engel anschauen. Einige beziehen sich auf alle Engel Gottes, andere nur auf spezielle Gruppen.

Engel werden „Heilige" genannt. Sie sind abgesondert, um von Gott gebraucht zu werden. Diese Heiligkeit *stammt* von Gottes Heiligkeit und *weist* auf Gottes Heiligkeit hin. Die Aussage in Psalm 89,8 ist ein starkes Bild dafür:

> *Gott ist gefürchtet im Kreis* ***der Heiligen****, groß ist er*
> *und furchtbar über alle, die rings um ihn her sind.*

Die Engel, die Gott umgeben, sind heilig. Aber ihre Heiligkeit ist nicht vergleichbar mit Gottes Heiligkeit, deshalb wird er von ihnen „*gefürchtet*". Auch Mose beschrieb die Engel als „heilige Myriaden", von denen Gott zum Berg Sinai kam, wo er Israel das Gesetz gab (5Mo 33,2). Hiobs Freund Elifas nennt Engel „Heilige" (Hi 5,1; 15,15). Ebenso wie Daniel, als er von seinen Visionen erzählte:

> *Und ich hörte* ***einen Heiligen*** *reden. Und es sprach* ***ein Heiliger*** *zu jemandem – dem Redenden nämlich: Bis wann gilt das Gesicht ...?* (Dan 8,13).

Beachten Sie, dass drei weitere Stellen – eine im Alten und zwei im Neuen Testament – den Herrn in der Zukunft „mit seinen Heiligen kommen" sehen. In allen drei Versen können mit den erwähnten „Heiligen" sowohl die erlösten Gläubigen als auch die nicht gefallenen Engel gemeint sein.

Und ihr werdet fliehen, wie ihr vor dem Erdbeben geflohen seid in den Tagen Usijas, des Königs von Juda. Dann ***wird der HERR, mein Gott, kommen und alle Heiligen mit ihm.*** (Sach 14,5)

Um eure Herzen zu stärken, untadelig in Heiligkeit zu sein vor unserem Gott und Vater ***bei der Ankunft unseres Herrn Jesus mit allen seinen Heiligen.*** (1Thes 3,13)

Siehe, ***der Herr ist gekommen mit seinen heiligen Myriaden,*** *Gericht auszuüben gegen alle und alle Gottlosen zu überführen von allen ihren Werken der Gottlosigkeit, die sie gottlos verübt haben, und von all den harten Worten, die gottlose Sünder gegen ihn geredet haben.* (Jud 1,14-15)

Wieder sehen wir, wie unser menschliches Schicksal mit den Engeln verbunden ist.

Die Mächtigen Gottes

Um ihre Macht zu betonen, werden Engel sogar „Götter“ und „Söhne Gottes“ genannt. So wie ihre Heiligkeit verweist auch ihre Macht zurück auf Gott. Psalm 89,7 drückt diesen Gedanken treffend aus: „*Wer ist dem HERRN gleich unter* ***den Göttersöhnen*** *?*“ Engel sind mächtig, aber ihre Macht ist nichts - verglichen mit der Macht Gottes.

Die Engel dürften das, was David zu ihnen sagte, gerne befolgt haben:

Gebt dem HERRN, ***ihr Göttersöhne,***
gebt dem HERRN Herrlichkeit und Kraft!
(Ps 29,1)

Preist den HERRN, ihr seine Engel,
ihr Gewaltigen *an Kraft, Täter seines Wortes,*
dass man höre auf die Stimme seines Wortes!
(Ps 103,20)

In Psalm 8,6, in dem David davon spricht, dass der Mensch nur *„wenig geringer als Engel gemacht“* wurde, ist das hebräische Wort für Engel eigentlich *Elohim* oder „Gott“. Wir sehen ihre erhabene Macht, aber ebenso ihr Spiegelbild der Herrlichkeit Gottes. Calvin sagt, Engel werden „mehr als einmal Götter genannt, da sich die Gottheit zu einem gewissen Maß in ihrem Dienst an uns widerspiegelt“.

Die Engel in der Offenbarung spiegeln ebenfalls ein bestimmtes Maß an göttlicher Macht wider. Johannes sah und hörte *„einen **starken** Engel“*, der im Thronsaal Gottes fragte: *„Wer ist würdig, das Buch zu öffnen und seine Siegel zu brechen?“* (Offb 5,2). Und er sah *„einen anderen **starken** Engel“*, der *„seinen rechten Fuß auf das Meer, den linken aber auf die Erde stellte“* (Offb 10,1-2). Und ein weiterer *„**starker** Engel hob einen Stein auf wie einen großen Mühlstein und warf ihn ins Meer“* (Offb 18,21).

In 2. Thessalonicher 1,7 spricht Paulus davon, dass der Herr Jesus *„vom Himmel her mit **den Engeln seiner Macht**“* geoffenbart wird. Gemeint sein könnte eine spezielle Gruppe von Engeln, die mit Gottes besonderer Macht ausgestattet ist, oder es ist eine andere Art, die große Macht zu zeigen, die alle seine Engel haben.

Heilige Wächter

Eine andere Sicht von Engeln wird in dem Wort *„Wächter“* deutlich, das Nebukadnezar im Gespräch mit Daniel, seinem königlichen Ratgeber, benutzte. Das hebräische Wort, das hier mit *„Wächter“* übersetzt wurde, wird in der Bibel nur in Daniel 4 verwendet. Es stammt von einem Verb, das „nicht schlafen können“ und „Wache halten“ bedeutet.

Nebukadnezar erzählte Daniel von einem Traum, den er hatte, als er *„sorglos … und glücklich“* (4,1) in seinem Palast im Bett lag. In diesem Traum sah er einen großen, starken und fruchttragenden Baum mit Vögeln in den Zweigen und Tieren, die sich in seinem Schatten ausruhten.

> *Ich schaute in den Gesichten, die ich auf meinem Lager hatte, und siehe, ein **Wächter** und Heiliger stieg vom Himmel herab.* (Dan 4,10)

Dieser heilige Wächter aus dem Himmel gab die Anordnung, den Baum zu fällen und seinen Stumpf mit Eisenfesseln zu binden. Außerdem beschrieb der Wächter jemanden (wie sich herausstellt, ist es der König selbst), der dazu verurteilt wurde, mit dem *„Tau des Himmels … benetzt“* zu werden, d. h. mit den Tieren im Freien zu leben und das Herz eines Tieres zu haben. Dann fügte der Wächter hinzu:

> *Durch den Beschluss der* ***Wächter*** *ist diese Botschaft zustande gekommen, und ein Spruch der Heiligen ist diese Sache.* (Dan 4,14)

Außer dem Wächter, der mit Nebukadnezar redete, gab es noch andere Wächter, denen anvertraut wurde, das Gericht Gottes zu verkünden. Möglicherweise war das eine bestimmte Gruppe von Engeln, die die Aufgabe hatten, Gottes Beschlüsse zu überbringen.

In Nebukadnezars Fall lieferte der Wächter folgenden Grund für das Urteil:

> *Damit die Lebenden erkennen, dass der Höchste Macht hat über das Königtum der Menschen und es verleiht, wem er will, und den Niedrigsten der Menschen darüber einsetzt.* (V. 14)

Nebukadnezar wurde zu diesem *„Niedrigsten der Menschen“*, als er das Dasein eines Tieres fristete, im Freien lebte und Gras zu sich nahm. Sein Haar wuchs über alle Maßen und seine ungeschnittenen Fingernägel wurden wie Krallen. Als Gott ihm schließlich seinen Verstand zurückgab, war Nebukadnezar bereit, Gott zu ehren und zu verherrlichen, der *„nach seinem Willen verfährt mit dem Heer des Himmels und den Bewohnern der Erde“* (Dan 4,32).

Die Wächter hatten recht.

Cherubim und der Thron Gottes

Die Herkunft des Namens *Cherub* ist irgendwie rätselhaft. Manche Bibelgelehrten meinen, er sei verwandt mit Worten wie „Fürbitter“ und

„Hüter". Andere sehen eine Verbindung zu Worten wie „greifen" oder „festhalten" oder „den Boden pflügen" oder „bestellen" oder „fleißig sein". Vielleicht sind Cherubim (der hebräische Plural von *Cherub*) die wahren Arbeitstiere unter den Engeln, die ihre Rolle als Wachen im Dienst des Königs erfüllen. Auf jeden Fall haben sie wenig mit nackten Engelchen auf Postkarten zu tun.

Wir begegnen Cherubim in 1. Mose 3, wo die Bibel zum ersten Mal Engelwesen erwähnt. Nach Adams Sündenfall bewachten Cherubim den Eingang zum Garten Eden mit einem flammenden Schwert. Das zeigt uns, dass die Sünde nie ein Teil des Paradieses sein kann.

Als Nächstes werden Cherubim erwähnt, als Gott Mose Anweisungen über die Herstellung der Bundeslade und der Stiftshütte gibt. Die Bundeslade sollte oben eine goldene „Deckplatte" oder „Sühneplatte" mit zwei goldenen Cherubim haben. Der Verfasser des Hebräerbriefes nennt sie *„Cherubim der Herrlichkeit"* (Hebr 9,5).

Beachten Sie die ehrfurchtsvolle Haltung, die Mose diesen Figuren geben sollte:

> *Und die Cherubim sollen die Flügel nach oben ausbreiten, die Deckplatte mit ihren Flügeln überdeckend, während ihre Gesichter einander zugewandt sind. Der Deckplatte sollen die Gesichter der Cherubim zugewandt sein.* (2Mo 25,20)

Da die Bundeslade Gottes Thron und seine königliche Gegenwart repräsentierte, erinnern uns die goldenen Cherubimfiguren mit ihren erhobenen Flügeln daran, dass Gott auf seinem Thron von herrlichen, anbetenden Engeln umgeben ist. Dass ihre Gesichter der „Deckplatte" oder „Sühneplatte" zugewandt sind – die auf das Sühneopfer Christi hinweist –, könnte andeuten, dass das Schicksal der Engel auch mit dem verbunden ist, was Christus am Kreuz vollbrachte. Oder es ist vielleicht ein eindrucksvolles Bild von den Engeln, die in die Dinge der Errettung *„hineinzuschauen begehren"* (1Petr 1,12).

Oder die Cherubim sind möglicherweise, wie einige Bibelgelehrten zu sagen wagen, ein Bild von einem idealen zukünftigen Zustand der erlösten Menschheit, und ihre Blicke auf den Sühnedeckel stehen für ihre ewige Dankbarkeit und ihr ewiges Lob für das Opfer Christi. Die Cherubim sind, was *wir* eines Tages sein könnten.

Dieses Cherubimmotiv findet sich auch bei anderen Einrichtungsgegenständen der Stiftshütte. Der Herr befahl, die zehn Zeltdecken der Stiftshütte *„aus gezwirntem Byssus, violettem und rotem Purpur und Karmesinstoff* ... [zu] *machen,* ***mit Cherubim****, als Kunststickerarbeit*" (2Mo 26,1). Ein Vorhang, der die inneren Kammern der Stiftshütte trennte, sollte ebenfalls eine *„Kunststickerarbeit* ... ***mit Cherubim***" aufweisen (2Mo 26,31).

In Verbindung mit den Cherubim, die die Bundeslade überschatteten, gab Gott Mose die Verheißung seiner Gegenwart:

> *Und dort* ***werde ich mich dir zu erkennen geben*** *und von der Deckplatte herab,* ***zwischen den beiden Cherubim hervor****, die auf der Lade des Zeugnisses sind, alles zu dir reden, was ich dir für die Söhne Israel auftragen werde.* (2Mo 25,22)

Und Gott erfüllte sofort seine Verheißung:

> *Und wenn Mose in das Zelt der Begegnung hineinging, um mit ihm zu reden, dann hörte er die Stimme zu ihm reden von der Deckplatte herab, die auf der Lade des Zeugnisses war,* ***zwischen den beiden Cherubim hervor****; und er redete zu ihm.* (4Mo 7,89)

Von da an erinnerten sich in Israel viele dieses Zeichens der Gegenwart des Herrn und seines irdischen Königtums unter ihnen, denn Gott wurde oft als der, *„der über den Cherubim thront*" bezeichnet (1Sam 4,4; 2Sam 6,2; 2Kö 19,15; 1Chr 13,6; Ps 80,2; 99,1).

Als eine riesige assyrische Armee vor Jerusalem lagerte und es zerstören wollte, begann König Hiskia sein Gebet mit den Worten: *„HERR der Heerscharen, Gott Israels,* ***der du über den Cherubim thronst****, du bist es, der da Gott ist, du allein, für alle Königreiche der Erde* ..." (Jes 37,16).

Als Antwort auf sein Gebet tötete ein Engel des Herrn 185.000 assyrische Soldaten in einer einzigen Nacht.

Einen anderen Blick auf die Cherubim wirft Davids Lob- und Siegeslied in 2. Samuel 22, *„als der HERR ihn aus der Hand aller seiner Feinde und aus der Hand Sauls errettet hatte“* (V. 1). Hier wird ein erstaunliches Bild von den Cherubim gezeichnet, die die Gegenwart Gottes zu Davids Rettung herabtrugen:

> *Er neigte die Himmel und fuhr hernieder,*
> *und Dunkel war unter seinen Füßen.*
> ***Er fuhr auf einem Cherub und flog daher,***
> *so schwebte er auf den Flügeln des Windes.*
> (2Sam 22,10-11)

Da die Cherubim auf die Gegenwart der Engel am Thron Gottes hinweisen, kam es David so vor, als hätte Gott seinen himmlischen Thron genommen und wäre mit ihm herabgekommen, um in Davids Leben der König zu sein, der ihn rettete und befreite.

Sie und ich finden ein ähnliches Bild vom Thron Gottes für uns heute. Wir können Gottes königlicher Hilfe sicher sein, die zu unserer Rettung kommt, wenn wir sie brauchen:

> *Lasst uns nun mit Freimütigkeit hinzutreten zum* ***Thron der Gnade****, damit wir Barmherzigkeit empfangen und Gnade finden zur rechtzeitigen Hilfe!* (Hebr 4,16)

Ja, *„der HERR ist unser König. Er wird uns retten“* (Jes 33,22).

Cherubim im Tempel

Als Davids Sohn Salomo den Tempel baute, der die Stiftshütte ersetzte, kennzeichneten wiederum Cherubim die Einrichtung, und dieses Mal sogar noch stärker.

Der Tempel folgte eng den Mustern, die Gott Mose für die Stiftshütte vorgegeben hatte. In 1. Chronik 28,11-12 erfahren wir, dass David seinem Sohn Salomo die Pläne für jeden Teil des Tempels gab und dass diese Pläne *„durch den Geist in ihm"* waren. Das sollte uns daran erinnern: Die Cherubimfiguren, die die Stiftshütte und den Tempel zierten, waren *Gottes* Idee – sie waren keine Erfindung von Menschen.

Stellen Sie sich einmal vor, sie hätten vor ca. dreitausend Jahren unter Salomos Herrschaft gelebt. Sie gehen die Stufen vor dem Osteingang des neuen Tempels hoch, dem berühmtesten Gebäude der damaligen Welt. Für Besucher aus anderen Ländern ist dies das Prunkstück in der Hauptstadt des weisesten und reichsten Königs der Welt. Aber Ihnen und Ihren Landsleuten bedeutet es viel mehr. Es ist der auserwählte irdische Wohnort des Herrn der Heerscharen, und heute ist der Versöhnungstag. Heute ist der einzige Tag des Jahres, an dem *eine* Person das Allerheiligste betreten darf.

Und Sie sind diese Person, Sie sind der Hohepriester.

Sie und Ihre Mitpriester haben bereits die speziellen Opfer für diesen Tag auf dem großen Altar vor dem Tempel dargebracht. Jetzt tragen Sie eine goldene Schale, gefüllt mit dem Blut eines Ziegenbocks, der als spezielles Sündopfer für das Volk geschlachtet wurde. Sie sollen dieses Blut ins Allerheiligste bringen und es auf den Sühnedeckel der Bundeslade sprengen.

Nachdem Sie die Stufen hinter sich gelassen haben, gehen Sie an zwei bronzenen Säulen vorbei durch einen Säulengang. Vor Ihnen befinden sich zwei riesige Türen, in die kunstvoll geformte Cherubimfiguren geschnitzt sind. Ihre Augen wandern über ihre Flügel, dann über ihre löwenähnlichen Schultern und schließlich über ihre ernst blickenden, geheimnisvollen Gesichter. All diese Merkmale sind in getriebenem Gold herausgearbeitet und glänzen in der strahlenden Mittagssonne Israels. Während Sie einem der Cherubim lange ins Gesicht blicken, läuft Ihnen plötzlich ein Schauer über den Rücken. Mit einem Anflug von Furcht stellen Sie sich vor, dass diese Wesen bei Gott im Himmel leben.

Mutig strecken Sie die Hand aus. Auf Ihre Berührung hin schwingt eine der Türen auf. Sie halten den Atem an. Sie spüren, dass die

Cherubim auf der geöffneten Tür Sie beobachten, während Sie den großen Raum betreten.

Vor Ihnen schimmert ein goldbedeckter Boden. An beiden Seiten ragen die mit Gold verzierten Wände fast 15 Meter in die Höhe. Das Licht von goldenen Leuchtern an beiden Seiten des Raumes reflektiert sich in den Schnitzereien an den Wänden – unzählige weitere Cherubim. Ihre eindrucksvollen Gestalten werden von Palmenzweigen und Blumen unterstrichen und alles ist mit Gold überdeckt. Einige Augenblicke stehen Sie da und starren einen Cherub an, dann einen anderen und noch einen. Sie alle scheinen lebendig zu sein. Sie fürchten sich beinahe weiterzugehen.

Schließlich setzen Sie sich wieder in Bewegung. Ihre nackten Füße schreiten langsam und lautlos über einen 18 Meter langen, goldenen Boden, bis Sie vor einem quadratischen, goldenen Altar stehen. Heiliger Weihrausch steigt von ihm auf.

Hinter dem Altar ragen zwei weitere mit Gold verzierte Türen vor Ihnen auf, die ebenfalls mit geschnitzten Cherubim und Palmenzweigen und Blumen versehen sind. Sie knien vor dem Räucheraltar hin und beten, dann stehen Sie wieder auf und treten hinter den Altar.

Sie strecken Ihre Hand aus und berühren die mit Cherubim bedeckten Türen. Sie schließen Ihre Augen. Erst nachdem Sie beide Türen weit aufgestoßen haben, öffnen Sie wieder Ihre Augen – um ihn anzuschauen, einen Raum, den ein ganzes Jahr niemand mehr betreten und betrachtet hat: das innere Heiligtum, das Allerheiligste.

Das von der Haupthalle schimmernde Licht strömt durch den Eingang in das mit Gold überdeckte Heiligtum. Zwei glänzende Statuen, die zwei jeweils viereinhalb Meter hohe, goldene Cherubim darstellen, ragen vor Ihnen auf und blicken Sie an. Ihre Flügel sind erhoben und ausgestreckt. Ihre äußeren Flügel berühren die Wand. Ihre inneren Flügel berühren einander und bilden einen Bogen. Unter diesen Flüglen befindet sich die Bundeslade mit dem Sühnedeckel – wo zwei weitere Cherubim mit ausgestreckten Flügeln die Lade überschatten.

In der stillen Erhabenheit dieses Raumes spüren Sie, wie Ihre Hände und Knie zu zittern beginnen. Sie fallen auf Ihre Knie. Der Ihnen vertraute Anfang des 99. Psalms springt von Ihrem Herzen herüber auf Ihre Lippen:

Der HERR ist König!
Es zittern die Völker.
Er thront auf den Cherubim.
Es wankt die Erde.

Jahrhunderte später zerstörten die Babylonier diesen herrlichen Tempel. Die trauernden Juden müssen an diese schönen, mit Cherubim verzierten Wände gedacht haben, als sie in Psalm 74 darüber klagten, was die Angreifer angerichtet hatten:

Sie erscheinen wie einer, der die Axt emporhebt
im Dickicht des Waldes;
*und **jetzt zerschlagen sie sein Schnitzwerk allzumal***
mit Beilen und mit Hämmern.
Sie haben dein Heiligtum in Brand gesteckt,
zu Boden entweiht die Wohnung deines Namens.
(Ps 74,5-7; UELB)

Aber schon bald wurde dem Priester und Propheten Hesekiel, der unter den jüdischen Verbannten in Babylon war, die Vision eines neuen Tempels gegeben. Auch der neue Tempel würde vom Boden bis zur Decke mit Cherubim gefüllt sein, *„an der ganzen Wand ringsherum, der inneren und äußeren“* (Hes 41,17), und mit vereinzelt eingestreuten Palmenzweigen. Und die Cherubim sahen so aus:

Und der Cherub hatte zwei Gesichter: Das Gesicht eines Menschen war zur Palme auf der einen Seite gewandt und das Gesicht eines Löwen zur Palme auf der anderen Seite. (Hes 41,18-19)

Und auch die Türen zum Heiligtum waren mit *„Cherubim und Palmen gestaltet, wie sie an den Wänden gestaltet waren“* (Hes 41,25).

Doch selbst in dieser erhabenen Vision dürfte der Anblick dieser Cherubim für Hesekiel nicht so beeindruckend gewesen sein, wie er für Sie und mich wäre – denn kurz davor hatte Hesekiel das Privileg, *alles in Realität zu sehen*. Gott öffnete die Himmel und gab Hesekiel eine Vision von seinem Thron und den ihn umgebenden Cherubim.

Die Macht und Schönheit dieser Engelwesen lässt sich mit menschlichen Worten nicht vollständig ausdrücken, aber Hesekiel tut sein Bestes. Seine Beschreibung in Hesekiel 1 geht über die menschliche Vorstellungskraft hinaus, enthält aber dennoch viele Details. Es lohnt sich, hier nahezu das ganze Kapitel mit seiner Darstellung dieser himmlischen Wesen wiederzugeben. (Hesekiel nennt sie zunächst „*lebende Wesen*", und erst in Kapitel 10 werden sie als Cherubim identifiziert.)

Zuerst wird die Bühne für diese Vision bereitet. Hesekiel sah:

> *Und siehe, ein Sturmwind kam von Norden her, eine große Wolke und ein Feuer, das hin- und herzuckte, und Glanz war rings um sie her. Und aus seiner Mitte, aus der Mitte des Feuers, strahlte es wie der Anblick von glänzendem Metall. Und aus seiner Mitte hervor erschien die Gestalt von* **vier lebenden Wesen.**

Was Hesekiel zuerst auffällt sind ihre Gesichter, ihre Flügel und ihr Feuer.

> *Und dies war ihr Aussehen: die Gestalt eines Menschen hatten sie. Und vier Gesichter hatte jedes, und vier Flügel hatte jedes von ihnen. Und ihre Beine waren gerade Beine und ihre Fußsohlen wie die Fußsohle eines Kalbes; und sie funkelten wie der Anblick von blanker Bronze. Und Menschenhände waren unter ihren Flügeln an ihren vier Seiten;* **und die vier hatten ihre Gesichter und ihre Flügel.** *Ihre Flügel berührten sich, einer mit dem anderen. …*
>
> *Und das war die Gestalt ihrer* **Gesichter**: *Das Gesicht eines Menschen und das Gesicht eines Löwen hatten die vier rechts, und das Gesicht eines Stieres hatten die vier links, und das Gesicht eines Adlers hatten die vier.*

Und ihre ***Flügel*** *waren nach oben ausgespannt; jedes hatte zwei, die sich einer mit dem anderen berührten, und zwei, die ihre Leiber bedeckten. …*

Und mitten zwischen den lebenden Wesen war ***ein Schein wie von brennenden Feuerkohlen; wie ein Schein von Fackeln*** *war das, was zwischen den lebenden Wesen hin und herfuhr; und das Feuer hatte einen Glanz, und aus dem Feuer fuhren Blitze hervor.*

Hesekiel ist auch von ihren Bewegungen fasziniert:

Sie wandten sich nicht um, wenn sie gingen: sie gingen, ein jedes gerade vor sich hin. …

Und sie gingen ein jeder gerade vor sich hin; wohin der Geist gehen wollte, dahin gingen sie; sie wandten sich nicht um, wenn sie gingen. …

Und die lebenden Wesen liefen hin und her, so dass es aussah wie Blitze.

Dann sieht er eine fesselnde, tanzähnliche Bewegung von funkelnden, sich überschneidenden Rädern voller Augen. Beachten Sie jedoch, dass die Räder nicht unabhängig von den lebenden Wesen sind, sondern auf irgendeine Weise ein geistiger Teil von ihnen. Versuchen Sie sich einmal diesen Anblick vorzustellen:

Und als ich die lebenden Wesen sah, siehe, da war ein Rad auf der Erde neben den lebenden Wesen, bei ihren vier Vorderseiten. Das Aussehen der Räder und ihre Verarbeitung war wie der Anblick von Türkis, und die vier hatten ein und dieselbe Gestalt; und ihr Aussehen und ihre Verarbeitung war, wie wenn ein Rad mitten im anderen Rad wäre. … Und ihre Felgen, sie waren hoch, und als ich sie anblickte, sah ich, daß ihre Felgen voller Augen waren rings herum bei den vieren.

Und wenn die lebenden Wesen gingen, gingen auch die Räder neben ihnen her; und wenn die lebenden Wesen sich von der Erde erhoben, erhoben sich auch die Räder. Wohin der Geist gehen wollte, gingen sie, dahin, wohin der Geist gehen wollte. Und die Räder erhoben sich gleichzeitig mit ihnen, denn der Geist des lebenden Wesens war in den Rädern. Wenn jene gingen, gingen auch diese, und wenn jene stehen blieben, dann blieben auch diese stehen; und wenn sich jene von der Erde erhoben, dann erhoben sich die Räder gleichzeitig mit ihnen. Denn der Geist des lebenden Wesens war in den Rädern.

Hesekiel lässt uns auch mit seinen Ohren hören:

Und wenn sie gingen, hörte ich das Rauschen ihrer Flügel wie das Rauschen großer Wasser, wie die Stimme des Allmächtigen, das Rauschen einer Volksmenge, wie das Rauschen eines Heerlagers.

Gottes Engel weisen uns immer auf Gott hin, und das wird jetzt auch in Hesekiels Fall deutlich. Ihm wurde diese Vision nicht nur gegeben, damit er etwas über Cherubim erfuhr, sondern vielmehr um ein Wort Gottes zu hören.

Hesekiel sieht „*über den Häuptern des lebenden Wesens etwas wie ein festes Gewölbe, wie der Anblick eines furchteinflößenden Kristalls*". Er hört eine Stimme, die aus „*dem Raum oberhalb des festen Gewölbes*" kam, dann blickt er auf und sieht diese überwältigende Vision:

Und oberhalb des festen Gewölbes, das über ihren Häuptern war, befand sich - wie das Aussehen eines Saphirsteines - etwas wie ein Thron und auf dem, was wie ein Thron aussah, oben auf ihm eine Gestalt, dem Aussehen eines Menschen gleich. … Wie der Anblick von glänzendem Metall, wie das Aussehen von Feuer … war es von dem Aussehen seiner Hüften an aufwärts; und von dem Aussehen seiner Hüften an abwärts sah ich etwas wie das Aussehen von Feuer; und ein Glanz war rings um ihn. Wie das Aussehen des Bogens, der am Regentag in der Wolke ist, so war das Aussehen des Glanzes ringsum.

Das war das Aussehen des Abbildes der Herrlichkeit des HERRN. -

Und als ich es sah, fiel ich auf mein Gesicht nieder; und ich hörte die Stimme eines Redenden.

Nach all diesen Vorbereitungen teilt Gott Hesekiel seine Berufung mit und gibt ihm seine Anweisungen (s. Hes 2 und 3).

Hesekiel dürfte sich für den Rest seines Lebens täglich an diese Vision erinnert haben, während er mit den Problemen und Belastungen, die seine Berufung mit sich brachte, zu kämpfen hatte. Es muss eine beständige Motivation und Ermutigung für ihn gewesen sein, daran zu denken, dass dies der Gott war, dem er diente.

Wie viele von uns hätten gerne eine solch majestätische und geheimnisvolle Vision wie diese erlebt, die uns in unserer speziellen Berufung von Gott durchhalten lässt? Aber Fakt ist: Wir haben sie. In seinem Wort hat der Herr sie uns gegeben, damit wir sie festhalten. Der Gott, den Hesekiel umgeben von flammenden Cherubim sah, die ihm dienten, wird ewig derselbe sein. Hesekiels Vision ist genauso für Sie und mich, wie sie es für Hesekiel war.

In der Bibel finden wir nie, dass Cherubim als Boten Gottes an den Menschen dienen – zumindest nicht durch Worte. Aber ihre Erscheinung dürfte Hesekiel viel zu sagen gehabt haben, ebenso wie dem Volk Gottes, das ihre Abbildungen im Tempel und in der Stiftshütte sah, und auch Adam und Eva, die aus dem Garten Eden vertrieben wurden.

Seraphim

Der Name *Seraphim* bedeutet „Brennende“ oder „Strahlende“ (was uns daran erinnert, dass Gott seine Engel zu „Feuerflammen“ macht – Psalm 104,4; Hebräer 1,7). Die Seraphim leben so nahe bei Gott, dass sie mit heiligem Glanz brennen.

Nur an einer Stelle der Bibel werden sie namentlich genannt, aber das ist wirklich eine sehr beeindruckende Begebenheit. Kehren wir noch einmal zu der Vision zurück, in der Jesaja Gott auf seinem Thron sieht und hört, wie Stimmen um ihn herum verkünden: *„Heilig, heilig, heilig ist der HERR der Heerscharen!“* (6,1-4).

Jesaja teilt mit, dass dieser beständige Lobpreis von Seraphim stammt. Er beschreibt sie als mit sechs Flügeln ausgestattet, von denen zwei aus Ehrfurcht ihre Gesichter bedecken. Das erinnert uns an Gottes majestätische Herrlichkeit. Die Bibel sagt, niemand habe Gott je gesehen und sei am Leben geblieben, und sogar diese Engel schützen sich vor der strahlenden Herrlichkeit Gottes, wenn sie in seiner Gegenwart sind. Matthew Henry drückte es so aus:

> Obwohl die Gesichter der Engel ohne Zweifel viel schöner sind als die der Kinder der Menschen (Apg 6,15), bedecken sie sie doch in der Gegenwart Gottes, weil sie den überwältigenden Glanz der Herrlichkeit Gottes nicht ertragen können, und da ihnen bewusst ist, wie weit sie von der Vollkommenheit Gottes entfernt sind, schämen sie sich, dem heiligen Gott ihr Gesicht zu zeigen.

Außerdem bemerkt Jesaja, dass sie mit zwei weiteren Flügeln ihre Füße bedecken. Das spricht davon, dass sie in Demut und Ehrfurcht auf die nächsten Anweisungen Gottes warten.

Mit ihren übrigen beiden Flügeln fliegen die Seraphim. Diese beiden Flügel treiben sie schnell an, um alles zu tun, was Gott ihnen aufträgt.

Beachten Sie das Verhältnis: Vier Flügel zur Anbetung und nur zwei zur Arbeit – ihrer Existenz in Gottes Gegenwart wird zweimal so viel Aufmerksamkeit gewidmet wie ihren anderen Pflichten. Es scheint, als wäre dieses Verhältnis bei uns heute oft umgekehrt. Wir würden gut daran tun, den Seraphim ähnlicher zu sein.

Wie Hesekiels Vision von den Cherubim bietet Jesajas Vision von den Seraphim ein weiteres Bild von Verehrung und Ehrfurcht, um uns bei unserem Versuch, unserem himmlischen Vater zu nahen, zu unterstützen. Ihrem Beispiel zu folgen, scheint unbequem und sogar bedrohlich. Würde es sich jedoch nur behaglich und angenehm anfühlen, wäre Gott nicht Gott.

Jesaja kannte diese Spannung. Während die Seraphim *„heilig, heilig, heilig"* riefen, dachte er daran, wie „unheilig, unheilig, unheilig" er war. Er rief aus: *„Wehe mir, denn ich bin verloren"* (Jes 6,5). Aber als ein

Seraphim seine Lippen mit einer glühenden Kohle berührte, konnte der Prophet seine Begegnung mit dem heiligen Gott fortsetzen. Der Herr wird auch uns die nötige Gnade dazu geben.

So wie Hesekiel konnte auch Jesaja nach dieser Erfahrung Gottes spezielle Berufung entgegennehmen. Jesaja freute sich. *„Hier bin ich“*, sagte er, *„sende mich!“* Nach einer ausführlichen Anbetung in der Furcht Gottes werden auch wir den Willen Gottes in unserem Leben besser verstehen können.

Lebende Wesen und Älteste

Im letzten Buch der Bibel sah Johannes in seiner Vision auf der Insel Patmos *„vier lebendige Wesen“*, die Ähnlichkeiten zu den Seraphim in Jesaja 6 und den Cherubim in Hesekiel 1 aufweisen. Ihre Bezeichnung – *„lebendige Wesen“* – verrät uns sofort, dass sie Leben haben und geschaffene Wesen sind.

Wie die Cherubim haben diese vier lebendigen Wesen das Aussehen eines Löwen, Stieres, Menschen und Adlers (Offb 4,7). Und wie die Seraphim besitzen sie sechs Flügel und ehren Gott durch ihren beständigen Lobpreis *„Heilig, heilig, heilig, Herr, Gott, Allmächtiger“*, dem sie *„der war und der ist und der kommt“* hinzufügen (4,8).

Sie können Gott auf diese neue Weise preisen aufgrund von zwei Dingen, die wir direkt über sie erfahren. Erstens stehen sie in Gottes Gegenwart *„**inmitten** des Thrones und rings um den Thron“* (4,6). Es könnte sein, dass sie Gott näher sind als alle anderen Engelwesen.

Als Zweites erfahren wir über sie, dass sie *„voller Augen vorn und hinten“* sind. Das erinnert an die Räder der Cherubim in Hesekiel 1, die Augen auf ihren Felgen hatten. Diese lebendigen Wesen in der Offenbarung können alles sehen, in der Vergangenheit und in der Zukunft, vorne und hinten. Vielleicht können sie auch *sehen*, dass Gott war und ist und kommt.

Die vier lebendigen Wesen beten nicht nur Gott an, sie werden auch seinen endgültigen Zorn über die Erde bringen. Als Johannes das Lamm das erste der sieben Siegel öffnen sieht, sagt er:

Ich ... hörte eines von den vier lebendigen Wesen wie mit einer Donnerstimme sagen: Komm! (Offb 6,1)

Dieser gebieterische Ruf lässt einen Reiter auf einem weißen Pferd erscheinen, der *„auszog, siegend und um zu siegen"* (6,2). Als Christus die nächsten drei Siegel öffnet, rufen auch die anderen drei Wesen nacheinander: *„Komm!"* Erneut folgten auf ihren einfachen Befehl hin jeweils ein Pferd und ein Reiter, die Zerstörung über die Erde bringen. Die lebendigen Wesen wissen, ihren Worten Kraft zu verleihen.

Später sah Johannes

die sieben Engel, welche die sieben Plagen hatten. ... Und ***eines der vier lebendigen Wesen*** *gab den sieben Engeln sieben goldene Schalen, voll des Grimmes Gottes, der da lebt von Ewigkeit zu Ewigkeit.* (Offb 15,6-7)

Eng verbunden mit den vier lebendigen Wesen in der Offenbarung sind die *„vierundzwanzig Ältesten"*. Als Johannes sie zum ersten Mal sieht, sitzen sie auf vierundzwanzig Thronen rings um Gottes Thron. Sie sind *„mit weißen Kleidern bekleidet, und* [hatten] *auf ihren Häuptern goldene Siegeskränze"* (Offb 4,4).

Die Bezeichnung *Älteste* deutet auf eine „Führung durch Vorbild" hin. Diese Ältesten sind wie Personen, zu denen wir als Vorbilder für unser Verhalten aufsehen. Als „Älteste" tragen sie dieselbe Bezeichnung wie die höchsten von der Bibel eingesetzten Leiter in unseren Gemeinden. Vielleicht sollen ihre Anbetung und ihr Dienst für Gott unseren Gemeindeleitern ein besonderes Beispiel geben – welche wiederum *„Vorbilder der Herde"* sein sollen (1Petr 5,3).

Die Ältesten in der Offenbarung verkünden Gottes Heilstaten an den Menschen. Einer ihrer herrlichsten Momente ist gekommen, als *„der siebente Engel posaunte"* (Offb 11,15) und laute, himmlische Stimmen verkünden, dass die Welt schließlich vollständig und für immer unter der Herrschaft Christi stehen wird.

Johannes wendet seine Aufmerksamkeit nun den Ältesten zu, die uns anderen ein Beispiel geben, wie man auf das Königtum Christi reagiert: „*Und die vierundzwanzig Ältesten, die vor Gott auf ihren Thronen sitzen, fielen auf ihre Angesichter und beteten Gott an.*“ Hören Sie einfach ihrem Lobpreis in Offenbarung 11,17-18 zu, und entdecken Sie, wie Sie und ich und alle Christen, die wir kennen, kleine und große, darin enthalten sind:

Wir danken dir, Herr, Gott, Allmächtiger,
der ist und der war,
dass du deine große Macht ergriffen
und deine Herrschaft angetreten hast.
Und die Nationen sind zornig gewesen,
und dein Zorn ist gekommen
und die Zeit der Toten, dass sie gerichtet werden
und dass du den Lohn gibst deinen Knechten, den Propheten,
und den Heiligen und denen, die deinen Namen fürchten,
den Kleinen und den Großen,
und die verdirbst, welche die Erde verderben.

Beachten Sie, wie uns hier versichert wird, dass Gott sich um uns kümmern *wird*! Die Ältesten wissen das, und sie wollen, dass auch wir es wissen.

Schauen Sie sich an, was als Nächstes passiert – und erinnern Sie sich an die Cherubim im Tempel und an das, was sie repräsentieren:

Und der Tempel Gottes im Himmel wurde geöffnet, und die Lade seines Bundes wurde in seinem Tempel gesehen; und es geschahen Blitze und Stimmen und Donner und ein Erdbeben und ein großer Hagel.

Diese Ältesten wissen wirklich, was es heißt, eine Reaktion auf ihre Anbetung zu bekommen. Kein Wunder, dass sie es allezeit gerne tun.

Wir sehen, wie die Ältesten und die vier lebendigen Wesen häufig zusammen anbeten – wir können fast sagen, dass die lebendigen Wesen das Tempo vorgeben bei der Anbetung im Himmel, während die 24

Ältesten ihre Assistenten sind, die uns zeigen, wie man richtig darauf reagiert. Ein Beispiel dafür finden wir in Offenbarung 4,9-10:

> *Und wenn* ***die lebendigen Wesen*** *Herrlichkeit und Ehre und Danksagung geben werden dem, der auf dem Thron sitzt, der da lebt von Ewigkeit zu Ewigkeit, so werden* ***die vierundzwanzig Ältesten*** *niederfallen vor dem, der auf dem Thron sitzt, und den anbeten, der von Ewigkeit zu Ewigkeit lebt.*

An dieser Stelle „*werfen* [sie] *ihre Siegeskränze nieder vor dem Thron*" und preisen Gott, weil er es als Schöpfer und Erhalter aller Dinge wert ist. Was für ein Vorbild für uns – die eigene Ehre (ihre Kronen) niederzulegen, um den mehr zu verherrlichen, der es allein wert ist.

Achten Sie auch darauf, wie die Ältesten und die lebendigen Wesen zusammenarbeiten, als in Offenbarung 5 das Buch geöffnet wird. Als Johannes weinte, „*weil niemand für würdig befunden wurde, das Buch zu öffnen*" (5,4), sagte „*einer von den Ältesten*" zu ihm, er solle aufhören zu weinen, und richtete seine Aufmerksamkeit auf Christus. Dann sah Johannes das geschlachtete Lamm stehen „*inmitten des Thrones und der vier lebendigen Wesen und inmitten der Ältesten*" (5,6).

Nachdem Christus das Buch aus den Händen Gottes genommen hatte,

> *fielen* ***die vier lebendigen Wesen*** *und* ***die vierundzwanzig Ältesten*** *nieder vor dem Lamm, und sie hatten ein jeder eine Harfe und goldene Schalen voller Räucherwerk; das sind die Gebete der Heiligen. Und sie singen ein neues Lied und sagen: Du bist würdig, das Buch zu nehmen und seine Siegel zu öffnen; denn du bist geschlachtet worden und hast durch dein Blut für Gott erkauft aus jedem Stamm und jeder Sprache und jedem Volk und jeder Nation.* (Offb 5,8-9)

Die Szene erreicht ihren Höhepunkt, als „*jedes Geschöpf, das im Himmel und auf der Erde und unter der Erde*" ist, Gott und das Lamm preist (5,13). Anschließend sehen wir wieder unser Anbetungsteam bei der Arbeit:

Und ***die vier lebendigen Wesen*** *sprachen: Amen! Und* ***die Ältesten*** *fielen nieder und beteten an.* (5,14)

Und nach diesem „Amen“ hatte sicherlich jeder das Gefühl: „Das war vielleicht eine wundervolle Anbetungszeit!“ Es könnte nicht besser sein.

Wenn diese himmlischen Wesen in Zukunft wirklich unsere Anbetung anführen werden, ist es dann nicht großartig, dass Gott sie uns bereits jetzt vorgestellt hat?

Bis dahin wollen wir uns zwei besondere Engel anschauen – einen nach dem anderen. Mehr geht momentan auch nicht, da die Bibel nur zwei Engel mit Namen nennt. Beide sind zu Recht bekannt.

Gabriel

Der Name Gabriel bedeutet „Mächtiger Gottes“. Gabriel würde wahrscheinlich problemlos die Auszeichnung als „der am meisten bewunderte Engel“ gewinnen. Er scheint stets wichtige Nachrichten zu überbringen, die normalerweise auch noch gut sind.

Gabriel begegnete Zacharias im Allerheiligsten des Tempels, um ihm mitzuteilen, dass seine Gebete erhört wurden (das ist immer eine gute Nachricht!) und er einen Sohn bekommen würde. Und nicht irgendeinen Sohn, sondern den Vorläufer Christi (Lk 1,11-17).

Kurz darauf ging Gabriel zu einer Frau namens Maria, um ihr die beste Nachricht zu bringen, die die Welt jemals gehört hat: Gott würde seinen Sohn als Mensch auf die Erde senden, um ein Reich zu errichten, das ewig bestehen würde (Lk 1,26-37).

Die Nachrichten, die er Daniel etwa fünfhundert Jahre zuvor übermittelte, waren etwas komplizierter mit ihren Visionen, die zukünftige, welterschütternde Ereignisse enthielten. Aber seine Grußworte an Daniel in Kapitel 9,23 (SCH) erinnern uns an die Nachrichten, die Zacharias hörte und nach denen wir uns alle sehnen: „*Als du anfingst zu beten, erging ein Wort …*“

Gabriel hat gute Nachrichten zu verkünden, da er sich an dem Ort aufhält, wo man sie entgegennimmt. So sagte er zu Zacharias: „*Ich bin*

Gabriel, der vor Gott steht." Wenn Sie den Menschen, die Sie lieben, gute Nachrichten bringen wollen, dann bleiben Sie möglichst lange in der Gegenwart Gottes.

Zweifellos wird es ein beeindruckender Anblick sein, wenn wir Gabriel im Himmel sehen werden, doch als er zu Daniel kam, hatte er wohl eher die Züge eines normalen Menschen angenommen. Daniel sagt, er hatte „*das Aussehen eines Mannes*" (Dan 8,15), und später nannte er ihn den „*Mann Gabriel, den ich am Anfang im Gesicht gesehen hatte*" (9,21).

Gabriel übt seine Aufgabe als Bote Gottes perfekt aus. Beachten Sie, wie präzise und hilfreich er Daniel erklärt, was er vorhat: „*Siehe,* ***ich will dich erkennen lassen****, was am Ende der Verfluchung geschehen wird*" (8,19). Und bei seinem nächsten Besuch sagt er:

> *Daniel, jetzt bin ich ausgegangen,* ***um dich Verständnis zu lehren.*** *Am Anfang deines Flehens ist ein Wort ergangen, und ich bin gekommen,* ***um es dir mitzuteilen.*** ... (Dan 9,22-23)

Zacharias macht er seinen Auftrag ebenso verständlich:

> *Ich bin Gabriel, der vor Gott steht, und ich bin gesandt worden, zu dir zu reden und dir diese gute Botschaft zu verkündigen.* (Lk 1,19)

Er kann auch positiv und ermutigend sein, eine wichtige Fähigkeit in Gesprächen. Zu Daniel sagte er: „*Du bist ein Vielgeliebter*" (Lk 9,23). Und hören Sie sich an, wie er Maria ermutigte:

> *Sei gegrüßt, Begnadete! Der Herr ist mit dir. ... Fürchte dich nicht, Maria! Denn du hast Gnade bei Gott gefunden.* (Lk 1,28.30)

Gabriel kann sich auch schnell fortbewegen. Daniel teilt uns mit: „*Während ich noch mein Gebet sprach,* ***flog eilends daher*** *der Mann Gabriel ... um die Zeit des Abendopfers*" (Dan 9,21; SCH).

Michael

Der Name Michael bedeutet „Wer ist wie Gott?". Während Gabriel mehr ein an- und verkündigender und Engel ist, hat Michael eher die Aufgabe zu beschützen und zu kämpfen. Auch einzelne Engel scheinen ihre speziellen Gaben und Pflichten zu haben, genauso wie die Glieder des Leibes Christi.

In der Offenbarung sehen wir nicht nur Michael beim Kampf, sondern lesen auch von einem Engel, „*der Macht über das Feuer hatte*" (Offb 14,18), dem „*Engel der Wasser*" (16,5) und einem Engel, „*der den Schlüssel des Abgrundes*" besaß (20,1). Offenbar haben sowohl Engel als auch Gläubige ihre eigenen Aufgaben, um den vollkommenen Willen Gottes auszuführen.

Dieser spezielle Michael wird in der Bibel nur an drei verschiedenen Stellen erwähnt (im Alten Testament finden sich noch andere Michaels, aber das sind Menschen, keine Engel).

Michael ist ein königlicher Verteidiger Israels, des Volkes Gottes. In Daniel wird dreimal von ihm gesprochen, und seine Beschreibung wird zunehmend erhabener und persönlicher in Bezug auf Israel:

Zuerst wird er in Daniel 10,13 „*einer der ersten Fürsten*" genannt.

Dann heißt es in Daniel 10,21: „*Michael, euer Fürst.*"

Und schließlich in Daniel 12,1: „*Michael ..., der große Fürst, der für die Söhne deines Volkes eintritt.*"

Im Neuen Testament wird Michael zweimal erwähnt. In Offenbarung 12,7 führt er die Engel an im großen Kampf gegen den Teufel: „*Und es entstand ein Kampf im Himmel: Michael und seine Engel kämpften mit dem Drachen. Und der Drache kämpfte und seine Engel.*"

In Judas 1,9 wird er „*Michael, der Erzengel*" genannt. Der Titel „Erzengel" bedeutet, dass er der erste und ranghöchste Engel ist. Nur Michael bekommt in der Bibel diesen Namen (nicht Gabriel), und so ist es möglich, dass Paulus in 1. Thessalonicher 4,16 Michael meint, wenn er von der „*Stimme **des** Erzengels*" (SCH) spricht:

Denn er selbst, der Herr, wird, wenn der Befehl ergeht und die Stimme ***des Erzengels*** *und die Posaune Gottes erschallt, vom Himmel herniederfahren, und die Toten in Christus werden auferstehen zuerst.* (SCH)

Gut möglich, dass wir am Tag der Entrückung Michaels Stimme hören werden.

Ist Michael der Engel, der über allen anderen steht? Das ist durchaus möglich, obgleich der Hinweis auf ihn in Daniel 10,13 als *„**einer der** ersten Fürsten"* ausreicht, um bei dieser Frage nicht dogmatisch zu werden. In Offenbarung 8,2 heißt es *„**die** sieben Engel, die vor Gott stehen"*. Wenn das die sieben führenden Engel sind, könnte Michael zu ihnen gehören, und vielleicht ist er sogar der Oberste der sieben. Das alles ist ein weiteres Geheimnis, über das wir später einmal mehr erfahren werden.

Wenn Michael der Erste von allen Engeln ist, dann ist sein Name sehr passend: „Wer ist wie Gott?" Die Antwort darauf ist natürlich: „Niemand." Niemand ist vergleichbar mit Gott, nicht einmal der mächtige Anführer der Engelscharen. Ungeachtet der Kämpfe, die Michael siegreich beendet, oder der großen Dinge, die Engel tun, muss unser ganzes Lob dem Herrn gelten, denn *„er tut Wunder, er allein!"* (Ps 72,18).

Ja, mit einem vielsagenden Namen kann man anderen mitteilen, was an einem von Bedeutung ist. So ist es sicherlich bei den Engeln – sie sind Boten, Kräfte, Kriegsscharen, Heilige, Mächtige, Wächter, hart arbeitende Wachen, Brennende und Strahlende, lebendige Wesen und Älteste. Und dennoch sind sie verglichen mit Gott nichts.

Und was ist mit Ihnen und mir? Bringen unsere Namen die besten Wahrheiten über uns zum Vorschein? Natürlich tun sie das! Wir sind Heilige, Christen („Christusähnliche"), Gläubige, Brüder und Schwestern im Herrn, Kinder Gottes und Jünger und eine ganze Menge mehr.

Aber das steht alles in einem anderen Buch mit einem anderen Titel.

KAPITEL 9

Der größte Engel

Es gibt Engel – und es gibt **den** Engel.

Nun kommen wir zu dem größten Geheimnis von allen bei unserem Thema: zu dem, der als „***der*** *Engel des HERRN*" bezeichnet wird.

Zweifellos haben Sie schon bemerkt, dass der „Engel", der in alttestamentlichen Stellen spricht, oft mit Gott selbst identifiziert wird. Der Engel scheint nicht nur *vom* Herrn zu kommen, sondern der Herr selbst zu *sein*.

Wenn wir noch einmal die Bibel durchgehen, dann wollen wir uns auf folgende Frage konzentrieren: Könnte es sein, dass der Herr selbst in diesen Stellen in Erscheinung tritt?

Gott oder Engel?

Wir befinden uns wieder auf derselben Wüstenstraße, wo eine Frau an einer Quelle kniet. Es ist Hagar, die Magd Sarais, der Frau Abrams. Hier an der Quelle „*fand sie* ***der Engel des HERRN***" (1Mo 16,7).

In ihrem Gespräch gibt der Engel eine Verheißung, die direkt von Gott zu kommen scheint: „***Ich*** *will deine Nachkommen so sehr mehren, dass man sie nicht zählen kann vor Menge*" (16,10) Wen glaubte Hagar zu sehen und zu hören, als sie diese Verheißung bekam? Vers 13 verrät es uns:

> *Und sie nannte den Namen* ***des HERRN****, der mit ihr redete:* ***Du bist der Gott****, der mich sieht! Denn sie sprach:* ***Habe ich hier nicht den gesehen****, der mich gesehen hat?* (SCH)

War es ein Engel oder war es Gott?

Lassen Sie uns jetzt auf den Berg Morija steigen, nicht allzu viele Jahre später. Oben auf dem Berg befolgt Abraham Gottes Anweisungen und steht im Begriff, ein Messer in den Körper eines Jungen zu stoßen, der gefesselt auf einem Altar liegt. Es ist sein geliebter Sohn Isaak. Abraham hat den Arm bereits gehoben.

> *Da rief ihm* ***der Engel des HERRN*** *vom Himmel her zu und sprach: Abraham, Abraham! ... Strecke deine Hand nicht aus nach dem Jungen.* (1Mo 22,11-12)

Und der Engel sagt zu Abraham: „*Denn nun habe ich erkannt, dass du* ***Gott*** *fürchtest, da du deinen Sohn, deinen einzigen,* ***mir*** *nicht vorenthalten hast.*" Anschließend bringt ein dankbarer Abraham ein anderes Opfer auf dem Altar dar – einen Widder anstelle seines Sohnes. Und dann:

> *Und* ***der Engel des HERRN*** *rief Abraham ein zweites Mal vom Himmel her zu und sprach:* ***Ich*** *schwöre bei* ***mir selbst****, spricht* ***der HERR****, deshalb, weil du das getan und deinen Sohn, deinen einzigen, mir nicht vorenthalten hast, darum werde* ***ich*** *dich reichlich segnen.* … (1Mo 22,15-17)

War es ein Engel oder war es Gott?

Jahre später erzählt Isaaks Sohn Jakob seiner Familie von einem Traum.

> *Und* ***der Engel Gottes*** *sprach im Traum zu mir: Jakob! Und ich sagte: Hier bin ich! Und er sprach: …* ***Ich bin der Gott*** *von Bethel, wo du einen Gedenkstein gesalbt, wo du* ***mir*** *ein Gelübde abgelegt hast. Mache dich jetzt auf, zieh aus diesem Land und kehre zurück in das Land deiner Verwandtschaft!* (1Mo 31,11-13)

War es ein Engel in Jakobs Traum oder Gott?

Doch bald schon sollte Jakob von diesem himmlischen Wesen nicht nur träumen. Als er die Anweisungen des Engels befolgte und zurück in sein Heimatland reiste, schlug er eines Abends sein Lager am Fluss Jabbok auf. Zuvor hatte er seine Familie und seinen Besitz auf die andere Seite des Flusses gebracht. Aus irgendeinem Grund, den Gott bestimmt hatte, blieb Jakob zurück. *„Und Jakob blieb allein zurück. Da rang* ***ein Mann*** *mit ihm, bis die Morgenröte heraufkam"* (1Mo 32,25).

Wer war dieser Mann, der standhaft mit ihm rang?

Der Prophet Hosea sagt uns, dass es ein „Engel" war, und er fasst zusammen, was in dieser Nacht mit Jakob geschah: *„Er kämpfte mit* ***dem Engel*** *und war überlegen! Er weinte und flehte ihn um Gnade an"* (Hos 12,5).

1. Mose verrät uns weitere Einzelheiten. Als dieser „Mann", der mit Jakob rang, *„sah, dass er ihn nicht überwältigen konnte, berührte er sein Hüftgelenk; und das Hüftgelenk Jakobs wurde verrenkt, während er mit ihm rang"* (1Mo 32,26). Bei Tagesanbruch gab der „Mann" Jakob einen neuen Namen – Israel, was „der *mit Gott* kämpft" bedeutet.

Dann sagte Jakob: *„Teile mir doch* ***deinen Namen*** *mit!"* Statt seine Frage zu beantworten, *„segnete er ihn dort"*.

Im Licht der Morgensonne sagte der müde und nun hinkende Jakob: *„Ich habe* ***Gott*** *von Angesicht zu Angesicht gesehen, und meine Seele ist gerettet worden!"*

War der „Mann", den Jakob sah, ein Engel oder war es Gott?

Vier Jahrhunderte später hütete Mose Schafe nahe dem Horeb, dem Berg Gottes. *„Da erschien ihm* ***der Engel des HERRN*** *in einer Feuerflamme mitten aus dem Dornbusch"* (2Mo 3,1-2). Dann *„rief ihm* ***Gott*** *mitten aus dem Dornbusch zu"* (3,4). Mose sollte nie vergessen, was dieser „Engel" zu ihm sagte:

> ***Ich bin, der ich bin!*** *... Das ist mein Name ewiglich ... Geh hin und versammle die Ältesten von Israel und sprich zu ihnen:* ***Der HERR****, der Gott eurer Väter, der* ***Gott*** *Abrahams, Isaaks und Jakobs, ist mir erschienen ...* (1Mo 3,14-16; SCH)

Gott oder Engel?

Weitere vier Jahrhunderte später erschien *„der Engel des HERRN"* in der israelitischen Stadt Zora der unfruchtbaren Frau eines Mannes namens Manoach. Der Engel gab ihr die Verheißung, dass sie einen Sohn bekommen würde (den sie später Simson nannten).

Als sie ihrem Mann von dieser aufregenden Nachricht erzählte, beschrieb sie den Boten als einen *„Mann Gottes"*, und *„sein Aussehen war wie das Aussehen des Engels Gottes, sehr furchtbar. Ich habe ihn aber nicht gefragt, woher er sei, und seinen Namen hat er mir nicht genannt"* (Ri 13,6).

Kurze Zeit später erschien der Engel wieder. Dieses Mal sah ihn auch Manoach, aber er *„hatte nämlich nicht erkannt, dass es der Engel des HERRN war"* (Ri 13,16).

> *Da sagte Manoach zum Engel des HERRN: Wie ist dein Name? Wenn dein Wort eintrifft, möchten wir dich ehren. Doch der Engel des HERRN sprach zu ihm: Warum fragst du denn nach* ***meinem Namen****? Er ist* ***zu wunderbar****!* (Ri 13,17-18)

Nach den Anweisungen des Engels bereitete Manoach ein Brandopfer zu, das er dem Herrn auf einem Steinaltar darbrachte.

> *Er* [Gott] *aber vollbrachte Wunderbares, und Manoach und seine Frau sahen zu. Es geschah nämlich, als die Flamme vom Altar zum Himmel emporstieg, da fuhr* ***der Engel des HERRN*** *in der Flamme des Altars hinauf. Manoach aber und seine Frau sahen zu und fielen auf ihr Angesicht zur Erde. Der Engel des HERRN aber erschien Manoach und seiner Frau danach nicht mehr. Da erst erkannte Manoach, dass* ***es der Engel des HERRN war****. Und Manoach sagte zu seiner Frau: Ganz sicher müssen wir jetzt sterben, denn wir haben* ***Gott*** *gesehen!* (Ri 13,19-22)

Etwa zur selben Zeit erschien der Engel des Herrn in einem anderen Teil des Landes, um dem ganzen Volk eine wichtige Botschaft zu überbringen. Es war dringend notwendig, weil das Volk so abtrünnig geworden war, dass es sich weigerte, die heidnischen Altäre im Land niederzureißen. In seiner Gnade bemühte sich Gott um die Aufmerksamkeit seines Volkes:

> *Und* ***der Engel des HERRN*** *kam von Gilgal herauf nach Bochim; und er sprach:* ***Ich*** *habe euch aus Ägypten heraufgeführt und euch in das Land gebracht, das* ***ich*** *euren Vätern zugeschworen habe. … Aber ihr habt* ***meiner Stimme*** *nicht gehorcht. …*

Zur Strafe, sagte der Engel, würde er die heidnischen Völker nicht aus dem Land Israels vertreiben, sondern sie *„zu Dornen"* (SCH) in ihren Seiten machen.

> *Als* ***der Engel des HERRN*** *diese Worte zu allen Söhnen Israel geredet hatte, da erhob das Volk seine Stimme und weinte. Und sie gaben jenem Ort den Namen Bochim* [was „Weinende" bedeutet]. *Und sie opferten dort dem* ***HERRN***. (Ri 2,1-5)

Und das finden wir im Alten Testament wieder und wieder. *„Der Engel des HERRN"* brachte Tadel, Weisung oder Ermutigung. Er erschien Gideon, als dieser Weizen in der Kelter schlug, und David, als das Volk mit einer Plage bestraft wurde, und den Propheten Elia und Sacharja und sogar dem Esel Bileams. Und es war ebenfalls *„der Engel des HERRN"*, der in der Nacht 185.000 Assyrer erschlug, die außerhalb Jerusalems lagerten.

Aber sahen die Menschen (und der Esel) in diesen Bibelstellen wirklich *Gott*?

Die Bibel sagt ganz eindeutig: *Kein Mann und keine Frau kann Gott jemals sehen.* Der Herr selbst sagte zu Mose in der Wüste: *„Du kannst es nicht ertragen, mein Angesicht zu sehen, denn* ***kein Mensch kann mich sehen*** *und am Leben bleiben"* (2Mo 33,20).

Auch Jesus sagte das, als er von seiner einzigartigen Beziehung zu Gott sprach: *„****Nicht dass jemand den Vater gesehen hat****, außer dem, der von Gott ist, dieser hat den Vater gesehen"* (Joh 6,46).

Paulus' Lehren stimmen mit dem überein. Er nennt den Herrn den

„unsichtbaren Gott“ (Kol 1,15) und preist ihn als den, der *„ein unzugängliches Licht bewohnt,* ***den keiner der Menschen gesehen hat, auch nicht sehen kann***“ (1Tim 6,16).

Der Apostel Johannes ist derselben Ansicht. ***„Niemand hat Gott jemals gesehen***“, sagt er zweimal, erst in seinem Evangelium (Joh 1,18) und später noch in seinem ersten Brief (1Jo 4,12).

Mose erinnerte das Volk Israel: ***„Ihr habt keinerlei Gestalt gesehen*** *an dem Tag, als der HERR am Horeb mitten aus dem Feuer zu euch redete*“ (5Mo 4,15). Gott kann nicht gesehen werden.

Wer *war* also „der Engel des Herrn“?

Obwohl er sich in gewisser Hinsicht von Gott zu unterscheiden scheint, kann nicht geleugnet werden, dass er auf irgendeine rätselhafte Weise auch *mit* Gott identifiziert wurde und Gott *war* – und deshalb war er keineswegs wie andere Engel.

Vielleicht sagen Sie jetzt, dass dieses Kapitel gar nicht in ein Buch über Engel gehört. Andere würden Ihnen wahrscheinlich zustimmen. Lewis Sperry Chafer erinnert uns daran, dass der Titel „Engel des Herrn“

> nur Gott gehört und in Verbindung mit seinen Erscheinungsformen auf der Erde gebraucht wird; *daher kann er nicht zu den Engelscharen gerechnet werden.*

M. J. Erickson schreibt:

> Somit ist es nicht möglich, aus dem Wesen des Engels des Herrn Schlüsse zu ziehen, die auf alle Engel angewandt werden können.

Wenn wir auf den Engel des Herrn schauen, sehen wir in einer bestimmten Weise auf Gott. Und Gott, wie wir wissen, ist von den Engeln abgesondert, so wie er es vom Rest seiner Schöpfung ist. In gewisser Weise verrät uns das Handeln und Verhalten des Engels des Herrn in diesen Bibelstellen nicht mehr über Engel als über unsere kriechenden Freunde, die Raupen.

Dennoch benutzt Gott in seiner Weisheit das Wort *Engel*, um diese spezielle Erscheinungsform seiner Person in diesen Bibelstellen festzustellen. Und da es die wichtigste Zielsetzung dieses Buches ist, uns nicht nur etwas über Engel zu vermitteln, sondern uns zu helfen, *anhand* der Engel etwas über Gott selbst zu erfahren, wollen wir weitermachen und uns noch ein paar Seiten mit diesem Thema beschäftigen.

Könnte er Christus sein?

Der Engel des Herrn ist sicherlich mehr als nur ein Engel mit besonderen Qualifikationen. Ist Gott, der Vater, auf irgendeine Weise herabgekommen, um sich vorübergehend in menschlicher Gestalt zu zeigen?

Oder ist es möglich, dass es *Christus* gewesen sein könnte? Denn der Engel des Herrn scheint sich sowohl von Gott im Himmel zu unterscheiden als sich auch mit ihm zu identifizieren und seine Gottheit zu besitzen. Kam Gott, der Sohn, die zweite Person der Dreieinheit, herab auf die Erde, Jahrhunderte bevor er als Baby in Bethlehem geboren wurde?

Manche Bibelgelehrten und Lehrer haben sich dieser Schlussfolgerung verweigert, vor allem weil das Neue Testament nicht deutlich daraufbeharrt. J. M. Wilson sagt, von den verschiedenen vorgeschlagenen Erklärungen für den Engel des Herrn sei „es für den Verstand sicherlich am verlockendsten", ihn mit Gott, dem Sohn, zu identifizieren. Dann fügt er hinzu:

> Dennoch muss daran erinnert werden, dass dies bestenfalls Spekulationen sind, die sich einem großen Geheimnis nähern. … Die Erscheinungen des Engels des Herrn … erreichten im Kommen des Erlösers ihren Höhepunkt, und sind somit eine Vorschattierung von und eine Vorbereitung auf die vollständige Offenbarung Gottes in Christus. Alles, was darüber hinausgeht, bewegt sich auf unsicherem Boden.

Doch im Laufe der Jahrhunderte empfanden es viele, die die Schriften erforscht haben, durchaus als sicher, sich darüber hinaus zu wagen – einschließlich Calvin, der schrieb:

> Ich neige eher dazu … mit den alten Schreibern übereinzustimmen, dass in den Stellen, in denen der Engel des Herrn Abraham, Jakob und Mose erschien, Christus dieser Engel war.

„Berücksichtigt man alle Anhaltspunkte, die uns zur Verfügung stehen", sagt C. F. Dickason, scheint der Engel des Herrn „der Sohn Gottes vor seiner Menschwerdung zu sein".

„Christus", schrieb Lewis Sperry Chafer, „ist der Engel Jahwes."

Und Billy Graham schreibt:

> Es gibt keine Gründe, die frühe und traditionelle christliche Auslegung anzuzweifeln, dass wir in diesen Fällen eine Erscheinung der zweiten Person der Dreieinheit vor ihrer Menschwerdung sehen.

Doch statt sich auf das Wort eines anderen Menschen zu verlassen, wollen wir selbst einige Anhaltspunkte untersuchen.

Zunächst einmal wissen wir, dass Christus wirklich ewig ist. Seine Existenz begann nicht erst in Bethlehem. Er war *„im Anfang bei Gott"* (Joh 1,2). *„Ehe Abraham war, bin ich"*, sagte er den Juden (Joh 8,58). Er hatte Herrlichkeit in Gottes Gegenwart, *„ehe die Welt war"* (Joh 17,5), und eine durch Liebe geprägte Beziehung zu seinem Vater *„vor Grundlegung der Welt"* (Joh 17,24).

Wir wissen also, dass Christus bereits zu alttestamentlichen Zeiten existierte und in Erscheinung trat.

Jetzt wollen wir uns ansehen, wie sich Christus vom Vater und vom Heiligen Geist unterscheidet. Von den drei Personen der Dreieinheit war die zweite Person am häufigsten beteiligt, wenn Gott sich den Menschen offenbarte.

Wir haben schon Bibelstellen untersucht, die uns mitteilen, dass niemand Gott, den Vater, sehen kann. Die dritte Person der Dreieinheit wird ebenfalls mit einem unsichtbaren Dienst in Verbindung gebracht. Der Heilige Geist ist wie der Wind, und *„der Wind weht, wo er will, und du hörst sein Sausen, aber du weißt nicht, woher er kommt und wohin er* *geht*" (Joh 3,8). Jesus deutet an, dass der Heilige Geist, obwohl die Gläubigen sein Wirken in ihnen erkennen, unsichtbar für sie und die Welt ist, die *„ihn nicht sieht noch ihn kennt"* (Joh 14,17).

Aber die Bibel betont, dass die zweite Person der Dreieinheit Gott im Fleisch ist, Gott in menschlicher Gestalt. Er ist *„Emmanuel ..., was übersetzt ist:* ***Gott mit uns***" (Mt 1,23). Er ist der einzige Sohn Gottes, der *„in des Vaters Schoß ist, der* ***ihn kundgemacht hat***" (Joh 1,18). Er *„ist* ***geoffenbart*** *worden im Fleisch"* und wurde *„von den Engeln* ***gesehen***" (1Tim 3,16).

Johannes beschreibt, wie er ihn mit seinen Sinnen erfasst hat:

> *Was von Anfang an war, was wir* ***gehört,*** *was wir mit unseren Augen* ***gesehen,*** *was wir* ***angeschaut*** *und unsere Hände* ***betastet*** *haben. ... Wir haben* ***gesehen*** *und bezeugen ...* (1Jo 1,1-2)

Und eines Tages *„werden sie den Sohn des Menschen kommen* ***sehen*** *in Wolken mit großer Macht und Herrlichkeit"* (Mk 13,26).

Christus ist der sichtbare Gott, den wir berühren und erfahren können. Und der alttestamentliche Dienst des Engels des Herrn stimmt mit dem überein. Sogar die Persönlichkeit des Engels des Herrn scheint mit dem vereinbar, was wir über Jesus wissen. Einige Worte, die der Engel des Herrn zu Gideon spricht, erinnern uns an das, was Jesus in den Evangelien zu seinen Jüngern sagt: *„Habe ich dich nicht gesandt?"* (Ri 6,14). *„Ich werde mit dir sein"* (Ri 6,16). *„Friede sei mit dir! Fürchte dich nicht ..."* (Ri 6,23).

Im letzten Buch des Alten Testaments – das letzte Buch, das vor dem Kommen Christi geschrieben wurde – wird der verheißene Messias beschrieben als *„der Engel des Bundes, den ihr herbeiwünscht"* (Mal 3,1). Dieser Titel könnte eine Bezeichnung sein, die die Brücke vom „Engel des Herrn" zu Christus schlägt, bevor der alte Bund dem neuen die Bühne überlässt. Jesus könnte der „Engel des Herrn" sein, so sicher wie er der *„der Engel des Bundes"* ist.

Eine andere interessante Stelle, die dieses Thema womöglich behandelt, ist 1. Korinther 10,1-4. Paulus erinnert an die Israeliten, die

Mose aus Ägypten folgten. Denken Sie zurück an diese Zeit des Volkes Gottes: Wir lesen, wie sie *„der Engel Gottes"* zusammen mit der Wolken- und der Feuersäule begleitete (2Mo 14,19). Und auf dem Berg Sinai gab der Herr ihnen die Verheißung: *„Denn* ***mein*** *Engel wird vor dir hergehen und wird dich bringen …"* (2Mo 23,23). Berücksichtigen Sie, was Gott über diesen treuen Führer sagt:

> *Siehe, ich sende einen Engel vor dir her, damit er dich auf dem Weg bewahrt und dich an den Ort bringt, den ich für dich bereitet habe. Hüte dich vor ihm, höre auf seine Stimme und widersetze dich ihm nicht!* ***Denn er wird euer Vergehen nicht vergeben, denn mein Name ist in ihm.*** (2Mo 23,20-21)

Dieser Engel ist normalen Engeln auf jeden Fall um einiges überlegen, denn Gottes *„Name"* war in ihm. Außerdem konnte er Sünden vergeben – und *„wer kann Sünden vergeben außer einem, Gott?"* (Mk 2,7). Der Engel des Herrn führte die Israeliten persönlich von Ägypten ins verheißene Land.

Nun erinnert Paulus mit geistlichen Begriffen an die Wüstenerfahrung Israels:

> *Alle in der Wolke und im Meer wurden auf Mose getauft und alle aßen dieselbe geistliche Speise und alle tranken denselben geistlichen Trank; denn sie tranken aus einem geistlichen Felsen, der sie begleitete.* ***Der Fels aber war der Christus.*** (1Kor 10,2-4)

Der *„geistliche Felsen"*, der Israel in der Wüste begleitete, sagt Paulus, war Christus. Christus war da!

Als der auferstandene Jesus am ersten Ostersonntag unerkannt mit Kleopas und seinem Freund von Jerusalem nach Emmaus ging, und *„er ihnen in* ***allen*** *Schriften das erklärte, was* ***ihn*** *betraf"* (Lk 24,27), ist es durchaus möglich, dass er davon erzählte, wie er Hagar einst eine Verheißung neben einer Quelle in der Wüste gab, und Abraham von der Tötung seines Sohnes abhielt, und mit Mose aus einem brennenden

Busch sprach, und einst vor Manoach und seiner Frau in Flammen emporstieg, und sogar ein Schwert vor einem verängstigten Esel und seinem ahnungslosen Reiter zückte.

Gott war da

Aber was bedeutet das alles für uns?

Zuallererst zeigt es uns Gottes Liebe. Zur Zeit des Alten Testaments war die Bibel noch nicht vollständig, der Sohn Gottes hatte seinen aufopfernden Dienst noch nicht begonnen und die Gemeinde war durch den Dienst des Heiligen Geistes noch nicht gegründet. Es ist ein großes Privileg, diese Dinge heute zu besitzen!

Aber in seiner Liebe schenkte Gott seinem Volk eine besondere Gnade durch den Dienst des Engels des Herrn. Gott sorgte sich sehr um sie in ihrem Zustand, und er tat etwas für sie. Jesaja drückt es gut aus:

> *In all ihrer Bedrängnis war er bedrängt,*
> *und* ***der Engel seines Angesichts hat sie gerettet.***
> *In seiner Liebe und in seiner Erbarmung hat er sie erlöst;*
> *und er hob sie empor und trug sie alle Tage vor alters.*
> (Jes 63,9; UELB)

In so vielen kritischen Augenblicken in der alttestamentlichen Geschichte war Gott in Gestalt seines Engels da und führte sie liebevoll: als der Same des Volkes im Leben von Abraham, Isaak und Jakob angelegt wurde; als Mose das Volk aus der Sklaverei heraus und durch die Wüste führte; und als sie vielen Prüfungen und Feinden gegenüberstanden in dem Land, das Gott für sie ausgewählt hatte.

Nach der Geburt Jesu Christi erschien der Engel des Herrn nicht mehr – ein weiteres Indiz, dass er tatsächlich dieser Engel gewesen sein könnte. Diese Tatsache lehrt uns auch die immense Bedeutung der Menschwerdung Christi, des Dienstes des Heiligen Geistes und der Offenbarung der vollständigen Bibel. Jetzt, da wir diese Dinge haben, brauchen wir den Engel des Herrn nicht.

Wir sollten auch verstehen, dass Christus uns als Engel des Herrn nicht erretten konnte. Um unsere Erlösung zu bewirken, musste er Mensch werden. Er musste *einer von uns* werden – nicht ein Engel.

> *Weil nun die Kinder Blutes und Fleisches teilhaftig sind, hat auch er in gleicher Weise daran Anteil gehabt. … Denn er nimmt sich doch wohl nicht der Engel an, sondern der Nachkommenschaft Abrahams nimmt er sich an. Daher musste er in allem den Brüdern gleich werden, … um die Sünden des Volkes zu sühnen.* (Hebr 2,14-17)

Es ist sehr gut möglich, dass Christus im Alten Testament in Form eines Engels – des höchsten Engels – auf die Erde kam. Aber es ist die uneingeschränkteste, zuverlässigste und unbestrittenste Tatsache in der ganzen Geschichte, dass Christus im Neuen Testament als Mensch auf die Erde kam – als der größte Mensch und sogar Gott selbst unter den Menschen.

KAPITEL 10

Ein Vorbild für Anbetung

In seinem weisen und warmherzigen Buch *Somewhere Angels* (Irgendwo sind Engel) erzählt Larry Libby Kindern (und ihren Eltern) zwei wichtige Dinge, die wir von Engeln lernen können.

Eine davon ist: „Wir können lernen, wie man den Herrn von ganzem Herzen anbetet."

Die Engel beten nicht nur von ganzem Herzen an, sondern auch ununterbrochen, wie Libby schreibt.

> Ich glaube, Engel beten seit dem Zeitpunkt an, an dem sie zum ersten Mal ihre Augen geöffnet und Gottes Lächeln gesehen haben. …
>
> Es gibt sogar spezielle Engel um den Thron Gottes herum, die niemals aufhören, seinen Namen zu loben. Sie gönnen sich keine Ruhepause oder Auszeit. Sie gehen nicht in der Nacht nach Hause, weil es keine Nacht gibt – und sie hätten auch gar nicht den Wunsch, von Gottes Seite zu weichen, wenn es eine gäbe. Alles, was sie tun und tun *wollen*, ist, für immer und ewig das Lob des Herrn auszurufen.

Jesus sprach von Engeln, die *„in den Himmeln allezeit das Angesicht meines Vaters schauen"* (Mt 18,10). Dass sie ununterbrochen sein Angesicht sehen, hat zweifellos unerschöpfliche, echte *Anbetung* zur Folge.

Wäre es nicht aufregend, sich daran zu beteiligen?

In Bezug auf alles, dem wir im Laufe der Jahre in der Gemeinde nur unzulänglich nachgekommen sind, ist die Anbetung möglicherweise als Erstes zu nennen. Wenn es das wichtigste Lebensziel des Menschen ist,

Gott zu verherrlichen, dann hat es der Teufel irgendwie geschafft, uns in andere Angelegenheiten zu verwickeln. Was vielerorts im Namen von Anbetung passiert, hat nicht im Geringsten etwas damit zu tun. Wir haben das Empfinden verloren, was es heißt, Gott wirklich anzubeten.

Die Engel können uns helfen, es wiederzuentdecken.

In der Bibel begegnen wir Engelwesen zum ersten Mal, als sie den Eingang zum irdischen Paradies bewachten, um Adam und Eva vom Baum des Lebens fernzuhalten. Aber hunderte von Seiten später, wenn wir das letzte Kapitel der Offenbarung erreichen, bekommt Johannes von einem Engel das himmlische Paradies gezeigt mit dem Baum des Lebens in der Mitte. Anschließend sagt der Engel zu Johannes: *„Bete Gott an!“* (Offb 22,9).

Zwischen dem Garten Eden in 1. Mose und dem Neuen Jerusalem in der Offenbarung beten die Engel Gott sehr häufig an. Und es ist die Art, wie er angebetet werden muss. Wir haben noch viel von den Engeln zu lernen.

Die Engel wissen, wie sie Gott anzubeten haben, weil sie ihm stets vollkommen gehorsam sind, und Anbetung gehört zu den Dingen, die er ihnen geboten hat (ebenso wie uns). Wir können förmlich hören, wie er jedem einzelnen Engel gebietet, seinen Sohn Jesus Christus anzubeten:

> *Wenn er aber den Erstgeborenen wieder in den Erdkreis einführt, spricht er:* ***Und alle Engel Gottes sollen ihn anbeten!*** (Hebr 1,6)

Engel leben in der Gegenwart Gottes und konzentrieren sich nur auf ihn. Dort bekommen sie ihre Majestät und Ehrfurcht. Wie könnten sie bei einem solchen Leben etwas anderes sein als majestätisch und beeindruckend? Ich frage mich: Was wären Sie und ich wohl, wenn wir jede Nacht neben Gottes Thron in der Herrlichkeit verbringen würden und von seiner Gegenwart erfüllt wären, sogar wenn wir in die Welt ausgesandt würden, um sein Werk zu tun?

Ich habe schon mal die Gegenwart solcher Menschen genossen. Sie nicht? In ihrer Nähe ist man sich nicht sicher, was man sagen soll. Sie sind so ganz anders. So kommt man zu demselben Schluss, wie die

Menschen, die die Jünger in Apostelgeschichte 4,13 sahen: *„Sie erkannten sie, dass sie* ***mit Jesus gewesen waren.*** " Der Herr scheint alles zu sein, worüber sie reden wollen, und sie erzeugen auch in einem selbst den Wunsch, mehr über ihn nachzudenken.

Vielleicht haben sie Unterricht bei einem Engel genommen, wie dem, über den A. W. Tozer schreibt:

> Wenn ein Wächter oder Heiliger, der die Jahrhunderte glücklich am Meer des Feuers verbracht hat, auf die Erde käme, würde ihm das unaufhörliche Geschnatter geschäftiger Menschen bedeutungslos vorkommen. ... Und würde er nicht von Gott reden, wenn er hier auf der Erde etwas sagen müsste? Würde er seine Zuhörer nicht mit begeisterten Schilderungen über die Gottheit bezaubern und faszinieren? Und nachdem wir ihn gehört haben, könnten wir jemals wieder etwas anderem zuhören als der Lehre Gottes? Würden wir nicht anschließend von denen verlangen, die meinen, sie würden uns belehren, dass sie entweder zu uns vom Berg Gottes herab reden oder alle miteinander schweigen?

Wenn wir in der Bibel zum „Berg Gottes" gehen, denke ich vor allem an zwei Lektionen in Anbetung, die Engel uns beibringen: Die *Furcht Gottes* und die *Freiheit* bei der Anbetung.

Furcht Gottes

Erinnern Sie sich noch an Psalm 89,8? Gottes heilige Engel fürchten ihn nicht nur, sie fürchten ihn *sehr*.

> *Gott ist* ***sehr gefürchtet*** *im Kreis der Heiligen*
> *und furchtgebietend über alle um ihn her.*
> (SCHL 2000)

An dieser Stelle benutzt die Bibel das Wort *furchtgebietend*, das in diesem Buch in der einen oder anderen Form immer wieder auftaucht. Es ist eine Schande, dass dieses Wort in unserer Gesellschaft durch übermäßigen und falschen Gebrauch nahezu all seine Kraft verloren hat, die es einmal besaß.[5] In seiner althergebrachten Bedeutung gibt es wirklich kein anderes Wort, dass so gut beschreibt, was wir in diesem Buch so häufig antreffen. *Furchtgebietend* bedeutet „Ehrfurcht hervorrufend", und Ehrfurcht wiederum meint „Furcht vermischt mit Verehrung; ein Gefühl, das durch etwas Majestätisches und Erhabenes erzeugt wird". Denken Sie an diese klassische Bedeutung, wenn Sie sich die Engel vorstellen, wie sie sich in ihrem „*Kreis*" im Himmel umsehen und über den Horizont des Universums blicken, ohne irgendetwas oder irgendjemanden wahrzunehmen, das auch nur ansatzweise an Gottes ehrfurchtgebietendes Wesen heranreicht. Sie wissen, dass er erhaben und majestätisch heilig ist – ehrfurchtgebietend heilig. Deshalb erweisen sie ihm „Furcht vermischt mit Verehrung".

Die glanzvollsten Szenen himmlischer Anbetung in der ganzen Bibel finden sich in der Offenbarung. Hier zeigen die Engelwesen Gott ihre Verehrung, und sie legen großen Wert darauf, es immer und immer wieder zu tun. „*Die vier lebendigen Wesen … hören Tag und Nacht nicht auf zu sagen:* ***Heilig, heilig, heilig,*** *Herr, Gott, Allmächtiger*" (Offb 4,8). Und wenn diese lebendigen Wesen ihren Lobpreis darbringen, „*so werden die vierundzwanzig Ältesten* ***niederfallen*** *vor dem, der auf dem Thron sitzt, und den anbeten*" und „***ihre Siegeskränze niederwerfen vor dem Thron***" (Offb 4,10).

Nachdem Christus in der Vision des Johannes das Buch mit den sieben Siegeln aus den Händen Gottes genommen hatte, „***fielen*** *die vier lebendigen Wesen und die vierundzwanzig Ältesten* ***nieder*** *vor dem Lamm*" (Offb 5,8). Nach weiteren Lobliedern „*sprachen die vier lebendigen Wesen: Amen! Und die Ältesten* ***fielen nieder*** *und beteten an*" (Offb 5,14).

Nachdem sechs der sieben Siegel des Buches geöffnet waren,

---

[5] Das englische Wort *awesome*, das hier im Original steht, wird in den Vereinigten Staaten für alles Mögliche, das man als außerordentlich betrachtet, gebraucht. (Anm. d. dt. Hrsg.)

> *standen* ***alle Engel*** *rings um den Thron und die Ältesten und die vier lebendigen Wesen, und* ***sie fielen vor dem Thron auf ihre Angesichter*** *und beteten Gott an. …* (Offb 7,11)

Als das siebte Siegel geöffnet wurde, erhielten die sieben Engel, die vor Gott standen, sieben Posaunen, und nachdem die letzte von ihnen erklang, „***fielen*** *die vierundzwanzig Ältesten, die vor Gott auf ihren Thronen sitzen,* ***auf ihre Angesichter*** *und beteten Gott an …*" (Offb 11,16).

Aufgrund all dessen, was die Bibel uns mitteilt, können wir sagen, dass diese Geistwesen Gott, den wir unseren Herrn nennen, auch in diesem Augenblick auf dieselbe Weise anbeten. Wie sehr sollten wir Gott loben, da diese heiligen Wesen, so eindrucksvoll sie auch sind, seine Heiligkeit Tag und Nacht preisen? Wie oft sollten wir vor Gott niederfallen, da diese reinen und herrlichen Wesen es doch immer und immer wieder tun?

Haben wir vielleicht eine falsche Vorstellung von Anbetung gehabt? Fehlt es uns an Ehrfurcht? Versuchen wir uns vergeblich, immer näher an Gott anzukuscheln, wo wir doch stattdessen an die Distanz denken sollten, die für immer zwischen ihm und uns bestehen muss?

M. J. Erickson schreibt:

> Manche Art der Anbetung, die zu Recht die Freude und Zuversicht betont, die der Gläubige in seiner Beziehung zu einem liebenden himmlischen Vater hat, überschreitet diesen Punkt und behandelt Gott mit übertriebener Vertrautheit wie einen Gleichgestellten, oder noch schlimmer, wie einen Diener. … Obwohl genügend Raum und auch die Notwendigkeit für großen Enthusiasmus vorhanden ist, und vielleicht sogar für Überschwang, sollte das nie zu einem Mangel an Respekt führen. Es wird immer ein Gefühl der Ehrfurcht und des Staunens geben. … Obwohl zwischen uns und Gott Liebe, Vertrauen und Offenheit herrscht, sind wir nicht gleichgestellt. Er ist der allmächtige, souveräne Herr. Wir sind seine Diener und Nachfolger.

In gewisser Weise bestätigt unsere Gottesfurcht diese Fakten nur. Gott ist heilig in sich selbst. Wir nicht. Und da Heiligkeit nun mal ist, was sie ist – ausschließlich, abgesondert, unantastbar, eifernd und verzehrend –, können wir uns in ihrer Gegenwart nicht einfach lässig, gleichgültig und unbekümmert verhalten.

Engel besitzen diese Furcht Gottes, da sie bereits in seiner Gegenwart sind. Wir müssen sie haben, weil wir eines Tages auch dort sein werden und Gottes Heiligkeit aus der Nähe sehen werden.

Wir wachsen in der Furcht des Herrn, wenn wir mehr über den Augenblick nachdenken, in dem wir vor ihm stehen werden. Wenn die Zeit gekommen ist, unseren Lohn zu empfangen, werden wir uns für die Möglichkeiten, die Gott uns hier als seine Kinder gegeben hat, verantworten müssen. Was immer ich gerade vorhabe, oder was ich denke, oder was ich tue, oder was immer ich sage, wird entweder für Gottes Reich zählen oder für immer verloren sein. Dies alles werde ich herausfinden, wenn ich vor ihm stehe.

Als Paulus davon sprach, *„dass der Herr zu fürchten ist"*, warnte er zuvor die Christen in Korinth, dass wir:

> *alle … vor dem Richterstuhl des Christus offenbar werden [müssen],* ***damit jeder das empfängt, was er durch den Leib gewirkt hat****, es sei gut oder böse.* (2Kor 5,10-11; SCHL 2000)

Das Maß, mit dem wir vor dem Richterstuhl Christi gemessen werden, ist das vollkommene Maß des heiligen Gottes. Deshalb fürchten wir ihn.

Aber die Furcht Gottes ist größer als das. Unsere Furcht vor ihm wird auch im Himmel weiter bestehen, sogar noch nachdem wir von ihm beurteilt worden sind. In einer wunderbaren Anbetungsszene in Offenbarung 19 – die 24 Ältesten und die vier lebendigen Wesen hatten gerade ein „Halleluja" ausgerufen – hören wir, wie sich eine Stimme vom Thron im Himmel an Gottes erlöstes Volk wendet: *„Lobt unseren Gott, alle seine Knechte, die ihr* ***ihn fürchtet****, die Kleinen und die Großen!"* (V. 5). Das geschieht, bevor wir das große Hochzeitsmahl des Lammes feiern.

Selbst in der Ewigkeit werden wir noch dankbare erlöste Menschen sein, die Gott in guter und vollkommener Weise fürchten.

Zu einem früheren Zeitpunkt haben wir bereits einen Blick auf Psalm 99 geworfen, wo der gelobt wird, der *„thront auf den Cherubim"*. Dreimal werden wir in diesem kurzen Lied an ein Wesensmerkmal Gottes erinnert: *„**Heilig** ist er"* (V. 3); *„**heilig** ist er"* (V. 5), und *„**heilig** ist der HERR, unser Gott"* (V. 9). Die Cherubim verstehen diese Wahrheit. Auch wir müssen sie verstehen und ihn fürchten.

„In alten Zeiten sagte man über Männer des Glaubens, dass sie ‚in der Furcht Gottes leben' und ‚dem Herrn mit Furcht dienen'", erinnert uns A. W. Tozer. „Egal wie vertraut ihr Umgang mit Gott oder wie kühn ihre Gebete waren, die Grundlage ihres Glaubenslebens war ihre Furcht Gottes." Warum und wie haben wir diese „heilsame Furcht" verloren, wie Tozer sie anschließend nennt?

Wir sehnen uns nach Weisheit und suchen nach Erkenntnissen über das Leben, vergessen aber dennoch, dass die Bibel sagt, wo wir beginnen müssen: *„Die **Furcht des HERRN** ist der Weisheit Anfang; und Erkenntnis des allein **Heiligen** ist Einsicht"* (Spr 9,10).

Das Erste, was David in Psalm 36 am Sünder auszusetzen hat, ist: *„Es ist **keine Furcht Gottes** vor seinen Augen"* (V. 2). Vielleicht ist es auch das Erste, was die Engel an unserer Anbetung bemängeln würden – und das Erste, was wir verbessern sollten *„um der Engel willen"* (1Kor 11,10).

Freiheit bei der Anbetung

Obwohl Engel die Furcht Gottes in Vollkommenheit besitzen, können wir keineswegs feststellen, dass sie vor Furcht *erstarren*. Vielmehr beweisen sie eine große Freiheit bei ihrer Anbetung. Sie sind frei, Gott so anzubeten, wie er angebetet werden will. Sehen Sie sich noch mal die nachfolgenden Bibelstellen an, und diesmal achten Sie auf die Anzeichen von Kraft, Bewegung und Gefühl bei den Engeln in ihrer Beziehung zu Gott.

In seiner Vision sah Hesekiel, wie sich die Cherubim bewegten, *„wohin der Geist gehen wollte"* (Hes 1,12), und sie *„**liefen hin und her**, so dass es aussah wie Blitze"* (Hes 1,14).

In seinem Traum sah Jakob, wie die Engel auf der Leiter, die in die Gegenwart des Herrn führte, *auf und niederstiegen* (1Mo 28,12). Jesus sagte, dass sie *„**auf- und niedersteigen** auf den Sohn des Menschen“* (Joh 1,51).

In Hiob 38,7 *jubelten und jauchzten* die himmlischen Wesen miteinander vor Freude über Gottes Werk der Schöpfung.

In Hebräer 12,22 werden die Myriaden von Engeln als eine *„Festversammlung“* beschrieben.

In der ganzen Offenbarung sehen wir, dass die Engel nicht nur beständig ihre Ehrfurcht vor Gott und dem Lamm zum Ausdruck bringen, sondern auch ihren überschwänglichen, freiwilligen Lobpreis. In Offenbarung 5,8-9 haben die 24 Ältesten und die vier lebendigen Wesen Harfen und Johannes hört, wie sie *„ein neues Lied“* singen.

Eines der unvergesslichsten Bilder von Anbetung findet sich in Offenbarung 7. Nachdem eine große Menschenmenge von Erlösten (in weißen Gewändern und mit Palmenzweigen in den Händen) Gott gelobt hat, sind wieder die Engel, die lebendigen Wesen und die Ältesten mit Lobpreis an der Reihe. Wir hören ihre Anbetungsrufe wie Glockengeläut oder Salutschüsse von Kanonen:

Amen!
Den Lobpreis und die Herrlichkeit
und die Weisheit und die Danksagung und die Ehre
und die Macht und die Stärke
unserem Gott von Ewigkeit zu Ewigkeit!
Amen.
(Offb 7,12)

Beim Anblick dieses Bildes wird Johannes eine pracht- und kraftvollere und triumphierendere Anbetung wohl für kaum möglich gehalten haben. Und doch steigert sie sich noch.

In Kapitel 19 bringt eine *„große Volksmenge im Himmel“* ihre überquellende Freude in einem vierfachen Halleluja zum Ausdruck. Als das Hochzeitsmahl des Lammes angekündigt wird, rufen sie zu Gott:

„Lasst uns fröhlich sein und jubeln und ihm die Ehre geben." Sie freuen sich besonders darüber, dass die Braut des Lammes *„in feine Leinwand, glänzend, rein"* gekleidet wird. Die Engel wissen, dass diese Hochzeitskleider *„die gerechten Taten der Heiligen"* repräsentieren, und sie teilen unsere Freude darüber.

So verwundert es nicht, dass Johannes an diesem Punkt niederfiel, um den Engel anzubeten, der ihm dies alles zeigte.

Was für eine Freiheit und Fülle an Freude sehen wir hier – und dann denkt man daran, dass dies alles auf dem beruht, was Gott für *uns* getan hat! Sind *wir* nicht dazu geschaffen, uns an dieser Anbetung zu beteiligen? Wenn die Engel wegen uns ein „Halleluja" ausrufen, haben wir gewiss die Freiheit, es bei unserer Anbetung auch zu tun.

Reife Gläubige wissen: Ein mit Dankbarkeit erfülltes Herz ist der fruchtbarste Boden für eine befreite Anbetung. Aber Dank darzubringen, ist nicht ausschließlich erlösten Menschen vorbehalten. Das demonstrieren uns die 24 Ältesten[6] in Offenbarung 11,16-17. Sie fallen auf ihr Angesicht und sagen:

> ***Wir danken dir,*** *Herr, Gott, Allmächtiger,*
> *der ist und der war,*
> *dass du deine große Macht ergriffen und deine Herrschaft angetreten hast.*

So wie Psalm 99 die Furcht Gottes bei der Anbetung fördert, indem er uns an Gottes Heiligkeit erinnert, fördert der nächste Psalm unsere Freiheit bei der Anbetung durch Danksagung. Der Psalm beginnt mit: *„**Jauchzt** dem HERRN."* Wir werden von Herzen aufgefordert, *„dem HERRN mit **Freuden**"* zu dienen und *„vor sein Angesicht mit **Jubel**"* zu kommen und *„in seine Tore mit **Dank**"* einzuziehen (Ps 100,1-4).

So wie Gottes Heiligkeit der Grund für unsere Gottesfurcht ist, ist Gottes gute und treue Liebe der Grund für unsere Freiheit und unseren Dank. Der Psalm endet:

---

[6] Vgl. Anm. 3, Seite 92.

Preist ihn, ***dankt*** *seinem Namen!*
Denn ***gut ist der HERR****. Seine* ***Gnade*** *ist ewig*
und seine ***Treue*** *von Geschlecht zu Geschlecht.*

In Freiheit emporsteigen

Die Cherubim liefern uns ein weiteres eindrucksvolles Bild von ihrer ungehinderten Anbetung.

Gott gab die spezielle Anweisung, dass die modellierten Cherubim auf dem Sühnedeckel der Bundeslade ihre *„Flügel nach oben ausbreiten"* sollten (2Mo 25,20). Jahrhunderte später, als die Bundeslade von der Stiftshütte in den salomonischen Tempel wechselte, wurden die viereinhalb Meter hohen Cherubim im Allerheiligsten ebenfalls mit ausgebreiteten Flügeln angefertigt (1Kö 6,27). Flügel sind zum Fliegen da, und die Flügel der Cherubim lieferten dem Volk Gottes ein Bild vom freien Flug in Gottes Gegenwart.

Wir verstehen, warum die Flügel der Cherubim-Skulpturen genauso entworfen wurden, wie die der echten Cherubim, die wir in Hesekiels Vision finden: *„Ihre Flügel waren nach oben ausgespannt"* (Hes 1,11).

Flügel sind bewegliche Teile, und einer der stärksten Eindrücke, die bei Hesekiel von dieser Vision haften blieb, war das laute Geräusch, das sie machten, als sie sich bewegten. Dieses Geräusch erinnerte ihn stets an Gott:

Und wenn sie gingen, hörte ich ***das Rauschen ihrer Flügel*** *wie das Rauschen großer Wasser,* ***wie die Stimme des Allmächtigen****, das Rauschen einer Volksmenge, wie das Rauschen eines Heerlagers.* (Hes 1,24)

Und ***das Rauschen der Flügel der Cherubim*** *wurde bis zum äußeren Vorhof gehört* ***wie die Stimme Gottes, des Allmächtigen****, wenn er redet.* (Hes 10,5)

Die Cherubim in Gottes Gegenwart sind nicht zu schweigender Regungslosigkeit verurteilt, sondern mit ungehinderter und aktiver (und lautstarker!) Anbetung beschäftigt.

Die Seraphim in Jesaja 6 mit ihren sechs Flügeln veranschaulichen möglicherweise einen Teil desselben Bildes. Jesaja sagt, dass *„er mit zweien flog"*, und dieser Flug könnte ebenso ein Ausdruck freier Anbetung sein wie für die Ausübung ihrer Arbeit.

In seinem Kommentar zu diesem Text stellt uns Matthew Henry die Frage:

> Wenn Engel im Flug vom Himmel auf die Erde kommen, um uns zu dienen, sollten wir dann nicht im Flug von der Erde in den Himmel aufsteigen, um an ihrer Herrlichkeit teilzuhaben?

Auch wir werden *„die Schwingen emporheben wie die Adler"* (Jes 40,31), wenn wir auf den Herrn hoffen und uns von seiner Kraft erneuern lassen. In der Anbetung können wir genauso „emporsteigen" wie in allem anderen, wenn sich unsere Herzen, Hände und Stimmen frei über persönliche und kulturelle Beschränkungen erheben.

Gottes souveräne Anordnung für uns jetzt ist *„das vollkommene Gesetz der Freiheit"* (Jak 1,25), und dies gibt uns die Freiheit, *„unser Herz samt den Händen zu Gott im Himmel* [zu] *erheben"* (Kla 3,41). Denn, *„wo … der Geist des Herrn ist, ist Freiheit"* (2Kor 3,17).

Ruft die Engel zur Anbetung herbei

Die Engel helfen uns anzubeten. Können auch *wir* den Engeln bei der Anbetung helfen?

Vielleicht können wir das wirklich!

Gelegentlich ruft der jeweilige Verfasser der Psalmen die Engel zum Lob Gottes auf. David tut das in Psalm 29 und 103:

> *Gebt dem HERRN, **ihr Göttersöhne**,*
> *gebt dem HERRN Herrlichkeit und Kraft!*
> *Gebt dem HERRN die Herrlichkeit seines Namens;*
> ***betet an den HERRN** in heiliger Pracht!*
> (Ps 29,1-2)

Preist den HERRN, ihr seine Engel,
ihr Gewaltigen an Kraft, Täter seines Wortes,
dass man höre auf die Stimme seines Wortes!
Preist den HERRN, alle seine Heerscharen,
ihr seine Diener, die ihr seinen Willen tut.
(Ps 103,20-21)

Der unbekannte Autor von Psalm 148 äußert denselben Wunsch:

Halleluja! Lobt den HERRN von den Himmeln her!
Lobt ihn in den Höhen!
Lobt ihn, alle seine Engel!
Lobt ihn, alle seine Heerscharen!
(Ps 148,1-2)

Hören die Engel etwa wirklich auf einen Menschen, der sie bittet, Gott zu preisen?

Warum nicht? Wie Larry Libby in *Somewhere Angels* sagt: „Sie preisen den Herrn aus jedem Grund, und sie lieben es."

Möglicherweise hat Gott mit ihnen im Voraus eine besondere Absprache getroffen. Da er weiß, wie aufregend und erfüllend Anbetung für Engel ist, hat er ihnen vielleicht gesagt: „Wenn ich in den Herzen meines Volkes auf Erden wirke, und sie zitieren die Bibelstellen, die euch auffordern, mich zu loben, dann gestatte ich euch gerne das Privileg, ihren Worten zu entsprechen. Ihr könnt ihr Stichwort aufgreifen, um eure Lieder für mich noch süßer zu machen und eure Rufe noch lauter!"

Es ist wahrscheinlich einen Versuch wert. Fangen Sie an und schauen Sie gelegentlich nach oben, und bitten Sie die Engel, noch ein paar Kohlen auf das Feuer ihrer Anbetung zu legen. Aber sorgen Sie dafür, dass Sie dasselbe bei Ihrer eigenen Anbetung tun.

Noch einmal Feuer und Wind

Um von den Engeln möglichst viel für unsere Anbetung zu lernen, gehen wir noch einmal zu den treffenden Bildern von Feuer und Wind zurück, die Gott uns in Psalm 104 und Hebräer 1 gibt.

Das Feuer erinnert uns bei unserer Anbetung an Furcht. Wie die Engel fürchten wir Gott, denn unser Gott ist ein verzehrendes Feuer. Seine Heiligkeit führt uns zu Verantwortlichkeit und Furcht.

Der Wind erinnert uns an die Freiheit und den Heiligen Geist. Wie die Engel wollen wir frei sein wie der Wind, so frisch wie eine Brise in unserer vom Geist geleiteten Anbetung. Denn *„der Wind weht, wo er will"*, und *„so ist jeder, der aus dem Geist geboren ist"* (Joh 3,8). Gottes Liebe führt uns zu Dankbarkeit und Freiheit.

Für eine ausgewogene Anbetung und Hingabe an Gott brauchen Sie beide Aspekte: Furcht und Freiheit. Feuer und Wind. Gottes große Heiligkeit und Gottes große Liebe.

Morgen, wenn Sie mit dem Herrn in der Frühe Ihre persönliche stille Zeit haben, dann erinnern Sie sich an diese beiden Aspekte der Anbetung.

Und denken Sie auch am nächsten Sonntag an diese beiden Seiten, wenn Sie mit der Familie Gottes zusammenkommen. Sie können andere in der Gemeinde nicht zu einer tieferen Anbetung führen, aber Sie können für sich selbst Verantwortung zeigen und Gott bei der öffentlichen und gemeinsamen Anbetung mehr ehren, als Sie es jemals zuvor getan haben.

Und das wiederum macht Sie passender für den Tag, wenn wir im Himmel zusammen mit den Engeln einen vollkommenen Lobpreis anstimmen werden.

KAPITEL 11

Ein Vorbild für Arbeitswillen

Laut Larry Libbys Kinderbuch *Somewhere Angels* können wir noch eine weitere gute Lektion von den Engeln lernen: „Wir lernen, welch große Freude es macht, wenn wir Gott sofort gehorsam sind.“

Calvin meint, die Bibel „kommt uns entgegen“ und zeigt uns die Flügel der Seraphim und Cherubim, „um uns zu versichern, dass sie uns blitzschnell zur Hilfe eilen, wenn die Situation es erfordert.“

Feuer und Wind ergeben auch hier wieder ein aussagekräftiges Bild: In ihrem hingegebenen Dienst sind die Engel so intensiv wie Flammen und so schnell wie der Wind. Engel sind in ihrer Arbeit, die Gott ihnen gibt, ebenso gut wie bei der Anbetung.

Gott kann auf sie zählen, und wir können es auch. Bei ihnen gibt es keine schlampige Arbeit, Faulheit oder Nachlässigkeit.

Als David die Engel zum Lob Gottes auffordert, nennt er sie: *„Ihr Gewaltigen an Kraft,* ***Täter seines Wortes,*** ***gehorsam*** *der Stimme* ***seines Wortes!*** *… Ihr seine Diener,* ***Täter seines Wohlgefallens!***“ (Ps 103,20-21; UELB).

Engel sind so in ihre Arbeit vertieft, dass sogar ihre Erscheinungsweise von ihrem Auftrag bestimmt wird. Abhängig von der Aufgabe, die Gott ihnen gibt, um uns zu dienen, bleiben sie entweder unsichtbar für unsere Augen, erscheinen in ganz normaler menschlicher Gestalt oder nehmen eine eher prachtvolle Form an. Ihre Gestalt – das, was sie *sind,* – hängt von ihrer Funktion ab – von dem, was sie *tun*. J. M. Wilson sagt: „Im Allgemeinen werden sie einfach als *Verkörperung ihrer Mission* angesehen.“

An dieser Stelle wollen wir uns noch einmal Hebräer 1,14 in Erinnerung rufen. Es ist ein inhaltsreicher Vers, und einige Worte darin verraten uns etwas über das Werk der Engel:

a) die Engel sind *ausgesandt* (sie sind im Einsatz);
b) sie sind ausgesandt *zum Dienst* (und Dienst bedeutet *Arbeit*);
c) *alle* Engel sind dazu ausgesandt (unter ihnen befinden sich keine Arbeitsverweigerer), und
d) sie gehen nur zu denen, *die das Heil erben sollen* (ihre Arbeit ist zu unserem Nutzen!).

Mit Davids Worten aus Psalm 34,8 im Sinn – *„der Engel des HERRN lagert sich um die her, die ihn fürchten"* – nimmt Matthew Henry Stellung zu verschiedenen Aspekten des Wirkens der Engel. Er bemerkt: Gott gebraucht Engel,

> um sein Volk vor der Bösartigkeit und Macht böser Geister zu schützen; und die heiligen Engel tun uns täglich mehr Gutes, als uns bewusst ist.
>
> Obwohl sie uns in Bezug auf Würde und Fähigkeiten weit überlegen sind ... und obwohl sie im Himmel ständig damit beschäftigt sind, Gott zu preisen, und zu permanenter Ruhe und Glückseligkeit dort oben berechtigt sind, lassen sie sich zu uns herab – weil sie ihrem Herrn gehorchen und diejenigen lieben, die nach seinem Bild geschaffen sind –, den Heiligen zu dienen und sich für sie gegen die Mächte der Finsternis einzusetzen. Sie besuchen sie nicht nur, sondern lagern sich um sie her und handeln zu ihrem Nutzen. ...

Engel erhalten für unterschiedliche Menschen in verschiedenen Situationen unterschiedliche Anweisungen. Die Engel, die Daniel erschienen, sagten ihm, er solle die Vision und die prophetischen Worte, die er empfangen hatte, geheimhalten und versiegeln (Dan 8,26; 12,4), da *„es noch viele Tage bis dahin sind"*. (Bibelgelehrte halten das übrigens für den Grund, weshalb Daniels Vision in seiner eigenen hebräischen Sprache aufgezeichnet wurde, während der Rest seines Buches in Aramäisch geschrieben ist, der am weitesten verbreiteten Sprache im Babylonischen Reich.) Aber der Engel, der mit Johannes in der Offenbarung spricht, sagt ihm: *„Versiegle* ***nicht*** *die Worte der Weissagung dieses*

Buches! Denn die Zeit ist nahe" (Offb 22,10). Ohne Zweifel müssen sich Engel gewissenhaft und genau an ihre Anweisungen halten.

Wie wir bereits festgestellt haben, bedeutet das Wort *Engel* „Bote." Das Übermitteln von Nachrichten scheint daher einen großen Teil ihrer Arbeit auszumachen. Und Engel sind *zuverlässige* Boten. In Lukas 2 kamen die Hirten nach Bethlehem, um das Jesuskind zu sehen, und sie fanden alles so vor, „*wie es ihnen gesagt worden war*" (Lk 2,20). Wer hatte den Hirten ein so genaues Bild von dem gegeben, was sie erwarten würde? Es war ein Engel.

Als der Engel in der Offenbarung zu Johannes sagt: „*Dies sind die* ***wahrhaftigen Worte*** *Gottes*" (Offb 19,9) und „*diese Worte sind* ***gewiss*** *und* ***wahrhaftig***" (Offb 22,6), bezweifeln wir das nicht eine Minute lang. Engel sagen die Wahrheit.

Wir haben uns schon damit beschäftigt, wie diese wahrheitsliebenden Boten in besonderer Weise daran beteiligt waren, den Menschen Gottes Gesetz zu überbringen, welches „*durch Engel angeordnet*" wurde (Gal 3,19; Apg 7,53). Als heilige Wesen, die Gottes stets vollkommen gehorsam waren, kennen die Engel Gottes Gesetz für die Menschen wahrscheinlich in- und auswendig. Sie kennen und verstehen es besser, als Sie und ich das Alphabet. Die Bibel sagt an keiner Stelle, dass die Engel mehr über das Gesetz zu wünschen wissen; worin sie „*hineinzuschauen begehren*" ist unsere Errettung (1Petr 1,12), in unsere Erlösung als Wesen, die durch das Gesetz verdammt werden, für die aber Jesus gestorben ist. Da wir als Menschen das Gesetz, das uns die Engel brachten, nicht erfüllt haben, bin ich mir sicher, dass sie außer sich vor Freude waren, als sie uns auch das Kommen unseres Erlösers, der uns von dem Fluch des Gesetzes befreit, mitteilen durften.

In Offenbarung 7,3-4 wird ein weiterer Dienst der Engel an uns beschrieben. Engel versiegeln „*die Knechte unseres Gottes an ihren Stirnen*", und dieses Siegel ist das Zeichen, dass die Gläubigen dem Herrn gehören. Es steht im Gegensatz zum „*Malzeichen des Tieres*", das diejenigen tragen, die dem Teufel gehören (Offb 13,16-17), und die somit dazu bestimmt sind, den Zorn Gottes zu empfangen (Offb 14,9-11). Wir können dankbar sein, dass die Engel diesen Dienst genau und gründlich ausführen werden. (Wäre es nicht schlimm, ein Gläubiger zu sein, den die Engel an diesem Tag versehentlich vergessen zu versiegeln?)

Wie wir bereits viele Male gesehen haben, zeigt uns alles Gute, Edle oder Besondere an den Engeln direkt etwas Gutes, Edles oder Besonderes über Gott. Ihre Treue bei der Arbeit bildet da keine Ausnahme.

Die Engel tun treu ihre Arbeit, weil sie Gottes Treue in *seinem* Werk sehen. Ein Mann in der Bibel namens Etan wusste das ganz sicher. „Wer ist Etan?", fragen Sie jetzt vielleicht. Er ist nicht so bekannt wie Daniel, Johannes oder Hesekiel, aber von allen Menschen, die jemals auf der Erde gelebt haben, hatte womöglich keiner so viel Einsicht über Engel wie Etan – Daniel, Johannes und Hesekiel aufgrund ihrer überwältigenden Visionen mal ausgenommen.

Etan, der Esrachiter, war in den Tagen Salomos für seine Weisheit berühmt (1Kö 5,11). Es ist wahrscheinlich derselbe Etan, der von Salomos Vater David zu einem der führenden Tempelmusiker ernannt wurde (1Chr 15,19). Bei den Feierlichkeiten am Haus des Herrn gehörte es zu seiner Aufgabe, *„mit bronzenen Zimbeln"* Musik zu machen.

Von ihm stammt auch Psalm 89, aus dem wir zuvor schon zitiert haben. Er beschreibt, wie *„sehr Gott im Kreis der Heiligen gefürchtet"* wird (SCHL 2000). Etan sagt ausdrücklich auch, dass Gottes *„**Treue** in der Versammlung der Heiligen"* gepriesen wird. Und nachdem er das Lob der Engel für diese Treue erwähnt hat, fügt Etan sein eigenes noch hinzu:

> *HERR, Gott der Heerscharen!*
> *Wer ist stark wie du, Jah?*
> *Deine **Treue** ist rings um dich her.*
> (Ps 89,9)

Etan wusste: Engel sind uns treu, weil Gott uns treu ist.

Im Laufe dieses Buches haben wir eine Menge Beispiele für Engel in Aktion gesehen – wie sie den Garten Eden verteidigten und Elia Nahrung gaben, wie sie Jesajas sündige Lippen reinigten, Petrus aus dem Gefängnis holten, Johannes das Neue Jerusalem zeigten und vieles mehr.

Jetzt, da wir so viele Aspekte ihrer Arbeit hervorgehoben haben, ergeben sich einige konkrete Fragen, die eine genauere Betrachtung wert sind.

Habe ich einen persönlichen Schutzengel?

Gibt es einen bestimmten Engel, der von Gott beauftragt wurde, mir zu dienen – *mir* allein?

Viele Leute glauben das. Schutzengel gehören heute zum Alltag in Amerika. „NEHMEN SIE KONTAKT AUF ZU IHREM PERSÖNLICHEN SCHUTZENGEL!", sprang es mir kürzlich von einer ganzseitigen Anzeige in einem führenden Magazin entgegen.

Bevor ich vor vielen Jahren in den vollzeitigen Evangeliumsdienst trat, musste ich in Haddon Heights, New Jersey, ein Einsetzungsverfahren durchlaufen. Als Pastor gehörte mein Vater zum Ausschuss. Meine Mutter war ebenfalls eingeladen, den Sitzungen als Zuschauer beizuwohnen.

Der Ausschuss überprüfte eine Arbeit, in der ich meine lehrmäßigen Überzeugungen dargelegt hatte, und anschließend wurde ich aufgerufen, Fragen zu allen möglichen theologischen Richtungen und Aspekten zu beantworten. Als sie zum Thema Engel kamen, fragte mich eines der Ausschussmitglieder: „David, glaubst du an Schutzengel?"

Bevor ich antworten konnte, erhob meine Mutter ihre Stimme (ich konnte nicht fassen, dass sie das tat) und sagte: „Nun, wenn er es nicht tut, ich tue es."

Wer weiß, wie viele brenzlige Situationen ihr aus der Zeit meines Heranwachsens in den Sinn kamen, als sie diese Frage hörte!

Eine von ihnen ist mir noch so lebendig in Erinnerung, als wäre es erst gestern gewesen. Sie liegt aber schon mehr als vierzig Jahre zurück.

Mein Onkel hatte eine Farm in der Nähe von Binghamton, im Staat New York, wo ich ihn im Sommer besuchte. Ich war ein Stadtjunge und wusste nicht viel über das Leben auf einer Farm, aber ich lernte eine Menge von meinem Onkel.

In einem Sommer war ich von den beiden Silos fasziniert, die neben der Scheune in die Höhe ragten. Eines war damals fast randvoll mit

Silage, und das andere war noch leer und wartete darauf, gefüllt zu werden.

Ich hatte vor, an der Außenseite des gefüllten Silos hochzuklettern. Ich wollte dort oben durch die kleine Metalltür schlüpfen und mich auf die Silage fallen lassen. Dort würde ich dann eine Weile in meiner eigenen kleinen Welt sein.

Also kletterte ich die Leiter an der Außenseite hoch. Ihre genauen Ausmaße kenne ich zwar nicht, aber diese Silos sind ziemlich *hoch*. Wenn man dort hochsteigt, hat man das Gefühl, als würde man mitten im Nirgendwo hängen. Ich kletterte ganz langsam und vorsichtig nach oben.

Dort angekommen, öffnete ich die Tür und ließ meinen Fuß in die Dunkelheit baumeln. Gerade als ich mich vornüberbeugte und hinuntersah, erkannte ich noch rechtzeitig: Ich war das falsche Silo hochgeklettert! Das Silo, in das ich hineinspringen wollte, war leer. Es war nichts drin – bis hinunter zum Boden.

Ich glaube, es hätte nicht viel gefehlt und ich hätte dieses Buch nie geschrieben. Mit beiden Händen klammerte ich mich fest und bewegte mich langsam zurück in Richtung Leiter. Ich zitterte wie Espenlaub und kletterte vorsichtig wieder nach unten.

Ich habe immer geglaubt, dass mich dort oben ein Engel gerettet hat. Das ist eine der Situationen, die mir einfällt, wenn ich gefragt werde, ob ich an Schutzengel glaube. Meine Mutter tut es jedenfalls.

Und was sagt die Bibel über sie?

Psalm 91,11-12 gibt uns einen allgemeinen Überblick über die Engel, die Gottes Volk beschützen:

Denn er bietet seine ***Engel*** *für dich auf,*
dich zu bewahren auf allen deinen Wegen.
Auf den Händen tragen sie dich,
damit du deinen Fuß nicht an einen Stein stößt.

In diesem Vers steht *Engel* im Plural. Was ist nun mit der Vorstellung, dass mir persönlich ein spezieller Engel zugewiesen ist?

Im Lauf der Jahrhunderte haben viele Theologen daran geglaubt, einschließlich Thomas von Aquin, der dachte, jeder hätte von Geburt an einen Schutzengel. Aber was sagt die Bibel dazu?

In der Diskussion über Schutzengel werden immer wieder zwei Bibelstellen angeführt. In der ersten sagt Jesus zu seinen Jüngern:

> *Seht zu, dass ihr nicht eines dieser Kleinen verachtet! Denn ich sage euch, dass* ***ihre Engel*** *in den Himmeln allezeit das Angesicht meines Vaters schauen, der in den Himmeln ist.* (Mt 18,10)

Aufgrund dieser Worte bestehen manche darauf, dass einige Engel vor Gott, dem Vater, stehen, um sofort auf seine Anweisungen reagieren zu können und *„eines dieser Kleinen"* zu beschützen. Jesus nennt sie *„ihre Engel"*. Andere hingegen weisen darauf hin, dass die Stelle nicht sagt, diese Engel würden *„eines dieser Kleinen"* Schutz bieten – offensichtlich bleiben sie *„allezeit"* in Gottes Gegenwart. Ebenso wenig teilt diese Stelle jedem *„dieser Kleinen"* einen Engel zu.

Die zweite Bibelstelle, die Verfechter der Schutzengeltheorie anführen, ist Apostelgeschichte 12, wo Petrus auf wundersame Weise aus dem Gefängnis befreit wird. Sie gehört für viele zu den Lieblingsgeschichten der Bibel. Bei ihrer ersten Erwähnung in diesem Buch haben wir uns von Petrus mitten auf der Straße verabschiedet. Der Engel hatte ihn in seiner Gefängniszelle aufgeweckt, ihn aufgefordert, sich anzukleiden, er hatte ihn an Wachen und Toren vorbeigeschleust und ihn anschließend in die Freiheit der kühlen Nachtluft geführt. Dann war der Engel wieder verschwunden, und Petrus *„kam zu sich selbst"*. Jetzt stand er wieder fest auf beiden Füßen und erkannte, was der Engel des Herrn getan hatte. Daraufhin ging er zu dem Haus, wo sich Gläubige zusammengefunden hatten und für ihn beteten.

Auf ihn wartete eine Szene voll „Verwirrung und freudiger Erregung", wie ein Bibelkommentator schrieb, und die Geschichte „muss für ausgelassene Freude gesorgt haben, jedes Mal wenn sie unter den frühen Gläubigen erzählt wurde".

Als er aber an die Tür des Tores klopfte, kam eine Magd mit Namen Rhode herbei, um zu öffnen. Und als sie die Stimme des Petrus erkannte, öffnete sie vor Freude das Tor nicht; sie lief aber hinein und verkündete, Petrus stehe vor dem Tor.

Sie aber sprachen zu ihr: Du bist von Sinnen. Sie aber beteuerte, dass es so sei. Sie aber sprachen: **Es ist sein Engel.**

Petrus aber fuhr fort zu klopfen. Als sie aber geöffnet hatten, sahen sie ihn und waren außer sich. (Apg 12,13-16)

Die Gläubigen, die für Petrus beteten, glaubten, es sei *„sein Engel"*, dem das aufgeregte Dienstmädchen an der Tür begegnet war. Manche würden sagen, dass sie von seinem Schutzengel sprachen. Aber Rhode hatte nur eine Stimme an der Tür gehört. Warum sollte Petrus' Schutzengel eine Stimme haben, die wie die von Petrus klang? Die Gläubigen dachten, sagen andere, Petrus sei getötet worden und mit dem Ausdruck *„sein Engel"* verwiesen sie auf seinen körperlosen Geist. Kein Wunder, dass sie zögerten, ihm die Tür zu öffnen.

Außer diesen Stellen finden sich keine anderen deutlichen Anhaltspunkte in der Bibel für *persönliche* Schutzengel. Somit gibt es nur sehr wenige Argumente für sie.

Wenn das für Sie jetzt enttäuschend sein sollte und Sie vielleicht sogar betroffen sind, weil kein spezieller Engel zu Ihrem Schutz bereitgestellt wurde, müssen Sie nicht gleich vor Angst aufspringen und Ihre Türen und Fenster überprüfen. Es gibt genügend Hinweise in der Bibel, dass Gott selbst auf Sie aufpasst, zusätzlich zu all den Engeln, die er mit dieser Aufgabe betraut hat.

Ich liebe die Gedanken von Johannes Calvin zu diesem Punkt:

> Ob jedem Gläubigen ein Engel zu seinem Schutz zugeteilt ist oder nicht, mag ich nicht völlig bestätigen. …
> Doch dessen bin ich mir sicher: Nicht nur ein Engel passt auf jeden von uns auf, sondern alle achten auf unsere Sicherheit.

„Schließlich“, fügt er hinzu,

> ist es nicht wert, einer Angelegenheit besorgt nachzugehen, die uns nicht weiter betrifft. Wer meint, es reicht nicht aus zu wissen, dass sämtliche Engel aus allen Rangstufen der himmlischen Heerscharen permanent über seine Sicherheit wachen, für den sehe ich nicht, was er gewinnen könnte, wenn er wüsste, dass er einen speziellen Schutzengel hat.

Eines wissen wir mit Sicherheit: Unser Gott gebraucht seine beeindruckende Macht auf mitfühlende und liebevolle Weise, um denen zu helfen, die Hilfe brauchen. Das mag ich an Gott. In den letzten Monaten habe ich seine Liebe und sein Mitgefühl auf vielfältige Weise erfahren, und ich weiß, dass genau dies Gottes Art ist. Einerseits ist er heilig, aber er hat auch eine andere Seite: Er lässt sich herab und kümmert sich um uns, und er sendet sogar einen Engel oder eine ganze Armee von Engeln, die uns dienen und beschützen.

Das gibt uns große Hoffnung.

Dies ist ein guter Zeitpunkt, um uns daran zu erinnern, dass Engel geschaffene Wesen sind – von *Gott* geschaffene Wesen. Er hat uns viel über sie mitgeteilt, aber ebenso hat er vieles über sie zurückgehalten. Selbst wenn er uns alles berichtet hätte – selbst wenn wir alles über Engel wüssten, was es zu wissen gibt –, so würde doch nach wie vor die einfache Wahrheit Bestand haben, dass sie Gott gehören. Sie sind sein, und er kann mit ihnen machen, was immer er will. Sie unterstehen nicht unserer Kontrolle oder Befugnis. Sie sind nicht dazu da, unsere physischen oder emotionalen Bedürfnisse oder unsere intellektuelle Neugier zufriedenzustellen.

Sie dienen uns, aber sie sind nicht unsere Diener. Gott allein ist ihr Herr. Wenn sie uns dienen, tun sie das, weil Gott sie damit beauftragt hat, und nicht weil wir ihren Dienst befohlen oder uns gewünscht haben.

Sind Engel noch immer an Kriegsgeschehen beteiligt?

Gehen wir einen Augenblick zurück zum militärischen Charakter der Engel. Wir können dem nicht ausweichen: Ein großer Teil ihrer Aufgaben ist Kriegsführung.

Die Engel sind Kriegführende, weil Gott es ist. *„**Der HERR ist ein Kriegsmann,** HERR ist sein Name"* (2Mo 15,3; SCH). David, der Mann nach dem Herzen Gottes, sagt uns in einem Lied, dass Gott *„**jeden Tag** zürnt"* (Ps 7,11; UELB).

David gibt uns folgendes Bild von Gott, wie er sich auf sein tägliches Werk vorbereitet:

Er wetzt sein Schwert;
seinen Bogen hat er gespannt und ihn gerichtet.
Und Werkzeuge des Todes hat er für ihn bereitet,
seine Pfeile macht er brennend.
(Ps 7,12-13; UELB)

Psalm 78 zeigt, wie Gott mit seinen Plagen Krieg gegen den Pharao führte. Dieser Psalm von Asaf erzählt von den Flüssen voll Blut und den großen Mengen an Fröschen, den Fliegen- und Heuschreckenschwärmen, dem Hagel- und Eisregen und den Blitzen, die die Ägypter vernichteten. Der Herr *„ließ gegen sie los **seines Zornes Glut, Grimm, Verwünschung und Bedrängnis**"* (Ps 78,49).

Im selben Vers teilt Asaf uns mit, wen Gott gebraucht, um seinen Zorn auszugießen: *„eine Schar von **Unglücksengeln**"* (UELB).

Aber die Vorstellung eines kriegführenden Gottes ist nicht auf das Alte Testament beschränkt. Schauen Sie sich noch einmal das Bild von Christus an, das zuerst Johannes geoffenbart wurde und durch ihn dann uns:

Siehe, ein weißes Pferd, und der darauf saß, heißt Treu und Wahrhaftig, und er richtet und führt Krieg in Gerechtigkeit. … Und aus seinem Mund geht ein scharfes Schwert hervor, damit er mit ihm die

Nationen schlage. … Er tritt die Kelter des Weines des Grimmes des Zornes Gottes, des Allmächtigen. (Offb 19,11-15)

Und sehen Sie sich an, wer in dieser Szene bei Christus ist:

Und ***die Kriegsheere, die im Himmel sind****, folgten ihm auf weißen Pferden …* (Offb 19,14)

Ja, Gott ist ein kriegführender Gott und er gewinnt jeden Kampf. Das ist auch der Grund, weshalb auch die Engel nie verlieren.

Wenn dieser Gedanke eines kriegführenden Gottes und kriegführender Engel verstörend ist – wenn Ihnen Frieden lieber ist –, dann denken Sie daran, dass Ihr Friede nur möglich ist, weil Sie unter einem mächtigen Schutz stehen (sowohl durch Engel als auch durch den Heiligen Geist), der Sie vor dem Teufel und seinen bösen Scharen abschirmt. Wenn dem nicht so wäre, wie lange, glauben Sie, könnten Sie auf sich allein gestellt den Angriffen des Teufels standhalten? Würden Sie auch nur eine halbe Minute durchhalten? Und wenn Sie erst einmal besiegt wären, was unweigerlich der Fall wäre, wie viel Mitleid könnten Sie dann von diesem Feind erwarten, wenn Sie an sein Wesen und seine Herkunft denken?

Gott sei Dank, dass er ein kriegführender Gott ist!

Tut Gott sein ganzes Werk durch Engel?

In einem an Gott adressierten Brief schrieb ein kleines Mädchen:

> Lieber Gott,
> lässt du deine ganze Arbeit von deinen Engeln machen? Mutti sagt, dass wir *ihre* Engel sind, und wir müssen alles machen.

Ich glaube Gottes Antwort wäre nein, er lässt die Engel nicht seine *ganze* Arbeit tun. (Und ebenso wenig werden sie unsere ganze Arbeit erledigen.)

Gott *könnte* alles selbst tun, ohne jemals einen Engel oder die Natur oder Christen oder irgendetwas anders zu gebrauchen. Gott kann aber auch diese Stellvertreter benutzen, um alles zu erreichen, was er will, ohne in irgendeiner Weise seine Souveränität einzuschränken. M. J. Erickson erinnert uns: „Gott ist nicht darauf beschränkt, direkt zu wirken, um seine Ziele zu erreichen."

Gott tut immer, was er will, und er tut es so, wie er es will. In der einen Situation greift er vielleicht auf einen Engel zurück – ein mutmachendes Wort an einen Fremden, oder das Auffinden eines verlorenen Gegenstands, oder die Gabe benötigter Gelder oder Lebensmittel – und in der nächsten gebraucht er für dasselbe einen Christen – und in der übernächsten Situation benutzt er weder einen Engel noch einen Menschen, um zu seinem Ziel zu kommen.

Wenn Gott also einen Engel zu unserer Hilfe senden kann – oder auch alles andere –, dann sollten wir nie aufhören, ihn um Hilfe zu bitten. Berücksichtigen Sie: Der Engel Gabriel erschien Daniel als Antwort auf sein Gebet (Dan 9,23), obwohl Daniel *nicht* dafür gebetet hatte, einen Engel zu sehen oder von einem solchen unterstützt zu werden.

Wie kann ich mir sicher sein, ob ich die Gegenwart eines Engels spüre?

Als Gabriel Daniel erschien, sagte er zu ihm: „*So **achte** nun auf das Wort und **verstehe** die Erscheinung.*" Daniel sah und hörte den Engel, aber dennoch wurde von ihm erwartet, seinen Verstand zu benutzen und das zu beurteilen, was der Engel ihm mitteilte.

Das könnte Gott auch von uns im Hinblick auf Engel erwarten – erstens in Bezug auf das, was die Bibel über sie sagt, und zweitens hinsichtlich unserer eigenen Erfahrung.

„***Achte**… und **verstehe**…*" Inwiefern tun Sie das auch jetzt, während Sie sich mit diesem Thema auseinandersetzen? Benutzen Sie wirklich Ihren Verstand, wenn Sie sich die biblischen Berichte darüber ansehen?

„***Achte**… und **verstehe**…*" Inwieweit sind Sie darauf vorbereitet, dies auch zu tun, wenn Sie einem ganz und gar geistigen Wesen begegnen würden?

Die Bibel ist eindeutig: Wir sollen *„die Geister"* prüfen (1Jo 4,1-3) – und Engel sind Geister. Auch Paulus sagte das: *„Prüft aber alles, das Gute haltet fest! Von aller Art des Bösen haltet euch fern!"* (1Thes 5,21-22).

Der beste Schutz aber ist, mit den Augen des Herzens beständig auf Jesus Christus zu schauen:

> *Jeder Geist, der Jesus Christus, im Fleisch gekommen, bekennt, ist aus Gott; und jeder Geist, der nicht Jesus bekennt, ist nicht aus Gott; und dies ist der Geist des Antichrists, von dem ihr gehört habt, dass er komme, und jetzt ist er schon in der Welt.* (1Jo 4,2-3)

Angenommen Ihnen würde ein Engel mit einer Botschaft Gottes erscheinen. Ganz ehrlich, was würden Sie aufregender finden: Gottes Botschaft oder den Anblick eines Engels?

Wieder und wieder finden wir in der Bibel das folgende Muster: Wer das Privileg bekommt, dass ihm sicht- oder hörbar ein Engel dient, ist immer ein Mensch mit einem reifen Herzen, der Gott begegnen will – nicht den Engeln.

Die Auferstehungsberichte in den Evangelien sind ein gutes Beispiel dafür. Die Frauen und die Jünger glaubten den Engeln, die ihnen von der guten Nachricht der Auferstehung Jesu erzählten, aber nicht einer von ihnen richtete seine Aufmerksamkeit auf die Engel. Niemand geriet außer sich, weil er einen Engel gesehen hatte. Sie freuten sich über das, was die Engel *sagten*.

Beachten Sie, was Maria in Johannes 20,10-18 tat. Sie führte ein eher entspanntes Gespräch mit zwei in weiß gekleideten Engeln, wandte sich dann von ihnen ab, um mit jemandem zu reden, den sie für nicht mehr als einen Gärtner hielt. Es stellte sich heraus, dass es Jesus selbst war. Als sie zu den Jüngern zurückkehrte, sagte sie nicht etwa: „Ich habe Engel gesehen", sondern „ich habe den Herrn gesehen". Sie hatte die richtige Herzenseinstellung, und deshalb konnte Gott ihr Engel zeigen.

Als Randbemerkung über das Wirken der Engel wollen wir uns ein paar verwirrende Fragen stellen, die zwei ungewöhnliche Bibelstellen immer wieder aufwerfen.

Würden uns die Engel Gottes jemals täuschen?

Wir haben bereits gesehen, wie König Ahab in seinem Wagen auf dem Schlachtfeld starb, nachdem er nicht auf die Vision von einem Engel gehört hatte, von der der Prophet Micha ihm berichtete. Der Prophet sagte zu Ahab, er habe den Herrn gesehen *„auf seinem Thron sitzen, und das ganze Heer des Himmels stand um ihn, zu seiner Rechten und zu seiner Linken"* (1Kö 22,19; 2Chr 18,18), und dass diese Engel mit Gott über die Katastrophe und den Tod sprachen, welche bald über Ahab kommen würden, sollte er in den Kampf gegen Syrien ziehen. Was wir zuvor nicht erwähnt haben, ist, dass vierhundert andere Propheten im Gefolge Ahabs mit Michas Perspektive nicht übereinstimmten. Diese anderen Propheten sagten Ahab, er *solle* in die Schlacht ziehen, weil er mit Sicherheit siegen werde.

Micha warnte Ahab, dass diese Propheten Lügner wären. Außerdem teilte er ihm mit, dass Gottes Souveränität ihre Lügen zugelassen hatte, und der Vorschlag sogar von einem der Geistwesen am Thron Gottes kam. Gab Gott einem Engel also den Auftrag, Ahab zu täuschen?

Wir wollen uns einmal das Gespräch im Himmel anschauen, wie Micha es Ahab berichtete:

> *Und der HERR sprach: Wer will Ahab überreden, dass er hinaufziehe und zu Ramot in Gilead falle?*
>
> *Und einer sagte dies, der andere das. Da ging* ***ein Geist*** *aus und trat vor den HERRN und sprach: Ich will ihn überreden!*
>
> *Der HERR sprach zu ihm: Womit?*
>
> *Er sprach: Ich will ausgehen und* ***ein Lügengeist*** *sein im Munde aller seiner Propheten!*
>
> *Er sprach: Du sollst ihn überreden, und du wirst es auch vermögen! Gehe aus und tue also!* (1Kö 22,20-22; 2Chr 18,19-21; SCH)

„Und nun", sagte Micha zu Ahab, *„siehe, der HERR hat* ***einen Lügengeist*** *in den Mund all dieser deiner Propheten gegeben, denn der HERR hat Unheil über dich geredet"* (V. 23).

Sie fragen vielleicht, wie sich ein Engel zu so etwas hergeben konnte. Und warum Gott sich darauf einließ. War es nicht unfair gegenüber Ahab, auch wenn er ein Tyrann und Götzendiener war? Und greifen Engel immer auf diese Art von Tricks zurück?

Doch bevor wir irgendwelche voreiligen Schlüsse ziehen, sollten wir daran denken, dass Ahab das *alles* berichtet wurde – und er wusste es, *bevor* er in die Schlacht zog, und nicht erst hinterher, als es zu spät gewesen wäre, etwas dagegen zu unternehmen. Als Ahab bei Sonnenuntergang in seinem blutüberströmten Wagen starb, war er nicht das Opfer einer durch Engel verursachten Täuschung, sondern das Opfer seiner eigenen Dummheit, da er nicht auf das hörte, was Gott ihm gezeigt hatte. Diese schockierende Vision aus dem Himmel war möglicherweise Gottes gnädige Methode, alle verfügbaren Mittel einzusetzen, um Ahabs Aufmerksamkeit zu erregen und ihn zur Umkehr zu bewegen. Gott hielt nichts vor ihm verborgen. Aber nur Ahab selbst konnte die Entscheidung treffen. Und er entschied sich falsch.

Wir wissen, dass Gott vollkommen gut, ehrlich und heilig ist. Wiederholt sagt uns die Bibel, dass er das Böse in jeder Form hasst (Ps 11,5; Spr 6,16-19; 17,15; Jes 61,8; Jer 44,2-4; Sach 8,17; Mal 2,16). Dieser Aspekt des Wesens Gottes wird in einem Gebet von Habakuk bestätigt: *„Du hast zu reine Augen, um Böses mitansehen zu können, und* ***Verderben vermagst du nicht anzuschauen*** *“* (Hab 1,13).

Es ist möglich, dass der *„Lügengeist“*, der die vierhundert Propheten überkam, ein Dämon oder der Teufel war, ähnlich wie in der Situation, als der Teufel vor Gott erschien und um Erlaubnis bat, Hiob zu peinigen. Doch ungeachtet der Identität des von Micha erwähnten Geistes wissen wir, dass nichts, für das Gott im Leben Ahabs verantwortlich war, böse gewesen sein konnte. Ebenso wenig waren seine Engel verantwortlich für irgendetwas Böses in dieser Situation. Und da Gott sich nie verändert, können er und seine Engel auch niemals der Ursprung von etwas Bösem in unserem Leben sein.

Sind die Engel Mischehen mit Menschen eingegangen?

Diese zweite verwirrende Frage geht auf 1. Mose 6 zurück. Kurz bevor Gottes Gnade Noah vor der Flut rettete, lesen wir:

> *Und es geschah, als die Menschen begannen, sich zu vermehren auf der Fläche des Erdbodens, und ihnen Töchter geboren wurden, da sahen* **die Söhne Gottes** *die Töchter der Menschen, wie schön sie waren, und sie nahmen sich von ihnen allen zu Frauen, welche sie wollten. … In jenen Tagen waren die Riesen auf der Erde, und auch danach, als* **die Söhne Gottes** *zu den Töchtern der Menschen eingingen und sie ihnen Kinder gebaren.* (1Mo 6,1-4)

Wer waren diese „*Söhne Gottes*"? Da sich der hier verwendete hebräische Begriff in den ersten Kapiteln von Hiob auf Engel bezieht, haben einige angenommen, dass die Stelle in 1. Mose ein Beispiel für Engel ist – möglicherweise gefallene Engel –, die Menschen heirateten. Jesu Aussage, dass die Engel im Himmel nicht heiraten (Mt 22,30; Mk 12,25) dürfte diese Auslegung ausschließen.

Weiterhin wurde die Auslegung angeregt, dass „*die Söhne Gottes*" hier für die gottesfürchtigen Nachkommen Adams stehen (durch seinen Sohn Set), die sich mit denen verheirateten, die aus der sündigen Abstammungslinie Kains kamen. Ein anderes mögliches Verständnis von 1. Mose 6 ist, dass hier einfach auf poetische Weise darauf verwiesen wird, wie die Menschheit anfangs geschaffen wurde. Aus dem Staub des Erdbodens bildete Gott Adam (ein „Sohn Gottes"), während er zur Erschaffung Evas (eine „Tochter der Menschen") eine Rippe aus der Seite des Mannes nahm. Wenn es also in 1. Mose 6 heißt, dass die „*Söhne Gottes*" die „*Töchter der Menschen*" heirateten, dann könnte das einfach bedeuten, dass Männer und Frauen heirateten.

Es wartet eine Menge Arbeit auf uns

Engel existieren aus einem Grund, zu einem Zweck: Gott hat sie als seine Diener geschaffen. Sie sollen arbeiten und werden es auch immer tun. Die Tatsache, dass es so viele Engel gibt – und das in alle Ewigkeit – hilft uns daran zu denken, dass unser ewiger Himmel ein sehr arbeitsreicher Ort ist, ein dynamischer, energiegeladener Ort, an dem viel passiert, und Gott selbst gibt das Tempo vor.

Wenn uns der Schreiber des Hebräerbriefes auf die Ewigkeit hinweist, so als wären wir schon dort, sagt er: *„Ihr seid gekommen … zur Stadt des* ***lebendigen*** *Gottes, dem himmlischen Jerusalem"* (Hebr 12,22). Der *lebendige* Gott ist dort – er ist keine Wachsfigur in einem Museum oder ein altgewordener Großvater, der in einem Altersheim dahinsiecht. Er ist gut in Form, und im Himmel geht es so zu, wie *er* es will, und die Engel wissen das. Deshalb sind sie auch so beschäftigt.

Ich schätze, wenn wir erst einmal dort sind, wären wir kaum in der Lage, mit den Engeln mitzuhalten, hätten wir dann nicht einen neuen, geistlichen Körper und Fähigkeiten, die mit ihren vergleichbar sind.

Auf der anderen Seite wartet eine Menge aufregender und erfüllender Arbeit auf uns. Fürs Erste sollten wir von dem Team, das dort bereits tätig ist – unsere treuen Freunde, die Engel –, so viel wie möglich lernen und es gleich hier und jetzt schon anwenden.

KAPITEL 12

Sie kommen, um uns nach Hause zu holen

Menschen sterben. Vierzig Jahre begleite ich nun schon Menschen, die im Sterben liegen. Ich bereitete sie darauf vor und war da, nachdem sie gestorben waren. Ich sah, wie ihre Verwandten über ihren Verlust trauerten und sich an einen Körper klammerten, in dem nun kein Leben mehr war.

Aber im Laufe der Zeit habe ich mehr darüber gelernt, was im Übergang passiert – zwischen dem Festhalten am Leben und dem Augenblick, in dem das Leben aus den Menschen entweicht.

Anhand der Bibel bin ich zu der Überzeugung gelangt, dass Engel Gläubige in den Himmel holen, wenn sie sterben. Ich muss Ihnen ehrlich sagen, dass es eine Weile brauchte, bis ich wirklich davon überzeugt war. Ich habe mir immer Gedanken darüber gemacht. Doch jetzt ist mir klar, dass es berechtigte Gründe gibt, dies zu glauben.

Die Botschaft dieses Kapitels habe ich auf der Beerdigung der Mutter eines unserer Mitarbeiter gepredigt. Diese Frau war 95 Jahre alt und wurde von ihrem Ehemann sogar noch überlebt.

Während der Trauerfeier sprach ich darüber, was passiert, wenn ein Gläubiger stirbt, und wie die Engel kommen, um diesen Menschen zu holen.

Anschließend ging ich auf den Ehemann zu, um ihn zu begrüßen und zu trösten, und um ihm zu sagen, dass ich für ihn beten würde. Während ich mit ihm redete, sprach er so laut, dass man es in der ganzen Kapelle hören konnte (offensichtlich hatte er sein Hörgerät leiser gestellt). „O, Pastor Jeremiah“, sagte er, „die Stelle mit den Engeln gefiel mir ganz besonders. Ich mag die Vorstellung, dass die Engel kommen und Gladys holen.“

Ich war froh, dass es ihm ein Trost war, und ich wünschte, ich hätte es schon früher verstanden und andere damit getröstet. Der Verlust eines Freundes oder eines Familienangehörigen kann ein Augenblick tiefster Dunkelheit für das Volk Gottes auf Erden sein. In seinem Schmerz rief der Psalmist zu Gott: *„Freund und Genossen hast du von mir entfernt; meine Bekannten sind Finsternis“* (Ps 88,18; UELB). Aber die Bibel gibt uns Hoffnung in diesen dunklen Zeiten.

Bevor wir uns genauer ansehen, welche Rolle die Engel bei unserem Tod spielen, wollen wir uns Gedanken über den Tod selbst machen.

Was ist der Tod?

Das Wort *Tod* bedeutet „Trennung“. Das Neue Testament verwendet dafür das griechische Wort *thanatos*. Der physische Tod ist die Trennung von Geist und Seele vom Körper. Dann werden wir den Engeln ähnlicher sein, weil wir den Teil von uns verloren haben, den Engel nicht besitzen – unseren physischen Leib. Nach dem Tod existieren wir nicht länger körperlich und geistig, sondern nur noch geistig.

Nachdem ein Mensch gestorben ist, ist sein Körper nur noch ein Leichnam – *„der Leib ohne Geist ist tot“* (Jak 2,26). Der Körper des Menschen wird verwesen, aber sein Geist und seine Seele werden entweder für immer bei Gott oder ewig von ihm getrennt sein.

Der Tod eines Gläubigen ist eine wichtige Sache für Gott. *„**Kostbar** ist in den Augen des HERRN der Tod seiner Frommen“* (Ps 116,15). In einer Vision hörte Johannes, wie der Himmel selbst diese Tatsache verkündet:

> *Und ich hörte eine Stimme aus dem Himmel sagen: Schreibe: **Glückselig** die Toten, die von jetzt an im Herrn sterben!*
>
> *Ja, spricht der Geist, damit sie ruhen von ihren Mühen, denn ihre Werke folgen ihnen nach.* (Offb 14,13)

„Das Sterben [ist] ***Gewinn***“, sagte Paulus (Phil 1,21).

Christen, die in ihrer Beziehung zu Gott wachsen, verstehen, dass der Tod letztlich Segen bedeutet. Als Student am Dallas Seminary begann ich meine Laufbahn im christlichen Dienst als Assistenzkaplan am Baylor Hospital. Oft ging ich mit dem leitenden Kaplan in den Familienraum, um jemandem zu helfen, mit dem Tod eines geliebten Menschen fertig zu werden. Das eine oder andere Mal, wenn ich im Dienst war, musste ich alleine hineingehen. Irgendwann war es so weit, dass ich das Zimmer betreten konnte, in dem die Familie saß, und dann wusste ich innerhalb von zwei oder drei Minuten, ob ich es mit Christen oder Nichtchristen zu tun hatte. Es war irgendwie unheimlich. Für einen Gläubigen ist der Tod nicht leicht zu verarbeiten, nichts, womit man sich gerne befassen möchte. Es ist hart, Furcht erregend und schmerzhaft. Aber nichts, was uns verzweifeln ließe. Es ist nicht das Ende.

Kurz nachdem ich von meiner Krebserkrankung genesen war, starb in unserer Gemeinde ein 34-jähriger Mann an dieser Krankheit, und ich predigte auf seiner Beerdigung. Ich muss gestehen, dass es viel schwerer für mich war, nachdem ich selbst Krebs gehabt hatte.

Der Krebs hatte seinen Körper in kürzester Zeit zerfressen. Vor seinem Tod besuchte ich ihn zu Hause. Seine Frau und sein noch junger Sohn waren anwesend. Wir saßen zusammen in ihrem Wohnzimmer. Er sprach darüber, in den Himmel zu kommen, als würde er in ein Lebensmittelgeschäft gehen. Es überwältigte mich. Zu seinem kleinen Jungen sagte er: „Und wenn ich dort hinkomme, dann weiß ich, dass ich dich sehr vermissen werde. Aber denke immer daran, was Daddy jetzt erwartet!"

Noch nie zuvor hatte ich so etwas erlebt. Es war ein weiterer Beweis für mich, dass Christen anders sterben. Daran gibt es keinen Zweifel. Die Art, wie Gläubige dem Tod begegnen, ist einer der stärksten Beweise, dass unser Glaube echt ist.

Engel für unsere letzte Reise

Wo kommen nun die Engel ins Spiel? Die Bibel versichert uns ihren speziellen Dienst zum Zeitpunkt unseres Todes.

In Lukas 16 erzählt unser Herr eine faszinierende Geschichte von zwei Männern, die so verschieden waren, wie sie nur sein konnten. Gleich zu Beginn ihrer Geschichte macht Jesus den Gegensatz ganz deutlich:

> *Es war aber ein reicher Mann, und er kleidete sich in Purpur und feine Leinwand und lebte alle Tage fröhlich und in Prunk.*
>
> *Ein Armer aber, mit Namen Lazarus, lag an dessen Tor, voller Geschwüre, und er begehrte, sich mit den Abfällen vom Tisch des Reichen zu sättigen; aber auch die Hunde kamen und leckten seine Geschwüre.*
>
> *Es geschah aber, dass der Arme starb und von den Engeln in Abrahams Schoß getragen wurde.*
>
> *Es starb aber auch der Reiche und wurde begraben. Und als er im Hades seine Augen aufschlug und in Qualen war …* (Lk 16,19-23)

Diese beiden Männer waren nur durch ein Tor getrennt. Draußen bettelte Lazarus, während der reiche Mann im Inneren seines Hauses ein luxuriöses Leben führte. Aber Lazarus kannte Gott, der Reiche nicht.

Achten Sie vor allem auf den Kontrast, nachdem die beiden gestorben waren. Der reiche Mann „*starb … wurde begraben*“. Punkt. Als Nächstes sehen wir ihn im Hades.

Aber als Lazarus starb, wurde er „*von den Engeln in Abrahams Schoß getragen*“. („*Abrahams Schoß*“ war für die Juden ein Bild von dem Festmahl und der Freude, die wir in der Ewigkeit genießen werden.) Zu Lebzeiten hatte der Bettler Hunde, die ihn ableckten, als Gefährten, aber bei seinem Tod hatten die Engel die Ehre, ihn in den Himmel zu bringen. Und sie waren nicht nur *bei* ihm, sie *trugen* ihn sogar.

Lazarus wurde in diesem Leben nur als eine der geringsten Personen angesehen, aber das schloss ihn nicht davon aus, von einer Engeleskorte durch das Tor zur Ewigkeit geleitet zu werden. Dem einfachen Lazarus wurde dieses Privileg gewährt, und offensichtlich auch dem höchsten aller Menschen – dem Sohn des Menschen selbst.

Die Bibel deutet an, dass Jesus am Tag seiner Himmelfahrt möglicherweise von Engeln in den Himmel getragen wurde. In Markus 16,19 lesen wir, dass er *„in den Himmel* ***aufgenommen***" wurde. Lukas schreibt davon, dass Jesus, während er seine Jünger *„segnete, von ihnen schied und* ***hinaufgetragen*** *wurde in den Himmel*" (Lk 24,51). In Apostelgeschichte 1,9 lesen wir: *„Und als er dies gesagt hatte, wurde er vor ihren Blicken* ***emporgehoben***…" Engel hatten womöglich das Privileg, Jesus bei seiner Rückkehr nach Hause hinaufzutragen.

Warum dienen Engel uns auf diese Weise zum Zeitpunkt unseres Todes?

Ein Grund könnte mit der Tatsache zusammenhängen, dass der Teufel als der *„Fürst der Macht der Luft"* beschrieben wird (Eph 2,2). Vielleicht müssen wir diesen Machtbereich durchqueren, um von der Erde in den Himmel zu gelangen. Zwischen unserem vorübergehenden Zuhause hier und unserem dauerhaften Zuhause dort oben liegt möglicherweise ein ausgedehntes Stück Feindesland. Es ist eine Reise, die Engel oft zurücklegen müssen, daher ist es ein großer Trost, sie an unserer Seite zu wissen, wenn wir sie selbst antreten müssen.

In seinem Buch *Somewhere Angels* nennt Larry Libby Kindern noch einen weiteren Grund:

> Gott sehnt sich so sehr, dich bei sich zu haben, dass er dir seinen eigenen Engel schickt. Und sei nicht überrascht, wenn der Engel dich anlächelt.

KAPITEL 13

Gefallene Engel

Sie haben sicher schon mal ein Ratespiel mit Gegensätzen gemacht. Ich sage „klein", und wenn Sie bei Verstand sind (zumindest einen Augenblick lang), sollten Sie schnell mit „groß" antworten. Ich sage das Wort *Dunkelheit*, und Sie antworten *Licht*. Ich sage *weich*, Sie reagieren mit *hart*. Ich sage *gut*, und Sie *schlecht*.

Und was ist, wenn ich … „Gott" sage?

Wenn Sie mit „Teufel" antworten, liegen Sie falsch (vielleicht sind Sie nicht richtig informiert oder nicht ganz auf Draht heute).

Der Teufel ist nicht das Gegenstück zu Gott. Er kann es nicht sein, weil er selbst von Gott geschaffen wurde. Niemand ist Gottes Gegenstück. Aber ist es nicht interessant, wie sehr uns der Teufel glauben machen will, dass er Gott an Macht und Bedeutung ebenbürtig ist?

Jetzt kommen wir zu dem, was ich Ihnen viele Seiten zuvor in diesem Buch versprochen habe. Wir werden uns eine Weile mit den gefallenen Engeln beschäftigen: mit dem Teufel und seinen Dämonen, die ihm folgen.

Als ich eine Predigtreihe über Engel in unserer Gemeinde hielt, riefen die Predigten über den Teufel und seine gefallenen Engel die stärkste Reaktion hervor. Das hätte ich mir nie träumen lassen. Ich hielt sie für nebensächliche Predigten, die sich mit notwendigen negativen Faktoren befassten, und die ich schnell hinter mich bringen wollte, damit wir uns ganz auf die positiven Dinge über Engel konzentrieren konnten. Aber es gab mehr Interesse daran als an allem anderen.

Daher weiß ich, dass Sie neugierig sein werden und mehr über dieses Thema erfahren wollen. Es ist immer gut, seinen Feind zu kennen. *„Denn seine Gedanken sind uns nicht unbekannt"* (2Kor 2,11), sagt Paulus.

Deshalb war er in der Lage Pläne zu machen, *„damit wir nicht vom Satan übervorteilt werden"*. Wir wollen uns von seinen Tricks und Schachzügen nicht überraschen lassen, auch wenn wir in diesem Buch nur das Wesentliche streifen können.

Auf der anderen Seite ist es jedoch unsere Absicht, uns nicht zu sehr mit dem Teufel zu beschäftigen, wie es bei manchen Leuten der Fall zu sein scheint. Ich schenke dem Teufel nicht zu viel Aufmerksamkeit in meinem Leben, und ich glaube, kein Christ sollte das tun. Nicht, dass wir ihn ignorieren oder seine Existenz als nun mal gegeben hinnehmen sollten, aber man kann sich nicht auf zwei Dinge gleichzeitig konzentrieren. Wenn ich mir ständig wegen dem Teufel Sorgen machte, bleibt mir keine Zeit mehr, Gott anzubeten. Amy Carmichael pflegte zu sagen: „Ich singe Gott Lobpreis, und sage dem Teufel ade."

Ich hoffe, die wunderbaren Wahrheiten über Engel, die wir uns bereits angesehen haben, helfen Ihnen, dieses Thema richtig einzuordnen. Der Teufel und seine gefallenen Engel wurden für dieselben Privilegien geschaffen, die die guten Engel genießen. Auch der Teufel hätte sich an dieser herrlichen Existenz erfreuen können. Wie wahr ist das Urteil über seinen eingeschlagenen Kurs: *„Wie bist du vom Himmel gefallen ...!"* (Jes 14,12).

Bibellehrer führen vor allem zwei alttestamentliche Stellen an, die auf den Fall des Teufels hinweisen. In Hesekiel 28 finden wir Hinweise auf den ursprünglichen Zustand des Teufels vor seinem Fall, während sich Jesaja 14 auf seine innere Rebellion zu konzentrieren scheint, die die Ursache dafür war.

Beide Stellen sind jedoch abgesehen von Satan zunächst auf irdische Herrscher anzuwenden: Hesekiel schreibt *„ein Klagelied über* ***den König von Tyrus****"* (Hes 28,12), während Jesaja seine Worte mit einem *„Spottlied ... über* ***den König von Babel****"* einleitet (Jes 14,4). Aber in beiden finden sich deutliche Anspielungen auf den Teufel, was beiden Texten eine größere Tragweite verleiht.

Man könnte diese Bibelstellen folgendermaßen betrachten: *Beide* weisen auf die erwähnten irdischen Könige *und* auf den Teufel hin, in ähnlicher Weise wie die messianischen Stellen sowohl von den Königen

Israels als auch von Christus sprechen. Sie erfüllen sich in mehr als nur einer Hinsicht.

Der Teufel vor seinem Fall

Bevor wir uns die Bilder ansehen, die diese beiden Propheten zeichnen, wollen wir mit einer Kernaussage Jesu beginnen. Er lehrte gegenüber den Juden, dass der Teufel *„ein Menschenmörder* ***von Anfang an war und in der Wahrheit nicht bestanden ist*** " (Joh 8,44; UELB). Hier sehen wir, dass Satans Fall noch vor Beginn der uns bekannten Menschheitsgeschichte stattfand. Das zeigt auch 1. Johannes 3,8, wo wir lesen, dass *„der Teufel* ***von Anfang an*** *sündigt"*.

Aber der Ausdruck *„stand nicht in der Wahrheit"* in Johannes 8,44 scheint anzudeuten, dass der Teufel in der Wahrheit hätte stehen *können*, es aber nicht tat, oder es *einst tat*, jetzt aber nicht mehr.

Gehen wir zu Hesekiel 28, einer Stelle, die voller Rätsel ist. In den Anfangsversen dieses Kapitels verkündet Hesekiel das Gericht über den König von Tyrus. Doch nach Vers 11 kann man die Ausführungen des Propheten schwer, wenn nicht sogar unmöglich einem menschlichen Wesen zuschreiben. Vielmehr scheint er über den menschlichen Herrscher von Tyrus hinauszugehen und über die wirkliche Macht hinter seinem Thron zu sprechen, dem „König", der niemand anderes ist als der Teufel.

Hesekiel leitet seine Beschreibung mit den Worten ein: *„So spricht der Herr, HERR"* (Hes 28,12). Er schildert hier nicht, was er, der Prophet, gesehen hat, sondern was Gott selbst ihm mitgeteilt hatte.

Die Worte sind direkt an diesen *„König von Tyrus"* gerichtet. Die ersten Verse erinnern ihn an seine Vergangenheit und daran, dass er einst ein ***„schirmender,*** *gesalbter* ***Cherub"*** war, weil Gott ihn *„dazu gemacht hatte"* (Hes 28,14; UELB).

Dieser schirmende Cherub war vollkommen. *„Der du* ***das Bild der Vollendung*** *warst, voll von Weisheit und vollkommen an Schönheit"* (Hes 28,12; UELB). Sein Verstand und seine Gestalt waren vollkommen.

Der schirmende Cherub besaß kein eigenes Licht, sondern wurde von

Beginn an vollständig von seinem Schöpfer prachtvoll ausgestattet, um Gottes Herrlichkeit zum Ausdruck zu bringen:

Aus ***Edelsteinen*** *jeder Art war deine Decke:*
Karneol, Topas und Jaspis,
Türkis, Onyx und Jade,
Saphir, Rubin und Smaragd;
und Arbeit in ***Gold*** *waren deine Ohrringe und deine Perlen an dir;*
am Tag, als du geschaffen wurdest, wurden sie bereitet.
(Hes 28,13)

Uns wird auch gesagt, *wo* Gott diesen schirmenden Cherub positionierte:

Du warst in Eden,
dem Garten Gottes …
Du warst ***auf Gottes heiligem Berg****,*
mitten unter feurigen Steinen gingst du einher.
(Hes 28,13-14)

Der Teufel nach seinem Fall

Der nächste Vers nimmt auf die Vollkommenheit dieses Cherubs Bezug – und auf einmal sehen wir, wie sie in sich zusammenfällt.

Vollkommen warst du in deinen Wegen
von dem Tag an, als du geschaffen wurdest,
bis ***sich Unrecht an dir fand.***
(Hes 28,15)

Die folgenden Verse erläutern dieses „Unrecht“ und beschuldigen den schirmenden Cherub der Gewalt und insbesondere des Stolzes, der dazu führte, dass er aus Gottes Gegenwart verstoßen wurde. Der Teufel hatte alles, aber er wollte mehr.

Durch die Menge deines Handels
fülltest du dein Inneres mit Gewalttat
und sündigtest.
Und ich verstieß dich vom Berg Gottes
und trieb dich ins Verderben, du schirmender Cherub,
aus der Mitte der feurigen Steine.
Dein Herz wollte hoch hinaus
wegen deiner Schönheit,
du hast deine Weisheit zunichte gemacht
um deines Glanzes willen.
Ich habe dich zu Boden geworfen,
habe dich vor Königen dahingegeben,
damit sie ihre Lust an dir sehen.
Durch die Menge deiner Sünden, in der Unredlichkeit deines Handels,
hast du deine Heiligtümer entweiht.
(Hes 28,16-18)

Die letzten Zeilen in dieser Prophezeiung über „*den König von Tyrus*" blicken möglicherweise weit in die Zukunft, um das Ende des Teufels vorherzusagen, wenn er schließlich in den Feuersee geworfen wird (Offb 20,10) und für immer aus dem Blickfeld von Menschen und Engeln verschwindet:

Darum habe ich aus deiner Mitte ein Feuer ausgehen lassen,
das hat dich verzehrt,
und ***ich habe dich zu Asche*** *auf der Erde* ***gemacht***
vor den Augen aller, die dich sehen.
Alle, die dich kennen unter den Völkern,
entsetzen sich über dich;
ein Schrecken bist du geworden
und bist dahin auf ewig!
(Hes 28,18-19)

Dieser Blick auf den Teufel mit dieser wahrscheinlich naheliegenden Auslegung, macht deutlich, dass er zum Zeitpunkt seiner Erschaffung keineswegs böse war. Johannes Calvin beschreibt es so: „Durch seine Rebellion und seinen Fall brachte er all das Schreckliche in ihm über sich." In ihrem ursprünglichen Zustand waren alle Dinge gut, einschließlich des Teufels. Aber der Teufel entschied sich, nicht Gott, sondern sich selbst zu folgen, und machte so seine *„Weisheit zunichte"* (Hes 28,17). Der Teufel spricht nicht länger Gottes Sprache, sondern hat sich seine eigene zugelegt, wie Jesus uns sagt: *„Wenn er die Lüge redet,* ***so redet er aus seinem Eigenen****, denn er ist ein Lügner und der Vater derselben"* (Joh 8,44).

Die innere Rebellion des Teufels

Jesaja 14 blickt tiefer in das Wesen der Rebellion des Teufels.

Der Text beginnt folgendermaßen: *„Du* ***Glanzstern****, Sohn der Morgenröte!"* (14,12), oder wie die englische *King James*-Bibel es ausdrückt: *„O* ***Luzifer****, Sohn des Morgens"*. („Luzifer" stammt von einem Namen mit der Bedeutung „Lichtträger", der in lateinischen Übersetzungen dieses Verses verwendet wurde; im weiteren Verlauf werden wir auf diesen alten Namen zurückgreifen.) Hier wird der Teufel so angesprochen, wie er vor seinem Fall beschaffen war.

Doch nun beginnt das *„Spottlied"* (14,4) auf Luzifer:

Wie ***bist du vom Himmel gefallen*** *…*
Wie bist du zu Boden geschmettert,
Überwältiger der Nationen!
(14,12)

Was nun folgt, ist Luzifers Unabhängigkeitserklärung. Beachten Sie die fünf Gelübde, die er in seinem Innern zum Ausdruck bringt – fünf Versprechen, die Luzifer sich selbst gibt:

Und du, du sagtest in deinem Herzen:
Zum Himmel will ich hinaufsteigen,
hoch über den Sternen Gottes meinen Thron aufrichten
und mich niedersetzen auf den Versammlungsberg im äußersten Norden.
Ich will hinaufsteigen auf Wolkenhöhen,
dem Höchsten mich gleich machen.
(Jes 14,13-14)

Als Erstes wollte Luzifer den *Platz* Gottes einnehmen. Er sagte: „***Zum Himmel*** *will ich hinaufsteigen*" – das bezieht sich offensichtlich auf den höchsten und heiligsten Himmel, wo Gott allein wohnt, ein Ort, der noch über dem der Engel liegt. (Beachten Sie, dass Paulus in 2. Korinther 12,2 von drei Himmeln spricht.) Luzifer wollte Gott als den Höchsten über allen Dingen ersetzen. Er wollte „*hinaufsteigen auf Wolkenhöhen*". Dieser Ausdruck spricht von dem Ort der Gegenwart Gottes.

Zweitens wollte Luzifer Gottes *Position* und *Autorität*. Er sagte: Ich will „***hoch über den Sternen Gottes*** *meinen Thron aufrichten*" und „*mich* ***niedersetzen*** *auf den Versammlungsberg im äußersten Norden*". Die „Sterne" und der „Versammlungsberg" sind höchstwahrscheinlich Anspielungen auf die anderen Engel. Luzifer wollte der Einzige von Bedeutung sein und Macht über alle anderen besitzen.

Drittens war Luzifer entschlossen, wie Gott zu werden. Ich will „*mich dem Höchsten gleich machen*". Er wollte Gottes Privilegien, seine Unabhängigkeit, seine Anbetung.

Doch in all diesen Dingen unterschied er sich völlig von Gott! Schauen Sie sich nur den Gegensatz an zwischen den Worten Luzifers und der Einstellung Christi:

Der in Gestalt Gottes war
und es nicht für einen Raub hielt, Gott gleich zu sein.
Aber er ***machte sich selbst zu nichts***
und nahm Knechtsgestalt an,
indem er den Menschen gleich geworden ist.
(Phil 2,6-7)

Luzifers größte Sünde war sein Stolz. Und Stolz geht der Zerstörung voraus, wie Jesaja anschließend zeigt:

> *Doch in den Scheol wirst du hinabgestürzt,*
> *in die tiefste Grube.* (Jes 14,15)

Luzifers Stolz machte aus einem Engel einen Teufel. Sein aus ihm selbst kommender Stolz brachte Gottes Fluch über ihn. Der Teufel wurde zum Todfeind der Demut.

Wie konnte es zu seiner Geschichte kommen? Wie konnte sich jemand, der „*das Bild der Vollendung*" war, so ins Unglück stürzen?

Wir wissen, dass es sein Stolz war. Aber wusste Gott bei der Erschaffung Luzifers nicht, dass der Stolz einmal Besitz vom Herzen dieses Engels ergreifen würde?

Ja, er wusste es, müssen wir folgern. Da Gott allwissend ist, muss er es gewusst haben.

Aber hätte Gott es verhindern können?

Ja, Gott ist allmächtig. Er hätte den Fall des Teufels sicherlich verhindern können.

Warum tat er es dann nicht?

Die Antwort scheint in dem Geheimnis zu liegen, dass Luzifer, so wie auch wir, mit der Freiheit geschaffen wurde, selbst zu entscheiden, was er wollte. Luzifer benutzte seine Gabe gegen den Geber. Und Gott „respektierte" seine Entscheidung, genauso wie er unsere respektiert.

Lektionen aus dem Fall des Teufels

Was können wir aus Satans Fall lernen?

Zuerst sollten wir erkennen, welche Macht der Stolz besitzt. Ich glaube, keine Versuchung begegnet uns häufiger oder konfrontiert uns hartnäckiger oder verlockt uns raffinierter als die Versuchung zum Stolz. Ich habe mal gehört, wie gesagt wurde: „Der Teufel schläft wie ein Tier im Schatten guter Werke und wartet nur darauf, dass wir uns heimlich selbst bewundern."

Wie sehr bewundern Sie sich zurzeit heimlich? In diesen Augenblicken ähneln Sie dem Teufel mehr als bei jeder anderen Sünde, die Ihnen in den Sinn kommt.

Satans Strategie ist der Stolz. Diesen Ansatz hat er in der ganzen Geschichte immer wieder verfolgt, und tut es heute noch. Ich schätze, seitdem er angefangen hat, hat er keine neuen Ideen mehr gehabt; er verpackt die alten Sachen nur immer wieder neu. Und die Menschen fallen darauf herein. Seine Methode *funktioniert*. Wir schmeicheln uns ebenso gerne selbst, wie wir uns von anderen schmeicheln lassen.

Aber „*Gott widersteht den Hochmütigen*" (Jak 4,6; 1Petr 5,5). Wenn Gott so schnell und vehement einem vollkommenen und herrlichen Engel widerstand, der sich in seinem Stolz erhob, kann er sicherlich auch jeden von uns ausbremsen. Wie viel unseres Mangels an geistlicher Kraft lässt sich wohl direkt auf Stolz zurückführen?

Der Teufel versucht auch das Volk Gottes in die Irre zu führen. Er ist der „*Feind*", der Unkraut unter den Weizen sät (Mt 13,24-30). Er wirkt auch heute noch in unseren Gemeinden. Es ist wie ein Virus – ein bisschen Stolz und Unzufriedenheit, die größer werden und sich wie Krebs ausbreiten.

Der Teufel will eine Gemeinde so beeinflussen, wie es ihm passt, und Stolz hat sich dazu als der sicherste und schnellste Weg erwiesen.

Zweitens sollten wir vor den Absichten und Plänen des Teufels auf der Hut sein. Nachdem er selbst gefallen war, ging der Teufel in den Garten Eden, um auch die Menschheit zu Fall zu bringen. So wie er Adam und Eva verführte und eine unfassbare Tragödie über sie brachte, agiert er auch weiterhin durch seine hinterlistigen Pläne gegen Engel und Menschen. Er will uns zerstören und uns für das Reich Gottes unbrauchbar machen. Er führt einen Großangriff, um die Hölle mit Ungläubigen zu bevölkern, einschließlich all Ihrer Nachbarn, Freunde und Verwandten, die Christus noch nicht angenommen haben. Er will so viele „gute" Menschen mit sich ins Verderben reißen, wie er kann. Er freut sich, wenn er die Leute, die Christus noch immer als ihren Erlöser ablehnen, fest im Griff behalten kann, weil wir nicht für sie beten und ihnen kein Zeugnis geben.

Satans Vermächtnis ist überall sichtbar. In jedem Sünder und jeder Sünde zeigt sich sein Wirken. *„Wer die Sünde tut, ist* ***aus dem Teufel***“ (1Jo 3,8). Jesus nennt ihn nicht nur einen *„Lügner*“, sondern auch den „***Vater*** *derselben*“ (Joh 8,44), weil jede Lüge letzten Endes von ihm stammt.

Daher sagte Jesus im selben Vers zu seinen ungläubigen Zuhörern: *„Ihr seid aus dem Vater, dem Teufel.*“ Die Sünde ist das Bild des Teufels in denen, die nicht als Kinder Gottes wiedergeboren wurden. Jeder von uns wird entweder Gott oder dem Teufel ähnlicher.

Wir können es uns nicht leisten, vor den Strategien und Taktiken des Teufels die Augen zu verschließen. Lesen Sie, wie uns die Bibel vor seinen Plänen und seinem Wesen warnt. Achten Sie darauf, wie genau diese Stellen beschreiben, was Satan *tut*:

„Euer Widersacher, der Teufel, ***geht umher*** *wie ein brüllender Löwe* ***und sucht, wen er verschlingen kann***“ (1Petr 5,8).

Er ist *„der Starke*“, der *„bewaffnet seinen Hof* ***bewacht***“, damit *„seine Habe in Frieden ist*“ (Lk 11,21).

Er ist der *„Fürst der Macht der Luft, des Geistes,* ***der jetzt*** *in den Söhnen des Ungehorsams* ***wirkt***“ (Eph 2,2).

Er ist *„der Gott dieser Welt*“, der *„den Ungläubigen den Sinn* ***verblendet*** *hat*“ (2Kor 4,4).

„Jener war ein ***Menschenmörder*** *von Anfang an und stand nicht in der Wahrheit, weil keine Wahrheit in ihm ist. Wenn er* ***die Lüge redet****, so redet er aus seinem Eigenen, denn er ist* ***ein Lügner*** *und der Vater derselben*“ (Joh 8,44).

Er hat die Welt fest im Griff. *„Wir wissen, dass ... die ganze Welt in dem Bösen liegt*“ (1Jo 5,19).

Und das Bitterste von allem ist, dass dieser umherstreifende, brüllende, hungrige, starke, gierige, aktive, blendende, mordende und beherrschende Betrüger in der *„Gestalt eines Engels des* ***Lichts***“ auftritt (2Kor 11,14).

„Der Zweck all dieser Beschreibungen ist es“, sagt Calvin,

> uns vorsichtiger und wachsamer zu machen, uns auf den Kampf vorzubereiten. ... Das ist der Nutzen all dieser Aussagen.

Sogar seine Namen bedeuten nichts Gutes. Das Wort *Satan* bedeutet „Ankläger"; *Teufel* bedeutet „Verleumder". Zu seinen Bezeichnungen gehören: der *„Drache, die alte Schlange"* (Offb 20,2), *„der Versucher"* (Mt 4,3; 1Thes 3,5), *„Beelzebul"* (Mt 10,25), was „Herr der Fliegen" bedeutet, und *„Belial"* (2Kor 6,15), was „Wertlosigkeit" oder „Ruin" meint.

Der Teufel ist nicht Gottes Gegenstück, sondern sein Todfeind. Die Taktik, die er im Garten Eden verfolgte, sollte Gott bei Eva unglaubwürdig machen, und so geht er auch heute noch vor. Ist Ihnen Gottes Ehre und Verherrlichung wichtig? Sind Sie dem Reich Gottes treu? Dann müssen Sie den Feind Gottes zu Ihrem eigenen machen.

Wenn Ihnen der Name *Christ* etwas bedeutet, haben Sie keine Wahl und müssen dem Feind Christi widerstehen, denn *„der Sohn Gottes ist geoffenbart worden, damit er die Werke des Teufels vernichte"* (1Jo 3,8). Jesus nennt ihn den *„Fürst dieser Welt"* (Joh 12,31), der, wie er später hinzufügt, *„gar nichts in mir hat"* (Joh 14,30). *„Der Fürst dieser Welt ist gerichtet"* (Joh 16,11). Durch seinen Tod und seine Auferstehung hat Christus die Niederlage des Teufels bereits besiegelt. Der Krieg ist gewonnen. Aber noch sind nicht alle Schlachten geschlagen. Nehmen Sie das Privileg an, als Soldat an diesen Siegen teilzuhaben?

Das führt uns zur dritten Lektion: Denken Sie daran, dass Gott über allem steht und allem überlegen ist. Der Teufel ist mit seinem Stolz nicht durchgekommen. Und er wird es auch jetzt nicht schaffen. Er darf seinen Schaden auf der Erde nur dort anrichten, wo seine Kette hinreicht, und Gott selbst hat ihn angekettet. Der Teufel kann nichts tun, was Gott ihm nicht gestattet. Er kann nichts ausrichten, was gegen Gottes Willen ist oder nicht seine Zustimmung findet.

Es ist wirklich ein Geheimnis. An einer Stelle äußert sich Calvin über Ziel und Möglichkeiten des Teufels:

> Sein Ziel ist Gott entgegengesetzt. Er ist auf das aus, was seiner Ansicht nach möglichst weit vom Willen Gottes entfernt ist. *Doch*

> *da Gott ihn mit den Zügeln seiner Macht gebunden und gefesselt hat*, kann er nur das tun, was ihm erlaubt ist, und auf diese Weise gehorcht er, wenn auch widerwillig, seinem Schöpfer und ist gezwungen … ihm zu dienen.

Die Bibel zeigt uns das nicht nur in Hiobs Geschichte, wo der Teufel den Mann erst peinigen durfte, nachdem Gott gesagt hatte: *„Er ist in deiner Hand“* (Hi 1,12; 2,6). Auch an anderen Stellen wird das deutlich. So wurde beispielsweise König Saul von einem bösen Geist gequält, der aber *„ein böser Geist* ***vom HERRN***“ (1Sam 16,14; 19,9) genannt wird, weil Gott ihn gewähren ließ.

Selbst Paulus erlebte das. *„Ein Engel Satans“* schlug ihn, aber Paulus verstand, was Gott damit erreichen wollte: *„Damit ich mich nicht überhebe“* (2Kor 12,7). Er kämpfte nicht mit dem Teufel, sondern bat *„den Herrn … dass er von mir ablassen möge“* (12,8). Paulus wusste, dass es vom Herrn kam.

Der Teufel kann durchaus eine beherrschende Kraft im Leben von Gläubigen sein, die sich nicht von Gott abhängig machen. Aber selbst wenn *„sie von ihm gefangen worden sind für seinen Willen“*, gibt Gott ihnen doch die Hoffnung und die Möglichkeit, *„wieder aus dem Fallstrick des Teufels“* herauszukommen (2Tim 2,26). Es gibt immer einen *„Ausgang“* (1Kor 10,13), besonders wenn wir an das Endergebnis denken: *„Der Gott des Friedens aber wird in kurzem den Satan unter euren Füßen zertreten“* (Röm 16,20).

Einstweilen, da wir Teil des Leibes Christi sind, spüren wir noch den Stachel des Teufels, aber wir werden auch am Vergeltungsschlag teilhaben, wenn Christus ihm *„den Kopf zermalmen“* wird (1Mo 3,15).

Die Heerscharen des Teufels

Satan führt seine geistlichen Angriffe nicht allein aus. Jesus sagt, das ewige Feuer *„ist bereitet dem Teufel* ***und seinen Engeln***“ (Mt 25,41). Auch in Offenbarung 12,9 ist vom Teufel *„und seinen Engeln“* die Rede. Matthäus 12,24 bezeichnet ihn als *„den Beelzebul, den Obersten* ***der Dämonen***“.

Wir haben mehr als einen Feind gegen uns, und es ist möglich, dass wir von mehr als einem gleichzeitig angegriffen werden. Über Maria Magdalena wissen wir, dass Jesus *„sieben Dämonen"* aus ihr ausgetrieben hat (Mk 16,9; Lk 8,2). Ein Mann war gar von einer ganzen *Legion* von Dämonen besessen (Mk 5,9-15; Lk 8,30-33).

Diese Geister sind Wesen mit Verstand, keine Krankheiten, Leiden oder Einbildungen. Sie besitzen alle Merkmale einer Persönlichkeit. Sie glauben sogar an Gott, wie Jakobus uns mitteilt: *„Du glaubst, dass nur einer Gott ist? Du tust recht; auch* ***die Dämonen glauben*** *und zittern"* (Jak 2,19). Dämonen können denken, glauben, hören und sprechen.

Wer sind sie, und woher kommen sie?

Der Teufel kann sie nicht geschaffen haben, da allein Gott der Schöpfer ist. Die beste Erklärung ist, dass sie gefallene Engel sind, die sich irgendwann der Rebellion des Satans angeschlossen haben.

Petrus teilt uns mit:

> *Denn wenn Gott* ***Engel****, die gesündigt hatten, nicht verschonte, sondern sie in finsteren Höhlen des Abgrundes gehalten und zur Aufbewahrung für das Gericht überliefert hat …* (2Petr 2,4)

Judas spricht von Engeln, *„die ihren Herrschaftsbereich nicht bewahrt, sondern ihre eigene Behausung verlassen haben"* (Jud 1,6).

Eine weitere Bibelstelle deutet auf die Möglichkeit hin, dass ein Drittel der Engel im Himmel zusammen mit dem Teufel in Sünde fiel. Im Buch der Offenbarung sah Johannes: *„Ein großer, feuerroter Drache"*, dessen *„Schwanz* ***den dritten Teil der Sterne*** *des Himmels fortzieht; und er warf sie auf die Erde"* (Offb 12,3-4). Später in diesem Kapitel wird dieser Drache als Satan identifiziert. Und wie wir gesehen haben, repräsentieren die Sterne oftmals Engel – in der Offenbarung und an anderen Stellen. Möglicherweise sah Johannes in seiner Vision, was im Himmel vor dem Beginn der Menschheitsgeschichte geschah.

Ein geistlicher Kampf

Die Dämonen sind die Diener des Teufels, die ihm dabei helfen wollen, Gottes Plan zu vereiteln. Häufig werden sie in der Bibel auch „böse Geister" oder „unreine Geister" genannt. Satan selbst herrscht über sie, und sie beteiligen sich an seinem schmutzigen Geschäft.

Bei Feinden wie diesen brauchen wir Freunde. Gott hat sie uns gegeben, und er zeigt sie uns in seinem Wort.

Denken Sie an die Tatsache: Dämonen können nichts tun, was nicht den guten Absichten und Plänen Gottes entspricht. Und vergessen Sie nicht: *„Weder Engel* ***noch Fürstentümer noch Gewalten*** *... noch irgendein anderes Geschöpf vermag uns zu scheiden von der Liebe Gottes, die in Christus Jesus ist, unsrem Herrn!"* (Röm 8,38-39; SCH).

Calvin liefert uns wieder einmal eine gute Illustration. Er sagt: „Nach seinem Wohlgefallen richtet Gott die unreinen Geister hierhin und dorthin", alles mit der Absicht, die „Gläubigen zu formen". Die Dämonen „kämpfen stets gegen sie, greifen sie mit List und Tücke an, bedrängen und belasten sie, erschrecken, beunruhigen und verwunden sie sogar gelegentlich, aber *niemals besiegen oder unterdrücken sie sie*".

So wie der Teufel und die Dämonen einen gemeinsamen Ursprung und ein gemeinsames Interesse und Werk haben, werden sie auch ein gemeinsames Schicksal teilen. Paulus versichert uns, dass Jesus *„herrschen muss, bis er* ***alle Feinde*** *unter seine Füße gelegt hat"* (1Kor 15,25). Das schließt den Teufel und alle Dämonen mit ein.

Jedes Mal wenn Jesus den Dämonen in den Evangelien begegnete, bezwang er sie. Seine Jünger bekamen dieselbe Macht verliehen. Als sie *„mit Freuden"* von einem Auftrag zurückkamen, berichteten sie Jesus: *„Herr, auch* ***die Dämonen sind uns untertan*** *in deinem Namen"* (Lk 10,17). Und Jesus antwortete ihnen: *„**Ich schaute den Satan** wie einen Blitz vom Himmel **fallen**"* (V. 18).

Judas sagt, Gott hat die gefallenen Engel *„zum Gericht des großen Tages* ***mit ewigen Fesseln*** *unter Finsternis verwahrt"* (Jud 1,6).

Bis dieser große Tag kommt, müssen wir kämpfen. Und *„unser* ***Kampf*** *ist … gegen die Weltbeherrscher dieser Finsternis, gegen die geistigen Mächte der Bosheit in der Himmelswelt"* (Eph 6,12).

In diesem Kampf gibt es jemanden, der uns zeigt, wie wir durchhalten und den Sieg davontragen, jemand, der in seinem Leben sowohl den geistlichen Kampf als auch die Nähe der Engel kannte, mehr als jeder andere, der jemals über diese Erde ging.

In diesem Buch bleiben uns nur noch wenige Seiten. Wir haben also nicht mehr viel Zeit und Raum für unser Studium der Engel. Wir wollen es zusammen beenden, indem wir uns noch eine Weile mit einer Person beschäftigen, die bei den Engeln bestens bekannt ist.

KAPITEL 14

Die Engel und Jesus

Er wurde *„gesehen von den Engeln"*, sagt Paulus in einem Vers, der wie ein Loblied klingt: 1. Timotheus 3,16. Jesus verließ den Himmel – wo die Geistwesen zu Hause sind – und kam auf die Erde – dahin, in die Welt von Fleisch und Blut.

Und Engel sahen ihm staunend zu.

Geben Sie acht: Einer dieser Engel, der staunend zusah, hat sich zu uns gesellt. Es ist unser alter Freund, der uns anfangs mit auf all die Blitzreisen durch die Bibel nahm, wo wir den Engeln bei der Arbeit zuschauen konnten.

Wir heißen ihn wieder willkommen und danken ihm für die Notiz, die er uns zurückgelassen hatte. Er fragt uns, ob wir noch einmal in die Vergangenheit reisen wollen. Wir nicken eifrig.

Er sagt, dieses Mal würde unsere Reise die Lebenszeit eines einzelnen Menschen abdecken. „Das ist die Geschichte eines Menschen", teilt uns unser Führer mit. „Es ist meine *Lieblingsgeschichte*", fügt er noch hinzu. „Und auch eure."

Wir verstehen. Und wir sind froh, weil wir immer wieder etwas Neues in dieser Geschichte finden. Was werden wir diesmal entdecken?

„Los geht's", sagt er. Und schon sind wir unterwegs.

Bei seiner Geburt

Grasbewachsene Hügel in der Nähe eines Dorfes bei Nacht. Wir sehen mit Kamelhaarmänteln bekleidete Hirten, die sich um ein Lagerfeuer drängen. Uns ist sofort klar, an welchem Ort und in welcher Zeit wir uns befinden: in der Nähe von Bethlehem vor zweitausend Jahren.

„Nach menschlichen Maßstäben“, sagt unser Führer, „ist es Hunderte von Jahren her, seitdem wir Boten mit großer Freimütigkeit auf der Erde erschienen sind. Aber eine neue Zeit ist angebrochen. Vor wenigen Monaten kam Gabriel erst zu Zacharias und dann zu Maria. Ein anderer meiner Brüder offenbarte sich Josef in einem Traum.

Ja, in diesen Tagen wird die Welt unser Wirken hier deutlicher erleben. Die Menschen werden auch mehr Wunder Gottes zur Kenntnis nehmen. Und unsere Feinde, die Dämonen, werden sich auch vermehrt zeigen.“

In der Dunkelheit und Stille auf diesem Hügel denken wir über seine Worte nach.

Plötzlich fallen die Hirten zu Boden, aus Furcht vor einem grellen Licht. Obwohl wir wussten, dass es kommen würde, erschreckt auch uns dieses Licht.

Nachdem der Engel die zitternden Hirten beruhigt hat, verkündet er seine Botschaft: *„Denn* ***euch*** *ist heute ein Retter geboren …“*

Unser Führer flüstert. „Habt ihr das gehört? Der Erlöser ist nicht wegen der Engel gekommen. Er kam für diese Hirten und für euch und für andere Menschen wie euch.“

Wieder blickt er über den Hang. Wir sehen, wie sich das Licht der Sterne und das Licht des Engels in seinen Augen widerspiegelt.

„Und wir *freuen* uns für euch“, ruft er, als es am Himmel plötzlich nur so von Engeln wimmelt. Sie alle haben denselben begeisterten Blick.

„Herrlichkeit Gott in der Höhe“, rufen sie aus. Sie blicken nach oben.

Freudig erklärt unser Führer: „Sie erheben Gott und rufen den restlichen Engeln zu, die sie zurückgelassen haben, sich ihrem Lobpreis anzuschließen. Der Himmel über dieser Weide könnte niemals alle von uns fassen.“

Sie und ich sind von der Freude all dieser Boten überwältigt. Die Nachricht, die sie verkünden, hat nicht wirklich etwas mit ihnen zu tun. Aber sie freuen sich so sehr darüber, als wären auch sie eben den Klauen der Hölle entrissen worden. Weil sie Jesus einfach so sehr lieben, nehmen wir an.

Schließlich sind sie schon seit Ewigkeiten bei ihm im Himmel. Sie müssen ihn richtig gut kennen und ihn sehr lieben. Und da *er* sich freute, auf die Erde zu kommen, können sie sich mit ihm freuen.

Als er versucht wurde

Der Engelchor wird leiser und das Bild verblasst allmählich. Eine andere Szene taucht auf: braune, karge Hügel in der judäischen Wüste. Ein Mann – der Sohn des Menschen – ist auf einem Hügel, aber nicht alleine. Die finstere Gestalt des Versuchers ist ebenfalls dort. Mehr als einen flüchtigen Blick auf ihn können wir nicht ertragen. Wir wenden unsere Augen ab und fragen uns, wie Jesus die Hässlichkeit des Teufels aushalten kann.

Erneut erklärt uns unser Führer: „Bei dieser Begegnung muss sich der Feind nicht in Licht kleiden, wie er es so häufig tut, um euch Menschen zu täuschen. Er weiß, dass vor dem Sohn Gottes niemals eine Tarnung sein Wesen verbergen kann."

Wir halten unseren Blick abgewandt, während wir zuhören. Die Worte des Teufels sind für uns unüberhörbar, jedoch unverständlich. Aber Jesus verstehen wir deutlich. Mit kräftiger Stimme zitiert er die Bibel, ruhig und triumphierend. Wir fürchten und verabscheuen dieses Geschöpf, das vor ihm steht und es wagt, ihn zu versuchen.

Doch irgendwie werden wir dazu gebracht, jedes der Worte Jesu zu schätzen:

> ***Es steht geschrieben:*** *Nicht von Brot allein soll der Mensch leben, sondern von jedem Wort, das durch den Mund Gottes ausgeht.*
>
> ***Wiederum steht geschrieben:*** *Du sollst den Herrn, deinen Gott, nicht versuchen.*
>
> ***Es steht geschrieben:*** *Du sollst den Herrn, deinen Gott, anbeten und ihm allein dienen.*

Wir wissen, dass auch wir dem Versucher irgendwann wieder gegenüberstehen werden. Daher prägen wir uns die Worte ein, die Jesus zu ihm sagte.

Als wir uns wieder umwenden, ist der Versucher verschwunden. Der Kampf ist vorbei.

Engel erscheinen an der Seite Jesu und zu seinen Füßen, um ihn zu stärken und ihm zu dienen.

„Durch die Bibel habt ihr erfahren", meint unser Führer, „dass der Sohn des Menschen eine kurze Zeit unter die Engel erniedrigt wurde. Seine Lebensjahre auf der Erde sind diese ‚kurze Zeit'. Während dieses Zeitfensters können meine Brüder und ich ihm auf eine Weise dienen, wie wir es im Himmel nie konnten.

Vor langer Zeit dienten meine Mitknechte und ich dem Volk Gottes Israel in der Wüste. Jetzt ist Jesus in der Wüste. Und auch ihm dienen wir."

In Gethsemane

Wir gehen zu einer anderen Szene, die uns unser Führer zuvor schon einmal gezeigt hatte: ein Olivenhain, in dem Jesus sich in tiefen Qualen im Garten Gethsemane vornüberbeugt.

Die Erinnerung flackert in uns auf. Und wir denken daran, wie sich das Herz Luzifers in Jesaja 14 erhob: *„Ich will …"* Wir schütteln diesen abscheulichen Gedanken ab und konzentrieren uns wieder auf den betenden Sohn Gottes.

„Nicht mein Wille", sagt er in vollem, heiligem Ernst, *„sondern der deine geschehe."*

Er hält inne im Gebet. Alles ist so ruhig. Ein Engel erscheint an seiner Seite und wischt den Schweiß von seiner Stirn und seinen Schläfen.

Mit Tränen in den Augen sagt unser Führer: „Keiner von uns hat das jemals zuvor getan, bis diese ‚kurze Zeit' kam. Und jetzt kommt das Ende näher."

Schnell geht es vor unseren Augen weiter. Die Jünger, die gerade noch einen Steinwurf entfernt geschlafen hatten, sind nun wach und auf ihren Füßen.

Eine Schar Soldaten und andere Leute sind in den Olivenhain eingedrungen. Sie sind gekommen, um Jesus gefangen zu nehmen.

Wir schauen uns um. Der Engel ist verschwunden. Aber Jesus sagt zu der nervösen Menschenmenge um ihn herum: „*Oder* [meint ihr], *dass ich nicht meinen Vater bitten könne und er mir jetzt mehr als zwölf Legionen Engel stellen werde?*“

Unser Führer nickt. „Er hat recht“, sagt er zu uns.

Nach seiner Auferstehung

Die Nacht ist zu Ende. Der Morgen bricht an – in Jerusalem beginnt ein strahlend heller Tag. Wir befinden uns in einem anderen Garten in einem anderen Teil der Stadt.

Wir sehen Soldaten; müde von einer langen, ereignisreichen Nacht stehen sie Wache an einem Grab. Sie und ich erinnern uns, dass wir davon im letzten Kapitel des Matthäus-Evangeliums gelesen haben.

Plötzlich beginnt der Boden zu beben. Ein Engel erscheint aus dem Nichts, so schnell wie ein Blitz und ebenso hell.

Die Soldaten sind zu Tode erschrocken. Zitternd und bleich fliehen sie.

Der Engel bewegt den riesigen Stein, der den Eingang des Grabes verdeckt. Mühelos rollt er ihn beiseite und setzt sich anschließend oben drauf.

„Mein Bruder dort – er ist sehr stark“, verrät uns unser Führer. „Ich kenne ihn gut.“

Wir treten nah genug heran, um in die Gruft hineinzusehen. Sie ist leer. Die Leichentücher befinden sich ordentlich gefaltet an dem Ort, wo eigentlich ein Leichnam liegen sollte.

Jetzt geht die Sonne auf.

Zögernd betreten zwei Frauen den Garten und starren die Gruft von Weitem an. Je näher sie ihr kommen, umso besorgter wirken sie.

Der Engel sitzt noch immer dort. Würde er aufstehen oder sich auch nur bewegen, so unser Eindruck, wären die beiden Frauen schneller wieder raus aus dem Garten, als man „Pontius Pilatus“ sagen könnte.

Wir hören, wie sich der Engel räuspert. Er will etwas sagen.

Unser Führer beugt sich vor und teilt uns leise mit: „Er ist so aufgeregt wegen seines Auftrags, dass er es kaum aushalten kann. Ich kenne ihn gut."

Mit ruhiger, zuversichtlicher Stimme spricht der Engel nun zu den beiden Frauen: *„Fürchtet euch nicht!"* Statt sich umzudrehen und wegzurennen, bleiben sie stehen und hören ihm zu.

Dann fährt der Engel fort: *„Ich weiß, dass ihr* ***Jesus****, den Gekreuzigten, sucht. Er ist nicht hier, denn er ist auferstanden,* ***wie er gesagt hat.***"

Wieder flüstert uns unser Führer zu: „Er genießt jedes einzelne Wort seiner Botschaft. Ich kenne ihn gut."

Der Engel schwingt seinen Arm in einem weiten Bogen über den geöffneten Grabeingang und fordert die Frauen auf: *„Kommt her, seht die Stätte, wo er gelegen hat."* Vorsichtig spähen die beiden hinein. Sie sehen leicht benommen aus. Erst langsam begreifen sie, was geschehen ist.

„Beeilt euch", befiehlt der Engel ihnen. Seine Stimme wird mit jedem Wort kräftiger: *„Sagt seinen Jüngern, dass er von den Toten auferstanden ist! Und siehe, er geht vor euch hin nach Galiläa, dort werdet ihr ihn sehen."*

Ein Lächeln breitet sich auf seinem Gesicht aus, und triumphierend fügt er hinzu:

„Siehe, ich habe es euch gesagt."

(Ent)schluss

Die vorherige Szene verblasst.

Unser Führer stellt uns nun dieselbe Frage wie bei unserer ersten Reise: „Was habt ihr gelernt?"

Nach einer Pause entschließen Sie sich, für uns beide zu antworten:

„Dass Engel den Herrn wirklich lieben, und dass sie ihm immer gerne zu Diensten sein werden … ***genauso wie ich.***"

Literaturangaben

Thomas von Aquin, *Summa Theologica* (1267-1273).

Johannes Calvin, *Institutes of the Christian Religion* (1536-1559).

Lewis Sperry Chafer, *Major Bible Themes* (Durham Publishing, 1926).

Christianity Today: Timothy Jones, „Rumors of Angels“ (5. April 1993).

Douglas Connelly, *Angels Around Us* (Intervarsity Press, 1994).

W. A. Criswell, *Expository Sermons on Revelation* (Zondervan Publishing, 1962).

C. Fred Dickason, *Angels Elect and Evil* (Moody Press, 1975).

Millard J. Erickson, *Christian Theology* (Baker Book House, 1983-1985).

Expositors Bible Commentary (Zondervan Publishing, 1976-1992).

A. C. Gaebelein, *The Angels of God* (Baker Book House, 1969).

Billy Graham, *Angels: God's Secret Agents* (Word Publishing, 1975).

Matthew Henry, *Commentary on the Bible* (1704-1721).

John Phillips und Jerry Vines, *Exploring Daniel* (Loizeaux Brothers, 1990).

Hope Price, *Angels* (Macmillan Publishing [London], 1993).

Corrie ten Boom, *A Prisoner – And Yet* (Evangelical Publishers [Toronto], 1947).

Henry Clarence Thiessen, *Lectures in Systematic Theology* (Eerdmans Publishing, 1949).

Time: Nancy Gibbs, „Angels Among Us“ (27. Dezember 1993).

A. W. Tozer, *The Pursuit of God* (Christian Publications, 1948); *The*

Divine Conquest (Christian Publications, 1950); *The Knowledge of the Holy* (Harper Collins, 1961).

J. M. Wilson, „Angel“, in *International Standard Bible Encyclopedia* (Eerdmans Publishing, 1915, 1979).

Bibelstellenindex

AT

1Mo 1 69
1Mo 1,9-10 70
1Mo 1,26 70
1Mo 3 137
1Mo 3,14-16 159
1Mo 3,15 218
1Mo 3,24 29
1Mo 6 198
1Mo 6,1-4 198
1Mo 15 85
1Mo 16,7 157
1Mo 16,7-9 37
1Mo 18,1-2 90
1Mo 19,1-3 90
1Mo 19,15-17 38
1Mo 21,14-19 41
1Mo 22,11-12 158
1Mo 22,15-17 44
1Mo 22,15-17 158
1Mo 28 99
1Mo 28,12 176
1Mo 28,12-13 61
1Mo 31,10-13 .... 38, 99
1Mo 31,11-13 158
1Mo 32,2 90
1Mo 32,25 159
1Mo 32,26 159
1Mo 38,4 70

2Mo 3,1-2 159
2Mo 3,2 80
2Mo 14,19 166
2Mo 14,31 113
2Mo 15,3 192
2Mo 19,18 81
2Mo 20,3-5 49
2Mo 23,20-21 .... 38, 166
2Mo 23,23 166
2Mo 25,20 .... 137, 178
2Mo 25,22 138
2Mo 26,1 138
2Mo 26,31 138
2Mo 32 49
2Mo 33,1-3 49
2Mo 33,4 49
2Mo 33,20 161

4Mo 7,89 138
4Mo 22,15 93
4Mo 22,17 93
4Mo 22,22-35 38
4Mo 22,29 94
4Mo 22,31 94
4Mo 25,14-18 95
4Mo 31,8 95

5Mo 4,15 162
5Mo 29,28 66
5Mo 33,2 .... 56, 133

Jos 5,13–6,5 34
Jos 24,29 113

Ri 2,1-5 161
Ri 4,15 84
Ri 5,20 84
Ri 6,12-13 89
Ri 6,14 165
Ri 6,16 165
Ri 6,20-21 80
Ri 6,23 165
Ri 13,1-5 44
Ri 13,6 .... 90, 160
Ri 13,16 .... 89, 160
Ri 13,17-18 160
Ri 13,19-21 80
Ri 13,19-22 160

1Sam 1,3 130
1Sam 3,10 113
1Sam 4,4 138
1Sam 16,14 218
1Sam 17,45 131
1Sam 19,9 218

2Sam 3,18 113
2Sam 5,22-25 101
2Sam 6,2 138
2Sam 22 139
2Sam 22,10-11 139
2Sam 24,15-17 29

1Kö 5,11 186
1Kö 6,27 178
1Kö 19,3-7 42
1Kö 22,19 196
1Kö 22,20-22 196

2Kö 1 39
2Kö 2,11-12 132
2Kö 6,8-14 95
2Kö 6,16 96
2Kö 6,17 .... 96, 131
2Kö 9,36 113
2Kö 19,15 138
2Kö 19,35 30

1Chr 13,6 138
1Chr 15,19 186
1Chr 21,14-17 29
1Chr 21,18 39
1Chr 28,11-12 140

2Chr 18,18 .... 131, 196
2Chr 18,19-21 196
2Chr 18,19-22 131
2Chr 32,21 30

Hi 1,12 218
Hi 2,6 218
Hi 5,1 133
Hi 15,15 133
Hi 38,7 .... 70, 83, 102, 176

Ps 7,11 192
Ps 7,12-13 192
Ps 8 84
Ps 8,6 135
Ps 11,5 197
Ps 18 77
Ps 18,10-11 78
Ps 19,2-3 55
Ps 29 179
Ps 29,1 134
Ps 29,1-2 179
Ps 34,8 .... 35, 184
Ps 34,9 77
Ps 36 175
Ps 42,2 48

Ps 50,3 ... 81
Ps 68,18 ... 72, 131
Ps 72,18 ... 155
Ps 73,25 ... 18, 51
Ps 74 ... 142
Ps 74,5-7 ... 142
Ps 78 ... 192
Ps 78,49 ... 192
Ps 80,2 ... 138
Ps 88,18 ... 202
Ps 89 ... 186
Ps 89,7 ... 134
Ps 89,8 ... 133, 171
Ps 89,9 ... 186
Ps 91,11-12 ... 188
Ps 99 ... 142, 175, 177
Ps 99,1 ... 138
Ps 100,1-4 ... 177
Ps 103 ... 179
Ps 103,20 ... 134
Ps 103,20-21 ... 180, 183
Ps 104 ... 70, 71, 80
Ps 104,4 ... 77, 146
Ps 110,3 ... 132
Ps 113,4-6 ... 64
Ps 116,15 ... 202
Ps 147,4 ... 72
Ps 148 ... 68, 180
Ps 148,1-2 ... 180

Spr 6,16-19 ... 197
Spr 9,10 ... 175
Spr 17,15 ... 197

Pred 9,7-8 ... 92

Jes 6 ... 179
Jes 6,1 ... 64
Jes 6,3 ... 65, 102
Jes 6,5 ... 147
Jes 6,6 ... 80
Jes 11,15 ... 79
Jes 14 ... 2,12, 226
Jes 14,4 ... 208
Jes 14,12 ... 208
Jes 14,13-14 ... 213
Jes 14,15 ... 214
Jes 17,12-14 ... 79
Jes 33,22 ... 139
Jes 37,16 ... 138
Jes 37,36 ... 30
Jes 40,26 ... 72, 85
Jes 40,31 ... 179
Jes 46,10 ... 75
Jes 57,13 ... 78
Jes 61,8 ... 197
Jes 63,9 ... 167
Jes 66,1 ... 73
Jes 66,15-16 ... 131

Jer 4,11-12 ... 79
Jer 23,23-24 ... 65
Jer 44,2-4 ... 197

Kla 3,41 ... 179

Hes 1,11 ... 178
Hes 1,12 ... 175
Hes 1,13 ... 80
Hes 1,14 ... 175
Hes 1,24 ... 178
Hes 10 ... 143
Hes 10,5 ... 178
Hes 13,13 ... 79
Hes 28 ... 209
Hes 28,12 ... 208, 209

Hes 28,13 210
Hes 28,13-14 210
Hes 28,14 209
Hes 28,15 210
Hes 28,16-18 211
Hes 28,17 212
Hes 28,18-19 211
Hes 40,4 116
Hes 41,17 142
Hes 41,18-19 142
Hes 41,25 142

Dan 3,13-30 36
Dan 4,10 135
Dan 4,14 136
Dan 4,32 136
Dan 6,20-23 36
Dan 7,10 72
Dan 8,13 133
Dan 8,15 153
Dan 8,26 184
Dan 9,21 153
Dan 9,22 116
Dan 9,22-23 153
Dan 9,23 194
Dan 10 93
Dan 10,4-6 80
Dan 10,4-19 42
Dan 10,5-6 91
Dan 10,8 91
Dan 10,13 .... 154, 155
Dan 10,14 116
Dan 10,21 154
Dan 10,21 116
Dan 12,1 154
Dan 12,1-2 116
Dan 12,4 184

Hos 12,5 159
Am 4,13 54

Jon 1,4 79

Hab 1,13 197

Sach 1,11 116
Sach 2,9 81
Sach 8,17 197
Sach 14,5 134

Mal 2,16 197
Mal 3,1 165

NT

Mt 1,20 39
Mt 1,20-21 99
Mt 1,23 165
Mt 1,24-25 99
Mt 2,13 .... 39, 100
Mt 2,14-15 100
Mt 2,19-21 100
Mt 2,22-23 101
Mt 4,3 217
Mt 4,6 13
Mt 4,10,11 43
Mt 5,48 77
Mt 6,15-16 81
Mt 10,25 217
Mt 10,30 72
Mt 12,24 218
Mt 13,24-30 215
Mt 13,41 73
Mt 16,27 73
Mt 18,10 .... 73, 169, 189

Mt 22,30 .... 71, 73, 198
Mt 24,31 .... 73, 114
Mt 24,36 .... 73, 75
Mt 25,21 113
Mt 25,31 .... 25, 61
Mt 25,35 90
Mt 25,41 .... 81, 218
Mt 26,53 .... 26, 71
Mt 28,1-7 45
Mt 28,2 73
Mt 28,3 91
Mt 28,18 26

Mk 1,13 43
Mk 2,7 166
Mk 5,9-15 219
Mk 12,25 .... 71, 114, 198
Mk 13,26 165
Mk 13,32 75
Mk 16,5 91
Mk 16,9 219

Lk 1,11-13 44
Lk 1,11-17 152
Lk 1,19 153
Lk 1,19-20 117
Lk 1,26-31 44
Lk 1,26-37 152
Lk 1,37 76
Lk 1,13.17 116
Lk 1,28.30 153
Lk 2,9 83
Lk 2,9-12 45
Lk 2,10 117
Lk 2,13 73
Lk 2,15 73
Lk 2,20 185
Lk 8,2 219
Lk 8,30-33 219
Lk 9,23 .... 152, 153
Lk 10,17 220
Lk 11,21 216
Lk 12,8-9 .... 73, 121
Lk 15,10 .... 73, 110
Lk 16,19-23 204
Lk 20,34-36 71
Lk 20,36 114
Lk 22,42-43 43
Lk 22,43 73
Lk 24,4 .... 82, 91
Lk 24,5-6 117
Lk 24,12 108
Lk 24,27 166
Lk 24,51 205

Joh 1,1 54
Joh 1,2 164
Joh 1,16 86
Joh 1,18 .... 162, 165
Joh 1,51 .... 61, 73, 176
Joh 3,8 .... 78, 164, 181
Joh 4,24 74
Joh 6,46 161
Joh 8,44 .... 209, 212, 216
Joh 8,58 164
Joh 12,26 113
Joh 12,31 217
Joh 14,17 165
Joh 14,30 217
Joh 16,11 217
Joh 17,5 164
Joh 17,24 164
Joh 19,11 76
Joh 20,5 108
Joh 20,10-18 195
Joh 20,11 108

Joh 20,12 91

Apg 1,9 205
Apg 1,10 91
Apg 2,2 79
Apg 4,13 171
Apg 5,17-18 24
Apg 6,8 24
Apg 6,15 .... 24, 147
Apg 7,53 .... 56, 86, 185
Apg 8,26-27 25
Apg 8,29-30 25
Apg 10,3-33 40
Apg 10,30 82
Apg 12,7 82
Apg 12,11 37
Apg 12,13-16 190
Apg 12,21-23 31
Apg 17,22-28 65
Apg 17,27-28 48
Apg 19-21 24
Apg 23,8 23
Apg 27,13-26 45

Röm 1,19-20 55
Röm 1,25 50
Röm 6,6 115
Röm 8,22 102
Röm 8,32 66
Röm 8,38-39 .... 58, 125, 220
Röm 13,12-14 133
Röm 16,20 218

1Kor 4,9 120
1Kor 10,1-4 165
1Kor 10,2-4 166
1Kor 10,13 218
1Kor 11,10 .... 120, 175
1Kor 13 102
1Kor 14,33 128
1Kor 15,24 124
1Kor 15,25 220
1Kor 15,44 74
1Kor 16,13 132

2Kor 2,11 207
2Kor 3,17 179
2Kor 4,4 216
2Kor 5,10-11 174
2Kor 5,19-20 87
2Kor 6,15 217
2Kor 11,14 .... 10, 83, 216
2Kor 12,2 213
2Kor 12,7 218
2Kor 12,2.4 127

Gal 1,8-9 58
Gal 3,19 .... 56, 185
Gal 4,14 113

Eph 1,3 117
Eph 1,20-21 .... 59, 124
Eph 1,21 127
Eph 2,2 .... 205, 216
Eph 2,6 118
Eph 3,10 .... 120, 124
Eph 5,25-32 114
Eph 6,11-13 132
Eph 6,12 .... 124, 221
Eph 6,13 132

Phil 1,21 202
Phil 2,6-7 213
Phil 2,9-10 59
Phil 2,14-16 87

Kol 1,16 .... 67, 125
Kol 1,17-18 59
Kol 2,10 125
Kol 2,15 124
Kol 2,18 .... 50, 68
Kol 3,1-2 .... 59, 118

1Thes 3,5 217
1Thes 3,13 134
1Thes 4,16 154
1Thes 5,21-22 195

2Thes 1,7 .... 62, 135
2Thes 1,7-8 81

1Tim 2,5 57
1Tim 3,16 .... 121, 165, 223
1Tim 4,1 28
1Tim 5,21 .... 114, 120
1Tim 6,16 162

2Tim 2,10 114
2Tim 2,26 218

Hebr 1 80
Hebr 1,1 54
Hebr 1,2 55
Hebr 1,4-5 59
Hebr 1,6 .... 60, 170
Hebr 1,7 .... 70, 77, 146
Hebr 1,7-8 60
Hebr 1,9 60
Hebr 1,10-14 60
Hebr 1,14 .... 13, 69, 74, 113, 183
Hebr 2,2 .... 56, 86
Hebr 2,5-9 60
Hebr 2,14 60
Hebr 2,14-17 168
Hebr 4,16 139
Hebr 9,5 137
Hebr 9,15 58
Hebr 12,22 .... 71, 119, 176, 199
Hebr 12,23 119
Hebr 12,24 119
Hebr 12,29 81
Hebr 13,1 86
Hebr 13,2 .... 46, 90

Jak 1,25 179
Jak 2,19 219
Jak 2,26 202
Jak 4,6 215
Jak 5,4 62
Jak 5,4-5 63

1Petr 1,2 106
1Petr 1,3 106
1Petr 1,7 107
1Petr 1,9 108
1Petr 1,12 .... 106, 137, 185
1Petr 5,3 149
1Petr 5,5 215
1Petr 5,8 216

2Petr 2,4 219
2Petr 2,15 93

1Jo 1,1-2 165
1Jo 3,8 .... 209, 217
1Jo 4,1-3 195
1Jo 4,2-3 195
1Jo 4,12 162
1Jo 5,19 216

Jud 1,6 .... 219. 220
Jud 1,9 154

Jud 1,14-15 134

Offb 1,1-2 56
Offb 1,16 86
Offb 1,20 86
Offb 2,14 95
Offb 4,4 .... 92, 149
Offb 4,7 148
Offb 4,8 172
Offb 4,9-10 150
Offb 4,10 172
Offb 4,10-11 68
Offb 5 .... 77, 151
Offb 5,2 135
Offb 5,8 .... 121, 172
Offb 5,8-9 .... 151, 176
Offb 5,9-14 110
Offb 5,11 72
Offb 5,14 172
Offb 6,1 148
Offb 7 176
Offb 7,1 75
Offb 7,3-4 185
Offb 7,9 92
Offb 7,11 173
Offb 7,12 176
Offb 7,14 92
Offb 7,15 113
Offb 7,17 92
Offb 8,2 155
Offb 8,3-4 122
Offb 9,1-2 83
Offb 9,14-15 31
Offb 10,1 .... 80, 82
Offb 10,1-2 135
Offb 10,1-10 40
Offb 10,3 101
Offb 10,6-7 117
Offb 11,15 .... 117, 149
Offb 11,16 173
Offb 11,16-17 177
Offb 11,17-18 150
Offb 12,3-4 219
Offb 12,7 .... 31, 154
Offb 12,9 218
Offb 13,16-17 185
Offb 14,6-7 45
Offb 14,9-11 185
Offb 14,13 202
Offb 14,18 .... 81, 154
Offb 15,6 82
Offb 15,6-7 149
Offb 15,1.6 31
Offb 16,1-21 31
Offb 16,5 154
Offb 18,21 .... 75, 135
Offb 19 .... 50, 174, 176
Offb 19,9 185
Offb 19,10 .... 50, 112
Offb 19,11-14 92
Offb 19,11-15 193
Offb 19,14 193
Offb 20,1 154
Offb 20,1-3 32
Offb 20,2 217
Offb 20,10 211
Offb 20,10.15 81
Offb 22,3 113
Offb 22,6 .... 50, 56, 185
Offb 22,8-9 51
Offb 22,9 .... 112, 170
Offb 22,10 185
Offb 22,16 56

Themenindex

A Book of Angels (Buch v. Sophy Burnham) 46
A Prisoner – And Yet (Buch v. Corrie ten Boom) 15, 229
Abed-Nego 35
Abraham 44, 85, 86, 90, 158, 164, 166, 167
Adam 146, 170, 198, 215
Ägypten 39, 49, 79, 100, 161, 166
Ägypter 192
Ahab 38, 131, 196, 197
Anbetung von Engeln 50, 51, 59, 68
Angels (Buch v. Billy Graham) 13
Angels Around Us (Buch v. Douglas Connelly) 96, 229
Angels: Elect and Evil (Buch v. C. F. Dickason) 19
Angels on Earth (Magazin) 9
Aquin, Thomas von 126, 189, 229
Archelaus 100
Asaf 192
Assyrer 30, 161
Athen 48, 65
Äthiopien 25
Auserwählten, die 114, 120

Babylon 35, 36, 42, 72, 142
Babylon, König von 35-36, 208
Balak 93-95
Baum des Lebens 29, 170
Bethlehem 39, 44, 83, 84, 100, 163, 164, 185, 223
Bileam 38, 93-95
Bochim 161

Bundeslade 137, 138, 140, 141, 178

Calvin, Johannes 18, 23, 27, 61, 69, 126-128, 130, 135, 163, 183, 190, 212, 216, 217, 220, 229
Carmichael, Amy 208
Cäsarea 39
Chafer, Lewis Sperry 16, 17, 162, 164, 229
Cherubim 47, 80, 105, 123, 136-143, 145-148, 150, 175, 178, 183
Christianity Today 16, 48, 229
Connelly, Doug 96-97
Criswell, W. A. 102, 229

Dämonen 10, 28, 53, 58, 59, 124, 125, 207, 218-220, 224
Daniel 42, 48, 65, 76, 80, 91, 93, 115, 133, 135, 152-155, 184, 186, 194, 229
Darius 36
David 1, 4, 29, 34, 35, 39, 72, 75, 77, 78, 84-86, 101, 113, 130, 132, 134, 135, 139, 140, 161, 175, 179, 183, 186, 192
Debora 84
Dickason, C. Fred 19, 114, 164, 229
Dionysios 126, 127
Dotan 95, 96
Dreieinheit Gottes 26, 163-165

Elia 38, 39, 41, 42, 65, 113, 131, 161, 186
Elifas 133
Elisa 95, 96, 131
Elisabeth 44
Ellwood, Robert 48
Emmaus 166
Engel (Definition) 53
Engel (Hierarchie) 125-126
Engel als Befreier 36
Engel als Beschützer 36

Engel als Boten 44-45
Engel als Diener 43
Engel als Krieger 32, 95-98, 192-193
Engel als Tröster 41-43
Engel des Bundes 165
Engel des Herrn, der 35, 39, 44, 80, 94, 158-168
Erickson, M. J. 26, 115, 162, 173, 194, 229
Errettung 22, 25, 106, 108-110, 115, 137, 185
Erster Weltkrieg 97-98
Etan, der Esrachiter 186
Euphrat 79
Eva 146, 170, 215, 217

Furcht Gottes 148, 171, 174, 175, 177
Gabriel 10, 44, 48, 76, 115, 117, 123, 152-154, 194, 224
Gad (der Prophet) 39
Gaebelein, A. C. 229
Galiläa 39, 44, 101, 228
Garten Eden 65, 80, 105, 137, 146, 170, 186, 215, 217
Gebet zu Engeln 50-52
Geistwesen 74-84
Gemeinde 114, 120, 129, 167, 169-170
Gethsemane 43, 71, 73, 226
Gideon 80, 89, 161, 165
Gilgal 161
Goliat 130
Gott, der Vater 162, 164, 169, 189
Gott: seine Immanenz 65
Gott: seine Liebe 58, 125, 167, 191, 220
Gott: sein Schöpfungswerk 128-129
Gott: seine Souveränität 196
Gott: seine Transzendenz 65
Graham, Billy 13, 14, 28, 89, 103, 164, 229
Great Books of the Western World 23

Griechen 48

Habakuk 197
Hagar 37, 41, 157, 166
Hayward, Cecil W. 97, 98
„Heilig, heilig singen die Engel“ (Lied) 109
Heiliger Geist 25-26, 79, 109, 164-165
Henry, Matthew 130, 147, 179, 184, 229
Herodes 30, 39, 100
Herr der Heerscharen 63, 65, 102, 146
Herr der himmlischen Armeen 111
Hesekiel 80, 142-146, 148, 175, 178, 186, 208, 209
Himmel 12, 17-19, 26, 29, 31, 38, 40, 41, 43-45, 47, 49-51, 55, 57-59, 61, 62, 64, 65, 70, 73, 75, 77, 79-81, 83-86, 91, 92, 98, 102, 104, 107, 110, 111, 113-119, 121, 127, 132, 135, 136, 139, 140, 143, 150, 151, 153, 154, 158, 160, 163, 172, 174, 179, 181, 184, 193, 196-199, 201-205, 208, 212, 213, 219, 220, 223, 224, 226
Hines, Stuart K. 27
Hiob 70, 83, 102, 176, 197, 198
Hiroshima 30
Hiskia 138
Hölle 59, 63, 77, 81, 215, 224
Horeb (Berg Sinai) 159, 162
Hosea 159

Ironside, H. A. 102
Isaak 90, 158, 167
Islam 10
Israel 29, 33, 49, 93-96, 100, 131, 133, 138, 154, 159, 161, 162, 166, 226
Israeliten 49, 95, 165, 166
Ist das Leben nicht schön? (Film) 47

Jahwe Zebaoth 62

Jakob 38, 61, 90, 158, 159, 164, 167, 176
Jakobus 62, 113, 219
Jericho 33
Jerusalem 25, 29, 39, 44, 45, 50, 79, 113, 119, 138, 166, 170, 186, 227
Jesaja 64, 65, 73, 78, 80, 81, 85, 102, 146-148,
167, 179, 208, 212, 214, 226
Jesus Christus 13, 14, 22, 26, 43, 77, 86, 87, 133, 170, 195
Jesus Christus: seine Auferstehung 195
Jesus Christus: seine Himmelfahrt 204-205
Jesus Christus: seine Menschwerdung 167-168
Jesus Christus: der Sohn des Menschen 205, 225
Johannes, der Apostel 40, 50-51, 55-56,
72, 75, 80-81, 83, 86, 92,
108, 112-113, 135, 148-151, 162, 165,
170, 176-177, 184-186, 192, 202, 219
Johannes, der Täufer 44, 48
Jona 79
Joppe 40
Jordan 38
Josef (Marias Ehemann) 39, 99-101, 224
Josua 33, 34, 113
Juda 134
Judäa 44, 100
Judas 34, 113, 154, 219, 220

Kain 198
Kaiser 45
Kanaaniter 83
Karmel (Berg) 38
Kleopas 166
Kornelius 40, 82
Kreuz 76, 137

Lamm Gottes 50, 75, 77, 92, 102, 111, 113, 148, 151, 172-177

Lazarus ... 204
Leadership (Magazin für Gemeindeleiter) ... 16
Lebende Wesen (bei Hesekiel) ... 148
Lebendige Wesen, vier (in der Offenbarung ... 155
Life (Magazin) ... 11
Lot ... 37, 90

Manoach ... 80, 89, 160, 167
Maria, die Mutter Jesu ... 39, 44, 48, 99, 152-153, 224
Maria Magdalena ... 108, 195, 219
Mau Mau ... 96-97
Meschach ... 35
Micha ... 131, 196, 197
Michael (der Engel) ... 31, 76, 115, 123, 153-155
Midianiter ... 95
Mittelalter ... 125
Mittelmeer ... 45
Moab ... 93, 94
Mohammed ... 10
Morija (der Berg) ... 158
Mormonen ... 10
Moroni ... 10
Morris, Henry ... 71, 82
Mose ... 38, 49, 56, 80-81, 113, 133, 137-138, 140, 159, 161-162, 164, 166-167

Nagasaki ... 30
Nazareth ... 39, 44, 101
Nazis ... 15
Nebukadnezar ... 35, 36, 135, 136
Neue Hebriden (Inselgruppe) ... 14
Neues Jerusalem ... 50, 113, 186
Nikodemus ... 78
Noah ... 198

Oatman, Johnson ... 109
Ornan, der Jebusiter ... 39
Ostersonntag ... 166

Palästina ... 39
Paradies ... 127, 170
Patmos (die Insel) ... 50, 148
Paton, John G. ... 14, 15
Paulus 28, 45, 48, 50, 56, 58-59, 65, 67-68, 82, 87, 102, 113, 117-121, 125, 127, 135, 154, 161, 165-166, 174, 195, 202, 207, 213, 218, 220, 223
Petrus ... 36-37, 40, 71, 82, 93, 106-108, 113, 115, 186, 189-190, 219
Pfingsten ... 79
Pharao ... 192
Pharisäer ... 23
Philippus ... 25
Philister ... 101, 130
Pontius Pilatus ... 76, 227
Price, Hope ... 97-98

Ramot Gilead ... 196
Ravensbrück ... 15-16
Rhode ... 190

Sacharja, der Prophet ... 161
Sadduzäer ... 23, 24
Salomo ... 139, 140
Samaria ... 96
Samuel ... 113, 130, 139
Sarai (Sara) ... 37
Satan ... 10, 32, 83, 208-209, 214-220
Saul (der König) ... 34, 39, 218
Schadrach ... 35
Schutzengel ... 187-191

Seele 202
Seraphim 47, 64, 65, 80, 101, 123, 146-148, 179, 183
Set 198
Shepard, Walt 21
Simson 160
Sinai (der Berg) 38, 56, 81, 133, 166
Sisera 83, 84
Smith, Joseph 10
Sodom 37, 90
Somewhere Angels (Buch v. Larry Libby) 169, 180, 183, 205
Stephanus 24, 56
Stewart, James 47
Stiftshütte 137-140, 146, 178
Stolz 106, 214, 215, 217
Summa Theologica (Werk v. Thomas v. Aquin) 126, 229
Sweeney, John R. 109
Syrer 95, 96, 131
Syrien 95, 96, 196

Tempel 24, 139, 140, 142, 146, 150, 178
ten Boom, Corrie 229
Teufel 8, 10, 13, 32, 43, 46, 49, 53, 72, 77, 81-83, 114, 124, 129, 132, 154, 170, 185, 193, 197, 205, 207-220
Tigris 42, 80, 93
Time (Magazin) 11, 46, 229
Timotheus 28, 120, 121, 223
Tod 202-204
Totes Meer 37
Tozer, A. W. 51, 54, 74, 76, 171, 175, 229
Tyrus, König von 209

Über die himmlische Hierarchie (Werk v. Dionysios) 127

Verheißene Land, das 49, 166

Versöhnungstag 140

Wilson, J. M. 23, 24, 163, 183, 229

Zacharias 44, 48, 152, 153, 224
Zehn Gebote 49
Zora 160

Joseph M. Stowell
Leben im Bewusstsein der Ewigkeit
Gebunden , 256 Seiten

Gäbe es nur diese Welt, wäre letztlich alles bedeutungslos. Dass wir für die Ewigkeit geschaffen sind, bringt uns eine neue Perspektive – nicht erst für das Leben nach dem Tod. Wie man mit dieser Perspektive ein zufriedenes, ausgewogenes und siegreiches Leben führt, erklärt der Autor in seiner lebensnahen Art.

Best.-Nr. 273.873
EUR (D) 15,90 EUR (A) 16,40 SFR 23,90
ISBN 978-3-89436-873-9

Erwin W. Lutzer
Wie kann ich wissen, dass ich in den Himmel komme?
Pb., 176 Seiten

Erwin Lutzer erklärt, warum man wissen kann, wo man die Ewigkeit verbringt. Es geht u.a. um die Fragen: Wie vollkommen muss man für den Himmel sein? Ist die Gewissheit über seine ewige Zukunft vermessen? Was ist, wenn man Zweifel an seiner Errettung hat?

Best.-Nr. 273.693
EUR (D) 9,90 EUR (A) 10,20 SFR 14,90
ISBN 978-3-89436-693-3